Markus Haxter
50 einfache Dinge, die Sie über gutes Essen wissen sollten

SERIE PIPER

Zu diesem Buch

Wer weiß heute noch, in Zeiten der All-you-can-eat-Buffets, wie ein wirklich gutes Steak schmecken sollte oder was den Eigengeschmack einer frischen Kartoffel ausmacht? Markus Haxter, Meisterkoch, der auch schon mit Drei-Sterne-Koch Dieter Müller gekocht hat, will mit seinem Buch den Blick des Lesers wieder auf die einfachen Wahrheiten wirklich guten Essens lenken. Es geht ihm dabei nicht um Rezepte oder Kochtricks – bei ihm steht ganz klar der Geschmack der Lebensmittel im Vordergrund. Vom Lammfilet über Wurzelgemüse bis hin zur Butter: Haxter zeigt, dass es Kriterien gibt, anhand derer man gutes Essen erkennen kann. Und erklärt gleichzeitig, wie sich unsere Lebensmittel auf ideale Weise zubereiten lassen. Es ist unbestritten, dass sich der Mensch von heute falsch ernährt. Haxter zeigt anhand 50 einfacher Dinge, wie wir es wieder lernen können, unsere Lebensmittel wirklich zu schmecken und richtig zu schätzen – denn auch guter Geschmack will gelernt sein!

Markus Haxter, geboren 1962, arbeitet als freiberuflicher Küchenmeister und gründete im Jahr 2003 Cuisine-Concept (www.cuisine-concept.de). Nach diversen Auslandsaufenthalten ist er heute Eurotoques Ambassador und Botschafter für Espumas von Ferran Adrià. 2000 erhielt er die Ehrenurkunde bei der Bocuse d'Or-Koch-Weltmeisterschaft. Als Dozent ist er  an Bildungszentren, Hotelfachschulen und am Institut Culinaire in New York tätig. Er ist Fachbuchautor und Mitglied im Prüfungsausschuss der IHK.

Markus Haxter

50 einfache Dinge, die Sie über gutes Essen wissen sollten

Vorwort von Dieter Müller

Piper München Zürich

Mehr über unsere Autoren und Bücher:
www.piper.de

Ungekürzte Taschenbuchausgabe
März 2009
© 2009 Piper Verlag GmbH, München,
erschienen 2006 im Verlagsprogramm Westend
Umschlaggestaltung: Cornelia Niere, München
Umschlagfoto: Darrin Klimek / Getty Images
Autorenfoto: privat
Satz: Publikations Atelier, Dreieich
Druck und Bindung: CPI – Clausen & Bosse, Leck
Printed in Germany   ISBN 978-3-492-26304-7

Inhalt

Fisch und Meeresfrüchte

Gemüse und Salate

Reis, Kartoffeln und mehr

Brühen, Suppen, Saucen

Vor- und Nachspeisen

Trends in Küche und Lebensmittelindustrie

Zum Schluss

Vorwort

Dieter Müller

Der Mensch ist, was er isst: Diese These des Philosophen Ludwig Feuerbach ist heute wohl nur noch als Anekdote bekannt und wird zumeist auch noch auf banale Weise materialistisch gedeutet, beinah so, als würden einem schließlich Hasenlöffel wachsen, äße man nur oft genug Hasenbraten. Indessen muss man die sinnliche Dimension von Anfang an mitdenken: Der Mensch ist, *was* er isst und *wie* er isst.

Dies uns immer wieder vor Augen zu führen scheinen wir freilich auch nötig zu haben, weil wir, ungeachtet all der anhaltenden Popularität von Kochbuch und Kochstudio, uns nachweislich falsch ernähren, für die altehrwürdige „Mahlzeit" nicht wirklich Zeit haben und von Zutaten und Zubereitung kaum hinreichend Notiz nehmen. Dabei kann man mit den einfachen Dingen beginnen: Wissen wir beispielsweise, was das Aroma einer frischen Kartoffel ausmacht? Und erst recht kann man bei den erleseneren Lebensmitteln immer wieder ins Staunen geraten; so etwa, wenn Markus Haxter von der Trüffelsaison berichtet: Da werden Trüffel und rohe Eier in demselben Behältnis gelagert, woraufhin das Ei durch seine poröse Schale die edlen Geschmacksstoffe des Trüffels aufnimmt; optimale Vorarbeit zum edlen Trüffelrührei. Und Hand aufs Herz: So viel Aufnahmefähigkeit, fast möchte man sagen: so viel Einfühlsamkeit, hätte man dem unscheinbaren Hühnerei nicht zugetraut.

Dann wieder ganz einfach, Ei ohne Trüffel: Wie kocht man eigentlich ein Ei richtig? Hierzu erfahren wir unter anderem, dass von dem Salz, das manche ins Wasser meinen streuen zu müssen, keine Geschmacksstoffe auf das Ei übergehen. Da dürfen wir schmunzeln: Das Hühnerei ist kapriziös, es ehrt den Trüffel und verschmäht das Salz. Aber auch sonst, so erfahren wir weiter, sei das Salz überflüssig; die bessere Prophylaxe gegen das Reißen der Schale sei ein Schuss Essig.

Schon dieses kurze Streiflicht zeigt, dass das vorliegende Buch kein Kochbuch im herkömmlichen Sinne ist und schon gar kein Nachschlagewerk für Situationen, in denen die eine Hand mit dem Finger über die Zeilen huscht, während die andere bereits den Kochlöffel schwingt. Nein, verlassen wir die Küche und lesen das Buch zunächst im Lehnstuhl! Neben all den pragmatisch wichtigen Kenntnissen, die es uns Seite für Seite bietet, neben all den wertvollen Details über Kochgeschirr und Kochverfahren, über die Qualität der Zutaten und deren Zubereitung, vermittelt uns dieses Buch die immer noch viel zu wenig beherzigte Erkenntnis, dass Essen und Trinken, jenseits der blanken Lebensnotwendigkeit, wesentlicher Bestandteil einer ebenso reflektierten wie sinnenfreudigen Lebensgestaltung sein können – und sollten. Materialkunde, Ernährungslehre und Verfahrenstechnik sind notwendige, aber nicht hinreichende Voraussetzungen für einen im weitesten Sinne ästhetischen Lebenswandel. Hier wird diese Erkenntnis in voller Konsequenz aufrechterhalten, bis hin zu der Vorstellung etwa, dass selbst Fragen der Ethik unter dem Blickwinkel der Ästhetik verhandelt werden können; dem offenkundigen Elend der industriellen Massentierhaltung begegnet der Autor mit der ebenso einfachen wie jederzeit überprüfbaren Feststellung: Je weniger das Tier leidet, desto besser schmeckt das Fleisch.

Ästhetik heißt ja ursprünglich nichts anderes als Wahrnehmung. Wir kennen das aus der Medizin, wenn auch hier nur negativ: Anästhesie ist die Ausschaltung der Wahrnehmung zum Zwecke der Schmerzvermeidung. Und so sehr ich den ärztlichen Anästhesisten als Wohltäter begrüße, wenn mir der Blinddarm entfernt werden muss, so sehr will ich die alles andere als ärztlichen Anästhesisten aus der Nahrungsmittelbranche davonjagen. Wir kaufen frische Erdbeeren auf dem Markt und stellen dabei allzu oft fest, dass infolge der hochtechnisierten Anbaumethoden sowie der maßlosen Anwendung von Dünge- und Pflanzenschutzmitteln das eigentliche Erdbeeraroma längst perdu ist. Wir kaufen Erdbeerjoghurt im Supermarkt und stellen dabei wiederum fest, dass eine fast schon bedenkliche Überdosis synthetischer Aromastoffe unseren Geschmackssinn regelrecht narkotisiert, so dass wir kaum eine Chance mehr hätten, eine naturnah angebaute Erdbeere tatsächlich noch zu goutieren.

Aber Ästhetik meint ja nicht nur Geschmackssinn, sondern auch Riechen und Tasten, Hören und Sehen. Nicht nur das Auge isst mit, und deshalb sollten wir auch beim Essen unsere fünf Sinne beisammen haben. Schauen wir beispielsweise auf unsere Wahrnehmung von Frische. Üblicherweise sagen wir, der Salat sei frisch, wenn er knackig ist. Damit beziehen wir uns auf die Konsistenz des Materials, die wir mit der Zunge ertasten und anhand der Knackgeräusche beim Kauen auch hören können. Zugleich können wir natürlich auch schmecken und riechen, ob der Salat frisch ist oder nicht, obwohl es schon eine Übung der besonderen Art wäre, treffsicher zu beschreiben, wie Frische schmeckt und riecht. Dann kommt das Auge, das vor allem mit seiner Farbwahrnehmung nach frisch oder alt unterscheidet. In all diesen Wahrnehmungen wird Frische mit Sinnenfreude und Lustgewinn verknüpft. Und was im Besonderen das Auge betrifft, so erleben wir hier hoffentlich auch noch Frische im übertragenen Sinn, nämlich als spielerisch-farbenfrohe Anmutung auf dem Teller, wie ein Gemälde, wie eine „pittura al fresco".

Vom gedankenlosen Esser zum sinnenfrohen Genießer: Inmitten der gegenwärtigen Food-Popkultur kann das bedeuten, dass wir unsere Sinneswahrnehmung neu schulen und trainieren müssen. Und damit das keine Trockenübung bleibt, sollten wir häufiger und ausgiebiger als bisher unser Essen selber zubereiten. Das erfordert Zeit, gewiss; aber es ist eine kreativ ausgefüllte Zeit und damit zumindest keine totgeschlagene. Zudem erfordert es Kenntnisse über kleine Details und große Zusammenhänge sowie immer auch Raffinesse. Das Buch von Markus Haxter vermittelt nicht nur Kenntnisse und Raffinesse, es weckt Neugier aufs Kochen und macht Lust, Neues auszuprobieren – ob als Akteur in der eigenen Küche oder als Gast im Restaurant.

Bevor es richtig losgeht

Die neue Lust am Kochen

Kochen hat sich in den letzten Jahren zu einem beliebten Freizeiter-lebnis entwickelt. Entsprechend groß ist die Experimentierfreude der Hobbyköche. Nach Lust und Laune werden neue Rezepte ausprobiert. Es gelten zwar immer noch einige Grundsätze, aber keine starren Regeln mehr. Dass ein lustbetontes Kochen an Bedeutung gewinnt, zeigen nicht nur die entsprechenden Sendungen im Fernsehen. Auch Kochkurse sind sehr gefragt, und dabei zieht es besonders die Männer vermehrt an den Herd.

Wichtig beim Kochen ist vor allem das Wissen um Lebensmittel – um ihre Qualität ebenso wie um ihre geschmackserhaltende und vor allem auch schonende Zubereitung. Genau darum geht es in diesem Buch. Denn bei aller neu aufkommenden Begeisterung für das Thema Essen steht doch fest: Deutschland mag Lebensmittel vor allem billig. In der Bundesrepublik werden 20 Prozent weniger für Essen ausgegeben als im EU-Durchschnitt, dafür stehen 59 Prozent aller Lebensmitteldiscounter in Deutschland – weitere 24 Prozent teilen sich die anderen EU-Länder.

Billigpreise verwischen den Blick für das Wesentliche: die Qualität. Nicht, dass unsere Lebensmittel rundherum bedenklich wären – das Problem ist vielmehr, dass viele Verbraucher gute Qualität nicht mehr von schlechter unterscheiden können. Für den beiläufigen Esser mag es eine neue Erfahrung sein, wenn Tomaten, die sonst immer gleich aussehen und eigentlich nach nichts schmecken, plötzlich auch mit Rillen daherkommen – und mit einem unvergleichlichen Aroma.

Oft braucht man gar nicht so viel für eine gute Mahlzeit – immer unter der Voraussetzung, dass die für das Gericht verwendeten Grundzutaten von guter Qualität sind. Genau dieses Qualitätsbewusstsein aber wird selten vermittelt. Und so sieht der Verbraucher noch weniger ein, warum er für ein Essen im Restaurant viel Geld hinlegen soll. Während es andersherum für einen Koch mit Berufsehre nicht nur wichtig ist, dass am Ende des Abends die Kasse stimmt – er möchte auch mit einem guten Gefühl nach Hause gehen. Die Diskrepanz zwischen dem heimischen Herd und der professionellen Spitzenküche wird damit nicht eben geringer, der gerechte Preis für gute Qualität und hervorragende Arbeit nicht immer gewürdigt.

Für mich steht fest: Kochen und Essen sind wahrscheinlich die einzigen Beschäftigungen des Menschen, die im Kontext jahrhundertealter Traditionen eine schiere Notwendigkeit mit reinem Genuss verknüpfen und wohlverstanden auch noch der Gesundheit förderlich sind. Gutes Essen hat zwar seinen Preis, aber wirklich nichts mit Luxus zu tun. Es ist einfach ein elementarer Bestandteil unserer Kultur.

Wie macht man einen Fond? Welche Garmöglichkeiten gibt es? Wofür taugt ein älterer Fasan? Wie sieht ein frisches Stück Fleisch aus? Und wie muss es gebraten werden, damit es zart und saftig wird? Welche chemischen Prozesse laufen beim Kochen ab, und wie funktioniert eigentlich unser Geschmackssinn? Was sind die Grundprinzipien einer guten Küche? Welche Trends dominieren unsere heutige Gastroszene? Und welche unsere Lebensmittelindustrie?

Diese Fragen sollen im Folgenden beantwortet werden, ohne allerdings Anspruch auf Vollständigkeit zu erheben. Ein Blick in die gut sortierte Buchhandlung macht jedem interessierten Leser klar: Bücher zum Thema Essen füllen meterweise die Regale, und zahlreiche Bücher widmen sich beispielsweise allein dem Olivenöl. So wichtig ein gutes Öl ist, und so sehr sich hier ein echtes Expertentum zu Recht Bahn bricht: Es versteht sich von selbst, dass ich hier nicht alle Themen erschöpfend behandeln kann und bei den wirklich wichtigen Dingen bleiben muss – in einer freilich subjektiven Auswahl. Olivenöl finden Sie daher im Kapitel über Öle und Fette ausgiebig gewürdigt.

Wenn Sie an noch mehr Details zum Thema interessiert sind: Nehmen Sie dieses Buch als Ausgangspunkt, um weitere Reisen ins Schlaraffenland zu unternehmen. Denn eines ist sicher: Gutes Essen ist zwar sinnliche Erfahrung und kann einfach so genossen werden. Wer aber mit Sinn *und* Verstand genießen will, der ahnt, dass die Sinnenfreude durch einige Kenntnisse, durch einen sich selbst bewussten

Genuss enorm gesteigert wird. Gut kochen kann man ohne diese Kenntnisse ohnehin nicht.

1 Schmecken und genießen

Von einigen illustren Ausnahmen abgesehen, werden Speisen und Gerichte heute nicht nur nach ihrem Gehalt an wichtigen Inhaltsstoffen und Nährstoffen beurteilt. Sie müssen in erster Linie appetitlich frisch aussehen und farblich aufeinander abgestimmt sein. Immerhin: Das Auge isst ja mit. Nicht weniger entscheidend ist der Geruch. Ein wirklich gutes Essen riecht so anregend, dass Ihnen das Wasser im Mund zusammenläuft. Nase und Auge werden aktiv und entscheiden über das Geschmackserlebnis, noch bevor Sie überhaupt den ersten Bissen zu sich genommen haben. Kein Wunder: Während wir auf Zunge und Gaumen die vier Geschmacksrichtungen süß, sauer, bitter und salzig unterscheiden, werden uns fast 80 Prozent der geschmacklichen Wahrnehmung über die Nase geliefert.

Evolutionsgeschichtlich ist unser feines Riechorgan von immenser Bedeutung. Immerhin müssen wir uns ein Bild über die Güte und Verträglichkeit von Nahrungsmitteln machen, noch bevor wir sie gegessen haben. Aus gleichem Grund ist auch unsere Reizschwelle für bittere Aromen besonders niedrig. Die Gifte der Natur etwa schmecken in der Regel eher bitter als fruchtig-süß. Angenehme Gerüche und Geschmäcker hingegen aktivieren unsere Speichel- und Magensaftsekretion. Schmecken ist damit ein ziemlich kompliziertes Zusammenspiel verschiedener Geschmacks- und Geruchswahrnehmungen. Nur die Zusammenarbeit von Mund und Nase bringt die Aromen voll zur Geltung.

Unsere Zunge ist mit einer Vielzahl von Geschmacksknospen ausgestattet. Während jede Sinneszelle alle Geschmacksrichtungen erkennen kann, sind einzelne Bereiche der Zunge auf besondere Wahrnehmungen spezialisiert. So schmeckt man auf der Zungenspitze meist besser süß, hinten im Zungengrund besser bitter, an den Zungenrändern vorne salzig, hinten sauer. Allerdings nimmt unsere Fä-

14

higkeit zu schmecken und zu riechen im Alter ab. Über circa 10 000 Geschmacksknospen verfügt ein Säugling, gut 2 000 sind es noch bei einem 80-Jährigen. Normalgenießer können ungefähr 2 000 Gerüche unterscheiden, Gourmets und geschulte Weinkenner differenzieren etwa 4 000 Geruchsnuancen.

Für alle gilt: Wird die Nahrung länger im Mund gekaut, steigen immer mehr Aromastoffe auf und lösen am Riechepithel eine Geruchswahrnehmung aus. Bei warmen Speisen sind die Aromastoffe in der Regel viel intensiver als bei kalten, sie werden deshalb beim Schmecken oft stärker empfunden. Schärfe wiederum wird auch mit den „Gefühlsnerven" der Mundschleimhaut wahrgenommen.

Allerdings werden von den gut 4 000 bekannten Aromastoffen inzwischen viele künstlich hergestellt. Dabei sind die Grundstoffe meist wenig appetitlich. Erdbeeraroma etwa wird gern aus Sägespänen hergestellt. Das eigentliche Problem aber ist die Umkehrung von Original und Kopie. Heute scheint uns manch künstliches Aroma intensiver und authentischer als der eigentliche natürliche Geschmack. Verkehrte Wahrnehmungswelten! Nicht zuletzt dies zeigt, wie wichtig ein bewusstes geschmackliches Training ist.

Nach meiner Meinung sollten wir nicht unterhalb unserer physiologischen Möglichkeiten essen und kochen. Mit Mund und Nase verfügen wir über optimale Sinneswerkzeuge, um bei der Nahrungsaufnahme über die bloße Notwendigkeit hinaus im siebten Himmel zu schwelgen. Nutzen wir sie! Zumal ein gutes Gericht kein eindimensionales Geschmackserlebnis provoziert, es ist nie nur süß, nur bitter oder nur salzig.

Warum serviert man Ihnen Bohnen und Linsen mit Speck? Warum helles Fleisch mit frischen Kräutern? Und Rindfleisch gerne in Rotwein? Ganz einfach: Weil es passt. Dass im Schlaraffenland Milch und Honig fließen und nicht Cognac und Rübensaft, hat seinen tieferen Grund. Ente mit Orange, Apfel mit Leber, Wild und Beeren, Kürbis und Curry, Rum und Schokolade: Es gibt Kombinationen, die sind eine sichere Bank. Im Französischen spricht man gerne von Zutaten, die sich vermählen. Und wie in der Ehe auch, sind die beiden Partner nicht zwangsläufig von gleichem Charakter. Das süßliche Vanilleis wird nur mit der leichten Säure der Himbeere zu einem einwandfreien Nachspeisenklassiker.

Speisen hinterlassen meist dann einen besonderen Eindruck, wenn die einzelnen Zutaten in eine nicht zwangsläufig spannungsreiche, aber doch stimmungsvolle Beziehung zueinander treten, wenn sie einen Dialog eingehen, wenn sie sich gegenseitig verstärken und ihre geschmackliche Dimension offen legen. Das heißt aber auch: Die Zutaten müssen aufeinander abgestimmt und fein ausbalanciert sein. Sicher mag es einen geschmacklichen Grundton geben, der begleitet wird von einigen, manchmal eben auch gegenläufigen Akzenten, aber eine auf die Dauer vielleicht sogar langweilige Dominanz sollte vermieden werden. Kräuter etwa dürfen das Essen gerne parfümieren, aber eben nicht aufdringlich in Erscheinung treten. Wie überall im Leben müssen auch hier die Proportionen stimmen.

Und über die reine Aromenvielfalt hinaus bietet uns das Essen noch sehr viel mehr sinnliches Erleben. Denken Sie an das Wechselspiel von heiß und kalt oder an die vielen unterschiedlichen Texturen unserer Lebensmittel. Auch hier bieten sich schier unendlich viele Möglichkeiten für dezent variierende Geschmacksschattierungen – bei jedem Bissen! Um ein paar einfache Beispiel zu bringen: Krosse Croutons kontrastieren ganz wunderbar mit einem knackig-frischen Salat, ebenso Wildpastete mit Cumberlandsauce (Preiselbeeren und schwarze Johannisbeeren und englischer Senf). Auch Gegensätze ziehen sich an: Speck und getrocknete Pflaume oder Dattel.

Sie werden sehen, es lohnt sich! Schon jetzt können Sie feststellen, dass man über das Essen genauso reden kann wie über Wein. Schade nur, dass sich unsere sprachlichen Lobgesänge meist beim Rebensaft erschöpfen. Gutes Essen aber hat es zumindest genauso verdient, in vollen Tönen besungen zu werden.

2 Augenschmaus

Das Auge isst mit. Ob man die Speisen auf seinem Teller lieber modern oder klassisch angerichtet haben möchte, ist eine Ansichts- und natürlich auch Geschmackssache, über die sich die Gelehrten trefflich streiten. Heute ist alles möglich: spartanische Schlichtheit, Goldränder, Logo des Restaurants oder Konterfei des Kochs auf dem Teller, durchsichtiges Glas, schwarz, weiß, bunt, groß, klein, rund oder dreieckig. Auch die Erfindung des Fingerfoods hat ihren Beitrag zu einem Geschirrpluralismus geleistet, wenn Sektflöten für Vorspeisen, Fingerfoodlöffel, silberne Schaschlikspieße, Espressotassen für edle Suppen oder sogar Einweck- und Reagenzgläser im Amuse-bouche-Menü zum Einsatz kommen.

Allem „Anything goes" zum Trotz: Es gibt beim Anrichten der Speisen ein paar Grundregeln, die auch der innovativste und kreativste Koch beherzigen muss. An erster Stelle steht die Sauberkeit. Eine mit der noch so größten Sorgfalt zubereitete Speise verliert, wenn sie nicht genauso perfekt angerichtet ist. Geschirr und Besteck dürfen auf keinen Fall beschmutzt sein, eingetrocknete Speisereste, Fettflecken oder Fingerabdrücke aufweisen. Das mag Ihnen vielleicht selbstverständlich erscheinen, kommt aber häufiger vor, als Sie denken.

Wie richten Sie nun die Speisen auf dem Teller an? Zuerst muss man ein klares Bild von dem, was man kreieren will, im Kopf haben. Machen Sie sich ruhig mit Buntstiften eine Skizze, wie Ihr Teller am Ende aussehen soll. Und merken Sie sich: Das ist weder eine Schande noch ein Eingeständnis mangelnden Vorstellungsvermögens. Profiköche gehen ganz genauso vor.

Achten Sie beim Anrichten darauf, dass der Teller nicht überladen ist. Diese Regel gilt sowohl für das Restaurant als auch für die häusliche Küche. Wenn die Speisen über den Teller ragen, hat es der Koch oder Gastgeber zwar gut gemeint, Ihnen aber gewiss keine Freude gemacht. Nichts ist schlimmer, als wenn man auf dem Teller keinen Platz mehr zum Essen hat. Richten Sie die Speisen so an, dass auch die Farbzusammenstellung zum Tragen kommt. Schaffen Sie hier optische Trennungen, so erkennt das Auge die einzelnen Speisen besser, und das Ensemble auf dem Teller wirkt ausgesprochen ästhetisch. Gedämpfte Hühnchenbrust mit Weißweinsauce, frischem Spargel und Basmatireis auf weißem Teller hört sich zwar gut an. Aber stellen Sie sich diesen Teller einmal optisch vor: Alles ist weiß! Hier wären eine gebratene Hähnchenbrust mit Röststoffen und grüner Spargel optisch schon sehr zu empfehlen. Jetzt noch ein roter Kontrapunkt, etwa eine abgezogene Cherrytomate als i-Tüpfelchen, und schon ist die Optik gerettet.

Speisen kann man auf vielerlei Arten anrichten. Wenn Sie nichts falsch machen wollen, wählen Sie die klassische, standardisierte Weise, mit der man fast jeden Geschmack trifft. Zuerst wird das Fleisch so auf dem Teller platziert, dass es zum Gast zeigt. In der Regel umgibt man beim Anrichten das Fleisch mit einem dezenten Saucenspiegel. Gießen Sie die Sauce nicht zu üppig über das Fleisch, bedecken Sie höchstens ein Drittel davon. Sie haben ja nichts zu verbergen. Nicht selten herrscht die Unsitte, unter Sauce minderwertiges Fleisch oder qualitativ nicht ganz so hochwertige Stücke zu verstecken. Wenn Sie die Kunst beherrschen, Fleisch perfekt rosa zu braten, wäre es ein Frevel, darüber Sauce zu träufeln.

Links vom Fleisch drapieren Sie die Sättigungsbeilage und rechts davon das Gemüse. Eine Alternative besteht darin, die Sättigungsbeilage à part, also getrennt, zu reichen, so dass der Gast selbst entscheiden kann, wie voll er seinen Teller beim Essen beladen möchte.

Im Gegensatz zu dieser klassischen Form steht die moderne Art des Anrichtens, die ständig wechselnden Trends unterworfen ist. Hier können Sie – unter Beachtung der Grundregeln des Anrichtens – die Speisen kreativ auf dem Teller verteilen. Fleisch oder Fisch wird mittig auf ein Bohnenragout gelegt, Beilagen sind sternförmig oder in Schlangenlinien platziert, oder die Sättigungsbeilagen werden formvollendet zu Minaretten aufgetürmt, angerichtet mit getrocknetem und frittiertem Allerlei – von Kräutern, Speck und Chorizo (spanische Wurstspezialität), Blüten – alles ist heute möglich. Der Kreativität sind keine Grenzen gesetzt.

Besonders bei dem Dessert entstehen oft beeindruckende Kompositionen und Variationen, bei denen der Koch mit Heiß-kalt-Gegensätzen arbeitet, verschiedenes Geschirr benutzt oder mit – man verzeihe mir den Ausdruck – Zuckerspinnereien arbeitet. Jedes Essen soll einen Sättigungswert haben und nicht nur aus unnützem Dekor bestehen. Denn auch die Dekorationen sollten geschmacklich etwas bieten. Das beliebte Kräutersträußchen wird eher selten gegessen, nehmen Sie doch lieber hauchdünn geschnittenen mageren Speck, den Sie knusprig anbraten, und dekorieren Sie damit Ihr Bohnenragout. Das sieht nicht nur gut aus, sondern unterstreicht auch den Geschmack der Bohnen.

Hilfreich ist auch, wenn Sie Salat mit Hilfe von Karotten oder ausgehöhlten Gurkenscheiben zu Bouquets formen. Möchten Sie Kartoffelpüree zu Rosetten oder in Wellenmustern formen, nutzen Sie einen Dressierbeutel. Der ermöglicht es Ihnen, gleich mehrere Teller ohne zu kleckern anzurichten. Kartoffelgratin ist besonders dankbar. Bereiten Sie das Gratin zu, lassen Sie es erkalten, und stechen Sie mit einem Ring einen Kreis aus, der sich später leicht erwärmen lässt. Mit diesem Trick können Sie schnell mehrere Portionen ohne allzu großen Zeitaufwand anrichten. Apropos Zeit: Wärmen Sie die Teller unbedingt vor. So haben Sie etwas mehr Zeit beim Anrichten, ohne dass gleich alles abkühlt. Und schließlich: Bereiten Sie vorher immer alles perfekt vor, und positionieren Sie den Löffelbehälter mit sauberem Wasser in Griffweite. Das ist ein absolutes Muss in jeder Küche, schließlich brauchen Sie ihn zum Probieren und Anrichten.

Die Garverfahren 3

Richtig Garen ist gar nicht einfach. Immerhin wird der Garprozess von vielen Faktoren bestimmt. Ganz wesentlich ist natürlich das zu garende Kochgut, also die Lebensmittel selbst. Grundsätzlich gilt: Durch das Garen werden Lebensmittel geschmacklich verändert und für unseren Organismus verdaulicher gemacht. Aber nicht immer gelingt dem Koch beides.

Besonders bei feinen und hochwertigen Lebensmitteln ist es ungemein wichtig, die jeweils optimale Zubereitungsart zu kennen. Nur so sind ein Optimum an Geschmack und der Erhalt wichtiger Inhaltsstoffe garantiert. Vor allem Vitamine und Mineralstoffe reagieren empfindlich auf ein falsches Garverfahren. Sie können durch zu viel Flüssigkeit, zu langes Garen und selbst durch längeres Warmhalten stark reduziert werden. Wer kennt ihn nicht, den Unterschied zwischen einem Gemüse, das viel zu lang gegart wurde, farblich blass ist, ohne Nährwerte und ohne Geschmack oder, viel schlimmer noch, mit einer faden, etwas muffigen Note – und einem knackigen Gemüse, frisch und farblich aufeinander abgestimmt, wie es zum Beispiel direkt aus dem Wok kommt?

Natürlich sind für die Art der Zubereitung sowohl die Größe der Lebensmittel als auch deren Struktur und Qualität entscheidend. Je besser Gargut und Zubereitungsart aufeinander abgestimmt sind, desto besser ist das Ergebnis.

Dünsten, dämpfen, kochen, braten, in der Pfanne, im Topf, mit Deckel oder ohne – in der Küche lässt sich der Einsatz von unterschiedlichem Kochgeschirr und verschiedenen Formen der Wärmeübertragung unendlich kombinieren. Aber nicht beliebig. Wann und warum setze ich den Deckel überhaupt ein? Warum ist es wichtig, dass ein Siedewürstchen langsam – nämlich bis zum Siedepunkt bei circa 95 Grad – erwärmt wird? Und frische Nudeln unbedingt in reichlich sprudelndem Salzwasser kurz und selbstverständlich ohne Deckel gegart werden? Warum wird ein Steak durch die richtige Zubereitung zart? Und wann durch unfachmännisches Garen zäh? Auf diese Fragen werde ich in den kommenden Abschnitten näher eingehen. Aber zuvor noch etwas Theorie zum Dreiklang aus Wärme, Kochgeschirr und Zutaten.

Beim Kochen werden verschiedene Arten der Wärmeübertragung unterschieden: Kontaktwärme, Strahlungs- und Übertragungswärme. Die *Kontaktwärme* ist nichts anderes als die direkte Übermittlung der Temperatur auf die Lebensmittel, zum Beispiel in der Pfanne oder auf dem Grill. Hierbei entstehen Aromen und Röststoffe sehr schnell, die Zubereitung erfordert ein großes Maß an Aufmerksamkeit. Die *Strahlungswärme* hingegen verbreitet sich im Backofen von oben (Oberhitze) oder durch die Mikrowelle. Bei der *Übertragungswärme* wiederum wird die Hitze durch eine Flüssigkeit (Wasser, Wein oder Sud) auf die Zutaten übertragen. Dank modernster Technik werden die genannten Garverfahren inzwischen nicht nur in der Gastronomie miteinander kombiniert. Kombinationsgeräte und Multigarer haben auch in privaten Haushalten einfache Backöfen abgelöst.

Doch was nützen hochentwickelte Technik und feinste Lebensmittel, wenn das Kochgeschirr nicht genau darauf abgestimmt ist? Großer Bräter, kleiner Topf? Edelstahl, Gusseisen, Aluguss? Beschichtet oder nicht? Nicht nur die Größe des Kochgeschirrs muss zu den Lebensmitteln passen, es muss auch aus dem richtigen Material beschaffen sein und auf die gewählte Wärmeübertragung bestmöglich abgestimmt sein. (Siehe hierzu Kapitel 4)

Die Grundzubereitungsarten

Die Grundzubereitungsarten sind lang erprobt und geradezu klassisch. Zum besseren Verständnis teilen wir sie gemäß ihrer Möglichkeiten der Übertragungswärme ein.

Das *Blanchieren*, auch Ab- oder Überbrühen genannt, ist ein minutenkurzes Kochen und ideal für die Vorbereitung von Gemüse. In einem Topf wird Wasser, Sud oder Brühe zum Kochen gebracht, das Gemüse hinzugegeben, ohne Deckel ein bis fünf Minuten aufgekocht und anschließend in kaltem Wasser abgeschreckt. Auf diese Weise behält es seine natürliche Farbe. Vor dem Servieren wird es meist noch kurz in Butter mit entsprechenden Gewürzen angeschwenkt, das heißt, es wird in Butter erneut erwärmt und mehrmals gewendet.

Es gibt auch einige wenige Anwendungsbeispiele, in denen eine kalte Flüssigkeit mit Lebensmitteln angesetzt und dann schnellstmöglich zum Kochen gebracht wird. Außerdem kann man auch in einer Fritteuse mit Fett blanchieren. So werden zum Beispiel in der Gastronomie Pommes frites für die zügige und bedarfsgerechte Verarbeitung vorblanchiert. Bei diesem Blanchieren bewegen sich die Temperaturen zwischen 130 und 160 Grad.

Das *Pochieren*, auch Garziehen genannt, ist ein sehr vorsichtiges Garverfahren für besonders zarte Lebensmittel wie Fisch, Geflügel, Innereien, Früchte und Klöße. Hierbei wird das Gargut in entsprechend ausreichender Flüssigkeit knapp unter dem Siedepunkt bei 65 bis 90 Grad vorsichtig erwärmt bzw. gegart.

Beim *Kochen* unterscheiden wir zwischen Kochen und Sieden, wahlweise in einem heißen oder in einem kalten Ansatz. So werden Kartoffeln in kaltem Wasser und Nudeln in kochendem Wasser aufgesetzt. Selbstverständlich wird in der Anfangsphase ein Deckel verwendet, der beim späteren Kochen entfernt werden muss. Warum aber ist die Ausgangstemperatur so wichtig, wenn am Ende sowieso alles zum Kochen gebracht wird? Wer Kartoffeln in kochendes Wasser gibt, wird schnell feststellen, dass die der Kartoffel eigene Stärke verkleistert, die Kartoffeln werden ungleichmäßig gar. Bei Nudeln dagegen schwemmt die Stärke (also das Mehl) im kalten Wasser aus, sie verlieren an Konsistenz und Form und kleben aneinander.

Beim *Dämpfen*, einem der schonendsten Garverfahren mit optimaler Eigengeschmackserhaltung, unterscheiden wir ebenfalls zwei Arten: Dämpfen mit oder ohne Druck. Das Dämpfen ohne Druck geschieht in einem Kochtopf mit Siebeinsatz, wobei das zu garende Lebensmittel nicht mit der Flüssigkeit in Kontakt kommen darf. Ein gut verschließbarer Deckel ist unerlässlich. Auf diese Art zubereitete Speisen sind in ihrem Aroma sehr zart, können also als kleine geschmackliche Hilfestellung später eine schöne Sauce vertragen. Wer Aromen mag, beispielsweise ätherische Öle aus Kräutern, kann diese durch den Dampf auf die Speisen übertragen. Das Garen unter Druck – in einem Schnellkochtopf – ist vom Prinzip her vergleichbar, jedoch viel zeitsparender.

Das *Dünsten* erfolgt ähnlich wie das Dämpfen in einem gut verschließbaren Topf oder in einer Dünsthilfe, zum Beispiel in einer „feuerfesten Form" oder Alufolie im Backofen. Hierbei werden Gemüse mit hohem Wasseranteil in wenig Fett (Butter oder Öl) kurz angeschwitzt und mit Hilfe der eigenen Flüssigkeit und unter Zugabe von wenig fremder Flüssigkeit (Wein oder Brühe) mit geschlossenem Deckel schonend und geschmackserhaltend gegart. Für Fisch ist dies eine der beliebtesten und aromatischsten Zubereitungsarten.

Der Profi kennt zudem eine Zwischenstufe zwischen Dünsten und Braten, das *Poelieren* oder hellbraun Dünsten. Dieses Garverfahren wird gerne für helles Fleisch (Kalb oder Geflügel) verwendet, das zunächst auf klein geschnittenem Wurzelwerk gedünstet wird. Vor dem Ende der Garzeit wird der Deckel entfernt, um die Flüssigkeit zu reduzieren und dabei Röststoffe und Aromen zu bilden.

Mit wesentlich höheren Temperaturen und der Zugabe von Fetten sind wir schnell bei den so genannten „trockenen Zubereitungsarten". Das *Kurzbraten*, auch *Sautieren* genannt, wird in einer Pfanne oder in pfannenähnlichem Kochgeschirr bewerkstelligt. Fisch, Fleisch, Gemüse oder Kartoffeln werden in wenig Fett bei hohen, konstanten Temperaturen bis zu 200 Grad von allen Seiten kurz und kräftig angebraten. Ein starker Hitzeabfall muss unbedingt vermieden werden, da sonst Flüssigkeit austritt und das Braten ins Kochen übergeht. Damit die Wärme zügig aufgenommen werden kann, müssen Pfannengröße und Zutaten gut aufeinander abgestimmt sein. Und gerade hier passieren die häufigsten Fehler: Die Pfanne darf nur so bestückt werden, dass die Lebensmittel nebeneinander – in keinem Fall aufeinander – liegen, damit sie auch gleichmäßig die Temperatur aufnehmen können.

Neben dem Kurzbraten gibt es das *Langzeitbraten* im Backofen, das insbesondere bei größeren Fleischteilen oder ganzem Geflügel angezeigt ist. Bei dieser Zubereitungsart wird mit hoher Temperatur angebraten und bei reduzierter Temperatur fertig gebraten. Die Fleischteile können zudem mit Flüssigkeit (Wein, Brühe oder Wasser) mehrmals angegossen werden. Temperatur und Bratzeit sind abhängig von den Zutaten und ihrer Größe.

Ein *Backen* im Backofen erfolgt ohne wesentliche Zugabe von Flüssigkeit, es gibt allerdings einige Ausnahmen beim Brotbacken. Manche Lebensmittel werden im Backofen nicht nur erwärmt, sondern auch getrocknet, um ein besseres Aroma zu erzielen. In Ergänzung zum Backen gibt es das Überbacken (Gratinieren), bei dem Lebensmittel geschmacklich und optisch deutlich verändert werden. Mit Hilfe von Käse, Butter und Semmelbröseln bekommt man eine appetitliche Kruste.

Beim *Schmoren* wird zuerst das Lebensmittel angebraten, später mit den übrigen Zutaten (Wurzelgemüse, Gewürze, Tomaten usw.) in geschlossenem Topf weiter gegart und abschließend durch Flüssigkeitszugabe eine Sauce gezogen – denn was wäre ein Schmorgericht ohne eine gehaltvolle Bratensauce?

Beim *Grillen* werden Bratenstücke auf die heiße Grillplatte oder den Holzkohlegrill gelegt. Durch diese trockene Hitze entsteht eine schnelle Bräunung und Krustenbildung, wodurch der Fleischsaft besonders erhalten bleibt. Fleisch mit geringem Eigenfettanteil sollte vorher oder während des Grillens mit ein wenig Fett bestrichen werden. Zusätzlich eignen sich auch Fenchel, Auberginen, Zucchini und einige andere Gemüsesorten hervorragend zum Grillen.

Das *Frittieren* ist ein Garverfahren in schwimmendem, besonders hitzestabilem Fett. Auch hier ist unbedingt auf eine konstante Temperatur zu achten. Frittieren Sie immer nur kleine Portionen, um größere Temperaturschwankungen zu vermeiden. Ein Hitzeabfall führt dazu, dass sich Lebensmittel unnötig mit Fett voll saugen. Optimal frittierte Lebensmittel sind aber in der Regel kross und trocken und nicht weich und fettig. Natürlich dürfen sie auch nicht nach älterem, tranigem Fett schmecken. Überhaupt sollten nur Frittierfette höchster Qualität verwendet und diese dann ständig gepflegt werden. Keinem Fett tut es gut, wenn es stundenlang auf höchster Stufe gehalten wird, vielmehr sollte die Temperatur beim Aufheizen auf circa 100 Grad gebracht und erst bei Bedarf nach oben geregelt werden. Verbrannte Lebensmittelreste passiert man regelmäßig durch ein feines Sieb – sie hinterlassen sonst einen verbrannten Geschmack im Fett und sind darüber hinaus gesundheitsschädlich. Frittieröl sollte durch ein feines Sieb in einen anderen Behälter gegossen werden und kann dann wieder in die gereinigte Fritteuse zurück.

Glasieren und *Rösten* bieten sich zum Verfeinern einiger Lebensmittel an. Vorgegarte Lebensmittel werden beim Glasieren in Butter, Zucker und Fond angeschwenkt. In einer entsprechenden Sauce können kleine Fleischstückchen glasiert werden. Das Verfahren verleiht Lebensmitteln einen schönen Glanz, lässt sie nicht so schnell austrocknen und gibt zusätzlichen Geschmack. Auch das Rösten dient der Aromasteigerung und wird ohne Fett bei trockener Hitze im Ofen oder in der Pfanne (Nüsse und Kaffee) praktiziert.

Dies sind sie also, die gängigsten Garverfahren, die in den meisten Küchen angewandt werden. In Großküchen allerdings hilft man sich mit computergesteuerten Garverfahren und Halbautomatik. Aber auch in den privaten Haushalten gibt es einige – nicht nur für technikverliebte Hobbyköche – interessante Neuerungen.

Kochen mit Induktion – die Technik der Zukunft

Mit modernen Induktionsherden steht den heutigen Küchen eine innovative Technologie zur Verfügung, die ein kurzes, schnelles und damit gesundes und vitaminschonendes Garen ermöglicht. Das Prinzip der Wärmeerzeugung durch Induktion wurde schon in den Fünfzigerjahren entwickelt, allerdings vornehmlich für die Industrie. In der Gastronomie wurden Induktionskochstellen erstmals Ende der Achtzigerjahre eingesetzt, mittlerweile ist diese Technik so ausgereift, dass auch eine ständig wachsende Zahl von Privathaushalten die Vorteile dieser überaus effizienten Energiequelle nutzt.

Was steckt hinter dieser Technik? Ob Gas, Glaskeramik oder Elektroplatten – bei allen herkömmlichen Herden wird die Wärme in der Kochstelle erzeugt. Erst durch Wärmeleitung oder Wärmeabstrahlung wird sie über das Kochgeschirr an die Lebensmittel abgegeben. Das Prinzip: Übertragungswärme. Induktionskochstellen dagegen erzeugen die Wärme ausschließlich im Kochgeschirr. Wie funktioniert das? In der Kochstelle eines Induktionskochfeldes werden über Induktionsspulen magnetische Wechselfelder erzeugt. Diese lösen im Boden eines dafür geeigneten Kochgeschirrs Wirbelströme aus, die zur Wärmeentwicklung führen – und zwar nur im Kochtopfboden.

Allerdings muss das Kochgeschirr entsprechend beschaffen sein. Nur magnetisches Kochgeschirr, also Töpfe und Pfannen mit hohem Eisen- und Nickelgehalt, sind zum Einsatz auf dem Induktionsherd geeignet. Ein einfacher Eignungstest lässt sich mit einem Magneten vornehmen: Wird dieser stark genug angezogen, kann der Topf oder die Pfanne auf dem Induktionsherd verwendet werden. Denn: Nur wenn Herd und Kochgeschirr zusammenpassen, wird auch die erwartete Kochleistung erreicht.

Was sind nun die Vorteile der Induktion? Die Glaskeramikplatte wird hier nicht als Wärmeleiter benötigt, sie dient nur als Trägerplatte für das Kochgeschirr. Sie wird also nicht heiß, sondern nur geringfügig durch die Rückstrahlwärme des Kochgeschirrs temperiert. Das bedeutet natürlich ein sehr angenehmes Arbeitsklima – gerade in der Profiküche ein unschlagbares Argument. Verschüttete oder übergekochte Milch, Essensreste usw. können nicht einbrennen. Nicht weniger praktisch: die Topferkennung. Nur wenn ein Topf auf dem Herd steht, fließt auch Energie. Wird der Kochvorgang kurz unterbrochen, der Topf zum Beispiel von der Kochstelle genommen, stoppt die Topferkennung die Energiezufuhr zur Kochstelle. Vorsicht also mit Konservendosen oder Metallbehältern – sie haben auf dem Herd nichts zu suchen. Ist er eingeschaltet, können hier schnell einmal die falschen Dinge erhitzt werden.

Und noch etwas: Induktion ist eine sehr schnelle Energiequelle mit hoher Leistung. Kann man bei herkömmlichen Herdarten schon mal das Kochgeschirr mit kleinen Mengen oder sogar leer aufsetzen und dann noch rasch etwas holen oder zubereiten, sollte man das bei Induktionsherden unbedingt vermeiden. Das heißt aber auch, dass die

Leistung sofort verfügbar ist, die Ankochzeit kurz, die Steuerung punktgenau. Energie wird nur verbraucht, wenn das Kochgeschirr auf der Kochstelle steht. Die Größe der Töpfe und Pfannen ist für den Wirkungsgrad unerheblich, kleine Töpfe verbrauchen automatisch weniger Energie. Es sollte also niemanden verwundern, dass das Arbeiten mit einem professionellen Induktionsherd eine Energieeinsparung von bis zu 85 Prozent bringen kann.

Induktionsherde zeichnen sich nicht nur durch eine sehr starke Leistung aus, sie halten die Temperaturen auch konstant. Beim Garen bzw. Kochen von Gemüse kann – insbesondere beim Blanchieren – vitaminschonend kurz gekocht werden, beim Braten von Fleisch lässt sich die Hitze optimal steuern, ein Geschmacks- und Vitaminverlust durch Austreten von Fleischsaft wird verhindert. Wenn auch Technik allein noch keinen guten Koch macht, richtig angewendet überzeugen die Ergebnisse eines Induktionsherds eigentlich immer.

4 Kochtöpfe und Messer

Selbst wenn Sie alle Zubereitungsarten beherrschen, das Ergebnis Ihrer Anstrengungen wird maßgeblich durch die Wahl der Töpfe und Pfannen bestimmt. Sollten Ihre Kochergebnisse unterschiedlich ausfallen, so liegt das nicht unbedingt an mangelnden Kochkünsten. Mit den richtigen Töpfen fängt das Kochen an.

Die Angebotspalette bei Töpfen und Pfannen ist enorm, ebenso die Preisunterschiede. Für ein kleines Topfset mit gebräuchlichen Standardgrößen kann man gerne mehrere hundert Euro zahlen. Bevor Sie so viel Geld investieren, lohnt es sich, einen Blick in die Broschüren der *Stiftung Warentest* zu werfen und sich im Fachhandel ausführlich beraten zu lassen.

Wer einen Haushalt gründet oder erst mit dem Kochen beginnt, dem empfehle ich ein so genanntes Starterset. Diese sind nicht nur preiswerter als Einzeltöpfe, sondern decken auch alle gebräuchlichen Töpfe ab. Spezialtöpfe wie zum Beispiel den Wok kann man sich auch später anschaffen.

Töpfe werden aus den unterschiedlichsten Materialien hergestellt. Am geläufigsten sind Edelstahltöpfe. Sie sind von bester Qualität, zeitlos im Design, hygienisch und leicht zu reinigen. Leider ist Edelstahl ein schlechter Wärmeleiter und benötigt zur Wärmeaufnahme bei herkömmlichen Herden, ausgenommen den Induktionsherden, einen dicken Sandwichboden. In diesem Sandwichboden befinden sich Schichten aus Kupfer oder Aluminium, die die Temperatur erst einmal aufnehmen, speichern und dann an das zu garende Lebensmittel weitergeben. Hier gibt es riesige Qualitätsunterschiede. Töpfe mit Profiqualität sind meist recht schwer. Leichte Töpfe aus Aluminiumguss haben zwar den Vorteil, schnell aufzuheizen, sind aber nicht in der Lage, die Wärme lange zu speichern. Alugusstöpfe sind heutzutage beschichtet, haben aber leider je nach Art, Anwendung und Pflege nur eine begrenzte Lebensdauer.

Seltener – und vor allem in Frankreich zu finden – sind Stahl- oder Eisengussemailletöpfe. Viele Modelle sind mit einer leicht zu reinigenden roten oder farbigen Emailleschicht überzogen. Eisengusstöpfe eignen sich besonders gut zum Schmoren, ob im Backofen oder auf dem Herd. Sie sind in der Regel aus einem schweren Material und haben somit eine besondere Fähigkeit, Temperatur aufzunehmen. Eisenguss ist auch für jede Energiequelle geeignet. Aufgrund der Emailleschicht sind sie sehr unempfindlich und vor allem pflegeleichter als Edelstahl. Ich arbeite sowohl mit Eisenguss als auch Edelstahl. Manche Profiköche – und vor allem französische – sind der Meinung, dass in Eisenguss zubereitete Speisen einen ganz eigenen Geschmack hätten.

Kupfertöpfe hingegen benötigen schon mehr Pflege und sind auch teurer. Sie haben den Vorzug, ganz besonders gut Wärme zu leiten, sind aber viel leichter als die schweren gusseisernen Geschirre. Sie nehmen sehr viel Hitze auf und verteilen sie optimal und gleichmäßig über den Topfboden. Daher sind sie besonders zum Anbraten geeignet.

Ganz gleich, für welches Material man sich entscheidet, der Teufel liegt im Detail. Achten Sie auf feste Griffe und einen praktischen Schüttrand. Kochgeschirr mit Griffen aus Holz oder Kunststoff kann nur bedingt in den Backofen gestellt werden. Preiswerte Modelle werden gerne vor allem an den Griffen so heiß, dass man sich leicht verbrennen kann. Damit sich die Wärme optimal verteilen kann, muss der Topfboden völlig plan sein. Die Voraussetzung für zeitgemäßes schonendes Garen mit wenig Wasser und Fett sind perfekt passende Deckel. Besonders an einfach verarbeiteten Glasdeckeln kann man billige Aktionsware erkennen.

Werbeversprechen seitens der Hersteller, man könne ohne Wasser oder Fett kochen, sollte man mit Vorsicht genießen. Natürlich ist es möglich, eine Scheibe Fleisch mit eigenem Fettanteil oder Speck ohne zusätzliches Fett zu braten. Wie aber sieht es bei zartem Wild oder Fischfilet aus? Um ein wenig Fett werden Sie in der Regel nicht herumkommen.

Eine optimale Topfreinigung ist abhängig vom Material und seiner Qualität. Ein ständiges Ansetzen oder sogar Anbrennen kann daher rühren, dass die Beschichtung durch anderes Küchengerät längst beschädigt wurde. Außerdem sind beschädigte Beschichtungen gesundheitlich nicht ganz unbedenklich!

Auf Messers Schneide

Das Messer ist das Heiligtum eines jeden Kochs. Ein gutes Küchenmesser zu finden, ist eine schwierige Aufgabe. Ich habe in nunmehr bald 30 Jahren Küchenerfahrung diverse Messer ausprobiert, und obwohl ich nie mit den preiswertesten Küchenmessern angefangen habe, war auch so manches teure Messer nach kurzer Zeit stumpf oder lag nicht richtig in der Hand, kurz: Die meisten Messer haben gravierende Nachteile. Sie müssen das Messer finden, das zu Ihnen passt, und trotz guter Pflege sollten Sie es nach einiger Zeit schon mal gegen ein neues austauschen. Ordentliche Messer haben ihren Preis.

Ich schätze vor allem Messer der Solinger Traditionsfirmen. Aber auch die Manufaktur „Messer-Unikate" mit ihren traditionellen Küchenmessern in schönster Form und Qualität sowie die Hersteller Gehring, Zwilling Henckels, Wüsthof Dreizack oder F. Dick sind zu empfehlen.

Da meine Kollegen schon seit längerem von japanischen Messern schwärmen, habe ich sie getestet und arbeite heute auch selber sehr gerne mit diesen hochwertigen Produkten. Die Klingen sind – und bleiben – besonders scharf. Man kann mit diesen Messern sehr feine, saubere Schnitte machen, die Voraussetzung für korrektes, sauberes und professionelles Arbeiten sind. Die klassischen japanischen Kochmesser, insbesondere die Fisch- und Gemüsemesser, sind oft einseitig geschliffen. Mit ihren kräftigen Klingen bei einer Länge von 35 Zentimetern und mehr sind diese japanischen Messer vor allem die perfekten Sushimesser.

Besonders erwähnenswert sind die japanischen handgeschmiedeten Damaszener Kochmesser, auch Damast-Messer genannt, die das Herz eines jeden Messerliebhabers höher schlagen lassen. Die Schärfe der Messer ist legendär. Aufgrund der besonderen Herstellung aus extrem hartem V-Gold-10-Stahl (61 plus/minus 1 HRC), gefertigt mit 32 Lagen, sind sie äußerst langlebig. Damaszener Messer sind von höchster Qualität, die auch hier ihren Preis hat. Wenn Sie sich für ein solches Spitzenprodukt entscheiden, empfehle ich Ihnen die Shun-Serie von der Firma Kai, einer japanischen Messerschmiede mit langer Tradition. Zum Teil sind sie in bestimmten Fachgeschäften erhältlich, und für Deutschland ist die Werksvertretung in der Stadt Solingen anzutreffen

Messer bewahrt man nicht einfach so in der Küchenschublade auf, wie das in vielen Haushalten üblich ist. Nutzen Sie für die optimale Aufbewahrung eine Messertasche oder einen Messerblock. Das senkt nicht nur die Verletzungsgefahr, sondern schont Ihre Messer ungemein. Außerdem: Gute Messer bedürfen der Pflege. Reinigen Sie sie nicht in der Spülmaschine. Die scharfen Reinigungsmittel machen ein Messer stumpf. Wer an seinem Messer lange Freude haben will, reinigt es von Hand mit einem weichen Tuch – das gehört zum guten Kochen dazu! Schärfen Sie es gelegentlich an Schleifstahl und Schleifstein. Ihr Messer wird es Ihnen danken.

Wer gute Messer besitzt, benötigt vor allem auch ein gutes, stabiles *Schneidebrett*, damit das Schneiden auch Spaß macht und vor allem effizient ist. Ein Schneidebrett, das immer wegrutscht oder durch zu häufige Spülmaschinengänge wellig geworden ist, können Sie gleich wegwerfen. Es ist ein permanenter Quell des Ärgernisses in der Küche.

Schneidebretter gibt es in vielen Materialien. Auch wenn in den letzten Jahren Schneidebretter aus Glas und Stein in Kaufhäusern auftauchten, gibt es wohl keinen Haushalt ohne ein Schneidebrett aus Holz oder Kunststoff. Holz oder Kunststoff? Was ist hygienischer? Diese Frage teilt die Profiköche in zwei Lager.

Die Vertreter des Holzbretts sind der Ansicht, dass die enthaltenen Harze die Vermehrung schädlicher Bakterien auf natürliche Weise unterbinden. Die anderen bevorzugen Kunststoffbretter, da sie sich in der Spülmaschine und bei hohen Temperaturen reinigen lassen. Das ist wohl auch der Grund, weshalb in der Gastronomie und in Großküchen ausschließlich mit Kunststoffbrettern gearbeitet wird.

Wichtig ist mir vor allem, mehrere Schneidebretter für den unterschiedlichen Gebrauch zu haben. Legen Sie sich mindestens drei verschiedenfarbige Schneidebretter zu. Nutzen Sie das eine nur für Fisch, das andere nur für Fleisch und das letzte nur für vegetarische Nahrungsmittel. Riechende oder verfärbte Bretter haben in der Küche nichts zu suchen.

Übrigens: Wer noch nicht weiß, was er zu Weihnachten oder zum Geburtstag einem kochbegeisterten Freund schenken soll, dem kann ich sehr empfehlen, ihm mit einem wirklich guten Küchenmesser eine Freude zu bereiten. Sicher, ich weiß, es gibt den Aberglauben, dass man keine Messer verschenken sollte, weil es die Freundschaft zerschneiden könne. Dieser Gefahr können Sie jedoch begegnen, indem der Beschenkte Ihnen zum Austausch einen Cent überreicht. Damit ist der Fluch gebannt.

Gewürze und Kräuter, Fette und Eiweiße

Öle und Speisefette

5

Speisefette können entweder pflanzlicher oder tierischer Herkunft sein. In ihrer chemischen Struktur sind sie ähnlich aufgebaut, sie bestehen vor allem aus Fettsäuren und Glycerin. In ihrer ernährungsphysiologischen Bedeutung und in ihren Kocheigenschaften unterscheiden sich Speisefette jedoch gewaltig. Je nach Gericht verwende ich daher ganz unterschiedliche Fette. Ein Schmorbraten zum Beispiel wird stark angebraten, die dabei entstehenden Röststoffe geben einer dunklen Sauce ihren runden Geschmack. Hier würde ich ein neutrales, hitzebeständiges Öl (flüssig) verwenden. Gemüse wiederum werden selten dunkel angebraten, hier verstärken Butter oder Rapsöl das Aroma, Olivenöl gibt eine zusätzliche Note. Ente oder Gans werden in wenig Flüssigkeit ganz ohne Zugabe von Fett gegart. Vielmehr wird das geflügeleigene Fett durch hohe Temperaturen ausgebraten. *Wichtig*: Die Haut kann zusätzlich mit einer Gabel mehrmals eingestochen werden, damit das Fett besser austreten kann.

Fette erlauben uns das Schmoren, Braten oder Frittieren bei Temperaturen über 100 Grad. Allerdings sind nicht alle Fette gleichermaßen hitzebeständig. Allgemein gilt: Je höher ein Fett erhitzt werden kann, desto schwerer ist es in der Regel zu verdauen. Das trifft besonders bei Frittierfetten zu. Sie haben einen mit 30 Grad recht hohen Schmelzpunkt und einen Rauchpunkt bei 210 bis 250 Grad. Der Rauchpunkt ist nichts anderes als der Temperaturbereich, bis zu dem das Fett maximal erhitzt werden darf. Falls ein Fett über seinen Rauchpunkt hinaus erhitzt wird, kann es sich entzünden. Und nicht nur das: Es können sich obendrein giftige Stoffe bilden. Ein Fettbrand darf niemals mit Wasser gelöscht werden (Explosionsgefahr), die beste Brandbekämpfung ist Sauerstoffentzug. Decken sie die Pfanne einfach mit einem Topfdeckel zu und ersticken Sie das Feuer.

31

Butter

Alles andere als brandgefährlich: Butter. Ich verwende sie nur indirekt zum Braten. Lieber brate ich mit einem neutralen Öl an, gebe fast zum Ende der Garzeit ein wenig Butter zu und brate darin nach. Ganz gleich ob Steak, Fisch oder Gemüse, diese Methode passt zu jeder Art von Kurzbratgerichten. Es ist ratsam, das Öl abzuschütten, bevor die Butter hinzugegeben wird.

Insbesondere in der französischen Küche wird Butter außerordentlich hoch geschätzt, nämlich als hervorragender Geschmacksträger mit eigener, frischer Note. Sie eignet sich vorzüglich zum Verfeinern und Binden von Saucen und verleiht selbst einer Mousse au Chocolat zusätzliche Intensität. Butter sollte jedoch nicht über circa 120 Grad erhitzt werden. Danach wird sie langsam braun. Zwar kann eine hellbraune Färbung durchaus erwünscht sein – der Fachmann spricht hier von einer Nussbutter, die gerade wegen ihres nussigen Geschmacks gerne über Fisch oder Spargel gegeben wird. Dunkelbraune oder sogar schwarz verbrannte Butter ist hingegen ungenießbar.

Auch bei der Butter gibt es qualitative und geschmackliche Unterschiede. In Deutschland besteht Butter aus mindestens 82 Prozent Fett und maximal 16 Prozent Wasser. Eine gute Butter wird nach vielen Kriterien unterschieden, zu den wichtigsten zählen Geruch, Reinheit, Farbe, Streichfähigkeit und Aroma.

Höchste Güteklasse der Butter ist die Markenbutter, gefolgt von der Molkereibutter (2. Qualität – für lebensmittelverarbeitende Betriebe). Daneben gibt es noch Butterschmalz, eine wasserfreie Butter, die höher erhitzbar ist (siehe weiter unten).

Folgende Geschmacksrichtungen lassen sich bei der Butter unterscheiden:

- Sauerrahmbutter: Dem Rahm werden Milchsäurebakterien zugesetzt; dies erzeugt den typischen Geschmack; sie stellt das Hauptangebot im Geschäft.
- Mild gesäuerte Butter: Der Süßrahmbutter wird Milchsäure zugesetzt; sie liegt geschmacklich zwischen Süß- und Sauerrahmbutter.
- Süßrahmbutter: wird hergestellt aus ungesäuertem Rahm und hat einen milden sahnigen Geschmack.

Eine besondere Spezialität ist gesalzene und mild gesalzene Butter, wie sie vor allem in Frankreich viel konsumiert wird. Neben reiner Butter werden hier übrigens besondere Salzsorten verwendet. Eine andere Delikatesse der Franzosen: Rohmilchbutter. Sie ist weder homogenisiert[1] noch pasteurisiert (also erhitzt, keimfrei gemacht; siehe auch Kapitel 47) und schmeckt nach dem vollen Aroma der Kuhmilch. *Vorsicht*: Nach dem Genuss werden Sie keine normale Butter mehr mögen! Zu kaufen in der Feinkostabteilung, im Großhandel, Delikatessenhandel und natürlich in Frankreich.

Während sich Butter nicht zum Braten bei hohen Temperaturen eignet, verbindet Butterschmalz das Aroma der Butter mit den Kocheigenschaften eines hitzestabilen Bratfetts. In der Profiküche viel genutzt, ist Butterschmalz eine geklärte Butter, also ein reines, von Wasser und Eiweiß befreites Fett. Butterschmalz können Sie übrigens einfach selbst herstellen:

Kochen Sie ein Päckchen Butter (250 g) bei mittlerer Temperatur auf, und lassen Sie sie circa zehn Minuten köcheln. Der sich bildende Schaum ist Eiweiß und muss mit einer Schöpfkelle restlos entfernt werden. Das Wasser setzt sich in Form von Molke auf dem Topfboden ab und kann so separiert werden.

Schweine- und Gänseschmalz ist ausgeschmolzenes oder ausgebratenes Fett und hat mit dem Butterschmalz daher nichts gemein. Das klassische Wiener Schnitzel wurde früher schwimmend in Schweineschmalz gebraten. Heute werden beide Fette nur noch selten zum Braten, sehr viel häufiger aber zum Abschmecken von Rotkohl oder Bratkartoffeln verwendet. Als Griebenschmalz sind sie ein besonders kalorienreicher Brotaufstrich.

Margarine und Öle

Auch Margarine spielt beim Kochen nicht mehr die Rolle, die ihr etwa in den Sechzigerjahren vor allem als preiswerter Butterersatz zugestanden wurde. Halbfette Margarine ist heute vor allem als Brotaufstrich Teil einer kalorienbewussten, modernen Ernährung, zumal der handels-

---

1   Milch wird mit einem hohen Druck durch feinste Düsen gepresst, damit sich das Fett in der Milch besser verteilt; dadurch rahmt sie nicht aus bzw. setzt sich das Fett als Rahm ab. Milch wird in Molkereien standardmäßig homogenisiert.

üblichen Margarine zumeist Vitamine und ungesättigte Fettsäuren zugesetzt werden. Biomargarine ist zudem eine gute Alternative zur cholesterinreichen Butter. Der Vorteil in der Küche: Als rein pflanzliches Produkt ohne größeren Eiweiß- oder Wasseranteil ist Margarine bis 180 Grad relativ hitzebeständig und dennoch leicht verdaulich.

Nur wenig bekannt sind einige Verwandte der Margarine, Backmargarine etwa oder Ziehmargarine. Backmargarine ist so zusammengesetzt, dass beim Rühren viel Luft eingeschlossen wird. Das Ergebnis ist ein lockerer Teig. Ziehmargarine wiederum wird zum Beispiel für Blätterteig verwendet und ist ein zähes Fett mit hohem Schmelzpunkt – und daher schwer verdaulich. Schmelzmargarine ist wasserfrei und daher dem Butterschmalz sehr ähnlich. Sie ist etwas hitzebeständiger als herkömmliche Margarine.

Zu den besonderen Ölen zählen unter anderem Öle aus Wal- und Macadamianüssen oder Sesam-, Kürbis-, und Traubenkernen. Diese Öle zeichnen sich durch einen feinen würzigen Geschmack aus. Sie sind ausschließlich zum Verfeinern und Würzen von Speisen, Salaten und Salatsaucen geeignet. Zum Kochen oder gar Braten sollten sie auf keinen Fall verwendet werden. Viel besser zum Dünsten und Braten geeignet sind Öle mit einem hohen Prozentsatz an hitzestabilen, ungesättigten Fettsäuren. Neben Sonnenblumen-, Soja- und Olivenöl zählt auch Rapsöl zu diesen hoch erhitzbaren Fetten. Es ist obendrein reich an Vitamin A und enthält 29 Prozent der mehrfach ungesättigten Fettsäuren, davon Linolsäure (20 Prozent) und Linolensäure (9 Prozent). Das geschmacksneutrale Rapsöl zählt damit zu den wichtigen Quellen für Linolensäure, die auch als Omega-3-Fettsäure bekannt ist.

Ein besonders hochwertiges Rapsöl ist das Canola-Öl, das immer im schonenden Kaltpressverfahren hergestellt wird. Es enthält viel Vitamin E und Selen, ist cholesterinfrei und zeichnet sich mit seinen 65 Prozent einfach und fast 30 Prozent mehrfach ungesättigten Fettsäuren ernährungsphysiologisch als besonders wertvoll aus.

Speiseöle können das unvermischte Produkt einer Pflanze sein oder aus verschiedenen Pflanzenölen gemischt werden. Was – wie zum Beispiel Sonnenblumen-, Raps- oder Walnussöl – nach einer bestimmten Pflanze benannt ist, muss auch sortenrein aus dieser Pflanze hergestellt worden sein. Ein Markenzeichen ist übrigens kein Hinweis darauf, dass es sich um ein reines Öl handelt. Im Zweifelsfall: Lesen Sie das Etikett.

6

Etwas länger sollten wir uns beim Olivenöl aufhalten. Das Olivenöl, ein wichtiger Bestandteil nicht nur der mediterranen Küche, schmeckt nicht nur gut, es ist auch aus ernährungsphysiologischer Sicht äußerst gesund. Das Olivenöl besteht zu 76 Prozent aus der einfach ungesättigten Ölsäure. Es enthält nur 8 Prozent zweifach ungesättigte Fettsäuren und 16 Prozent gesättigte Fettsäuren. Auch wenn bis heute immer wieder neue und widersprüchliche Erkenntnisse auf dem Gebiet der Cholesterinforschung bekannt werden, gilt inzwischen als gesichert, dass Olivenöl bei erhöhten Cholesterinwerten äußerst hilfreich ist. Die einfach ungesättigten Fettsäuren verringern die Ablagerung des Cholesterins in den Blutgefäßen, der Cholesterinspiegel sinkt – und damit wird auch das Risiko von Bluthochdruck minimiert.

Woran erkennen Sie die Qualität von Olivenöl?

Je unmittelbarer das Öl aus unbeschädigten Oliven guter Qualität gepresst wird, desto höher ist die Qualität. Und, ganz nebenbei, auch die Konzentration an herzschützenden Stoffen. Die meisten Wirkstoffe besitzen demnach Olivenöle mit der Bezeichnung „extra vergine" bzw. „nativ extra". Solche Öle sind immer unraffiniert und kaltgepresst. Mit anderen Worten: Bei der Pressung dürfen 30 Grad nicht überschritten werden. Trübstoffe und Depotstoffe sind ein Hinweis auf ungefilterte Öle, die Kenner wegen ihres puren und intensiven Geschmacks schätzen.

Italien, Spanien oder Griechenland: Olivenöle werden in vielen Ländern hergestellt, selbst Australien zählt sich inzwischen zu den Topproduzenten für ausgezeichnete und erstklassige Olivenöle. Geschmacklich unterscheiden sich die Olivenöle nach Herkunftsland und Region erheblich. Oft aber passen diese unterschiedlichen Geschmacksbilder harmonisch zu den vor Ort zubereiteten Speisen. Hier sollte sich jeder sein eigenes Urteil bilden.

Es gibt neben milden und herben auch fruchtige bis süßliche und scharfe Olivenöle. Das unterschiedliche Aroma hängt ganz wesentlich vom Reifegrad der Oliven ab sowie von Klima und Bodenbeschaffenheit. Je grüner die Oliven geerntet werden, desto schärfer und bitterer schmeckt das Öl.

Für alle Sorten gilt im Allgemeinen: Ein ausgewogenes Verhältnis von grünen und dunklen Oliven bringt ein eher mildes Olivenöl hervor. Ein Öl vorwiegend aus dunklen Oliven ist besonders aromatisch und würzig – und etwas teurer. Denn die lange Reifung bedeutet mehr Pflegeaufwand und ein größeres Risiko: Je länger die Oliven am Baum hängen, desto eher können sie von Insekten befallen werden, sie faulen dann und geben einen schlechten Geschmack.

Ein leichtes Kratzen im Hals ist keinesfalls typisch für ein schlechtes Öl, sondern vielmehr charakteristisch für ein scharfes Öl. Ich meine, Sie sollten immer zumindest zwei Olivenöle im Haus haben, ein mildes und ein pikantes. Am Anfang werden Sie das milde Öl bevorzugen, weil wir Olivenöl in Geschmack und Nutzung gerne mit Butter und Sahne vergleichen. Es dauert eine Weile, bis man Olivenöl auch als Würzmittel zu schätzen weiß.

Ich selbst bevorzuge:

1. Frantoio, eine gehaltvolle Sorte aus der Toskana, die sich durch pfeffrige Würze und ausbalancierten Bittergeschmack auszeichnet.
2. Manzanillo, eine spanische Olivensorte mit vollen reifen Fruchtaromen, die einen nussigen, milden Geschmack und einen pfeffrigen Abgang aufweist.

Auch gibt es aromatische Blends (Gemisch) aus beiden Sorten, um einen frischen aromatischen Geschmack mit mildem Abgang zu erlangen.

Schauen Sie beim Einkauf aufs Etikett

Markenzeichen, der Name des Herstellers oder auch Qualitätsbezeichnungen wie „extra" sind von Land zu Land unterschiedlich zu bewerten. Die *Stiftung Warentest* hat erst im Herbst 2005 Olivenöle der Qualität „extra vergine" untersucht und dabei festgestellt, dass der Inhalt oft nicht hält, was das Etikett verspricht. Sie bewertet neben

Inhalt die sensorische und Geschmacksqualität, die chemische Qualität und eventuelle Schadstoffzusätze. Entspricht das Öl nur hinsichtlich eines Kriteriums nicht den Voraussetzungen, dann erhält es automatisch eine schlechte Benotung. So beispielsweise, wenn es zwecks besserer Ausbeute wärmebehandelt wurde – erlaubt sind maximal 30 Grad, bei höheren Temperaturen spricht man von Wärmebehandlung.

Für Öl, das die Bezeichnung „extra vergine" trägt, müssen 5 Kilogramm Oliven für 1 Liter Öl gepresst werden. Sie dürfen keinesfalls wärmebehandelt werden, ansonsten liegt ein grober Qualitätsverstoß vor! Es dürfen keine gesundheitsschädlichen so genannten Weichmacher, die ein Olivenöl mild schmecken lassen, darin gefunden werden! Öl, das aus überlagerten gärigen Oliven hergestellt wurde, hat einen stichigen Geschmack. Ranzige und modrige Geschmacksnuancen sind auf schlechte oder sogar feuchte Lagerung zurückzuführen.

Daneben gibt es auch irreführende Angaben zur Herkunft eines Olivenöls. Da kann es passieren, dass ein Öl in Italien abgefüllt wird und der Verbraucher meint, er kaufe italienisches Olivenöl, doch auf dem Etikett – etwas kleiner vermerkt – findet sich der Hinweis, dass es sich hier um Olivenöl aus Nordafrika handelt – 1 Liter circa 60 Cent – oder sogar ein Gemisch, Blend, und eben kein reines Olivenöl aus der Region. Und manchmal fehlt sogar dieser Hinweis. Es lohnt sich, Informationen aus Fachzeitschriften zu lesen, um dann auch mal etwas Empfohlenes und Neues auszuprobieren. Inzwischen gibt es sogar schon Fachmessen für Olivenöl!

Tipp: Schmecken mit allen Sinnen – geben Sie etwas Olivenöl in ein Sherryglas, decken Sie es mit einem Deckel oder Folie ab, und erwärmen Sie es mit Ihrer Hand. Dann lüften Sie den Deckel, atmen tief ein und nehmen einen kleinen Schluck, den Sie im Mund verteilen und zusammen mit der Geruchsnote nachempfinden.

Qualitätsstufen von Olivenöl

Wie man sich im schier unübersichtlichen Angebot von Olivenölen zurechtfindet? Die Herstellung eines guten Olivenöls kostet zwischen 8 und 10 Euro je Liter, Verpackung und Handel nicht mit eingerechnet. Bei allen anderen Ölen wurde an der Qualität gespart! So einfach ist das. Sicher sind nicht alle teuren Öle von gleich hoher Qualität. Aber über den Preis lassen sich immerhin die Öle herausfiltern, bei denen sich ein Probieren lohnt. Einige Regionen schützen ihre Erzeugnisse mit der Bezeichnung DOP (Denominazione di origine bzw. Denominacion Origen), einem Prädikat für Herkunft und kontrollierte Güte, ganz so wie wir es von Weinen her kennen.

Ein paar Regionen mit besonderen Qualitäten seien hier hervorgehoben: Im Norden Italiens, an der Ligurischen Riviera, wird das Öl der Sorte *Taggiasca* hergestellt, es gehört zu den delikatesten Olivenölen überhaupt. Es ist hell, dünnflüssig und hat ein fruchtig-süßes Aroma mit Noten von Mandel und Pinienkernen. Am Gardasee werden die Sorten *Casaliva* und *Moraiolo* produziert; das Öl ist grünlich, schmeckt kräftig nach Olive und Kräutern und ist fruchtig im Nachgeschmack. In Mittelitalien, in der Toskana zum Beispiel, finden wir neben dem *Moraiolo*-Öl auch die ähnlich schmeckende *Frantoio*-Sorte. Hochkarätig und geschmacksintensiv ist die *Ascolana tenera* aus Umbrien. Im Süden Italiens sind die bei weitem größten Anbaugebiete beheimatet. Sizilien ist bekannt für die Sorte *Necellara*, Sardinien für die Sorte *Palma*. Das süditalienische Olivenöl ist fast immer von goldgelber Farbe, es hat ein kräftiges Olivenaroma mit einem fruchtigen und nussigen Nachgeschmack.

Spanien ist bekannt für die Sorte *Arbequina*, mit feinem, fruchtigem Aroma und leicht bitterer Note. In Griechenland ist *Koroneiki* der größte Öllieferant; das Öl zeichnet sich durch ein leichtes Zitronenaroma aus. Es gibt folgende Qualitätsstufen:

- *Extra natives Olivenöl – Olio d'oliva extra vergine*
  Öl der 1. Pressung, beste Qualität, enthält vorgeschrieben maximal 1 Gramm oder weniger freie Fettsäuren auf 100 Gramm Öl
- *Natives Olivenöl – Olio d'oliva vergine*
  Öl der 2. und 3. Pressung, überdurchschnittliche Qualität, enthält maximal 2 Gramm freie Fettsäuren auf 100 Gramm Öl
- *Olio d'oliva – reines Olivenöl*
  Blend aus nativen und raffinierten Ölen gemischt
- *Oliventresteröl – Olio di sansa d'oliva*
  durch Lösungsmittel in den Pressrückständen wird raffiniertes Tresteröl hergestellt

Sie können alle Olivenölqualitäten nicht nur für Salatsaucen und Marinaden, sondern auch zum Kochen, Braten und sogar zum Frittieren einsetzen. Wegen seiner natürlichen Antioxidantien ist Olivenöl bis 180, 190 Grad hitzebeständig. Wie bei herkömmlichen Frittierfetten auch, sollten Sie langes Erhitzen allerdings vermeiden. Gar nicht erhitzen sollten Sie extra natives Olivenöl, es wäre viel zu schade. Wegen seiner hohen Qualität und des besonderen Aromas sollte es eher für kalte Speisen verwendet werden.

Lagerung von Öl: In der Regel sind frisch abgefüllte Olivenöle circa 1 bis 1½ Jahre haltbar. Damit sie nicht an Qualität verlieren, sollten sie kühl und vor Licht geschützt gelagert werden. Eine getönte oder mit Aluminiumfolie umwickelte und luftdicht verschlossene Flasche tut hier beste Dienste. Zu kühl gelagerte Öle flocken aus und verändern ihre Optik und Konsistenz. Die Qualität wird dadurch allerdings nicht beeinflusst. Starke Temperaturschwankungen sollten hingegen vermieden werden. Unsachgemäß oder zu lange gelagerte Öle riechen und schmecken ranzig.

Kalte Saucen aus Olivenöl

(Die Zutaten werden mit einem Mixer je nach Belieben fein püriert.)

Pistou
¼ Liter Olivenöl, ein kleines Bund Basilikum, 1 bis 2 Knoblauchzehen, 2 reife aromatische Tomaten (oder zusätzlich 1 bis 2 Stück getrocknete Tomaten), Salz und Pfeffer aus der Mühle nach Geschmack.

Pesto
¼ Liter Olivenöl, ein kleines Bund Basilikum, 1 bis 2 Knoblauchzehen, 1 Esslöffel geröstete Pinienkerne, 1 bis 2 Esslöffel geriebener Parmesan, Salz und Pfeffer aus der Mühle nach Geschmack.

Tapenade
¼ Liter Olivenöl, 2 bis 3 Esslöffel Kapern, 2 bis 3 Stück Sardellen, 2 bis 3 Knoblauchzehen, mit Pfeffer aus der Mühle und vorsichtig mit wenig Salz abschmecken.

Es gibt auch Tapenaden aus getrockneten Tomaten oder Oliven – hier werden dann Sardellen und Kapern gegen Oliven oder getrocknete Tomaten ausgetauscht.

Salsa Verde

¼ Liter Olivenöl, ein kleines Bund Petersilie, 1 bis 2 Knoblauchzehen, 2 bis 3 Stück Gewürzgurke, eine Scheibe Weißbrot, 2 bis 3 Esslöffel Aceto Balsamico, Salz und Pfeffer aus der Mühle nach Geschmack.

Aioli

¼ Liter Olivenöl (oder etwas mehr – je nach der Eigelbgröße und der gewünschten Konsistenz), 2 bis 3 Eigelb, ⅛ Liter neutrales Pflanzenöl (zum Beispiel Raps – oder Sonnenblumenöl, da das Olivenölaroma sonst zu intensiv wird), 1 bis 3 Knoblauchzehen fein gehackt; Salz und Pfeffer aus der Mühle nach Geschmack, einige Spritzer Zitronensaft.

7 Das Hühnerei

Wie kann man eigentlich ein älteres Ei von einem ganz frischen unterscheiden? Je älter ein Ei ist, desto größer wird die Luftkammer unter der Eierschale. Das im Eiklar vorhandene Wasser verdunstet mit der Zeit. Wenn Sie das Ei vorsichtig am Ohr schütteln, können Sie bei einer großen Luftkammer die Bewegung des Dotters hören. Sollten Sie sich nicht sicher sein, hier eine weitere Methode: Das Ei vorsichtig aufschlagen und den Eidotter mit dem Eiklar auf einen flachen Teller geben. Verläuft das Eiklar schnell und breitflächig und ist der Dotter flach, handelt es sich um ein älteres Ei. Ein frisches Ei hat einen schönen runden Dotter mit kräftig leuchtender Farbe, das Eiklar bleibt dickflüssig und gleichmäßig nah um den Dotter.

Neben der Frische gibt es natürlich noch weitere Qualitätsmerkmale. Was genau bedeuten Güte- und Gewichtsklassen? Je nach Qualität (zum Beispiel Luftkammergröße, Schalenzustand, innere Zusammensetzung usw.) werden Eier in Güteklassen eingestuft. Im Handel werden nur Eier der Güteklasse A und A „extra" angeboten. Eier der Güteklasse A sind frische, gekennzeichnete Eier, die jedoch älter als sieben Tage sein können. Die Klassifizierung „extra" kennzeichnet durch eine Banderole jüngere Eier, deren Luftkammer höchstens 4 Millimeter hoch ist. Wenn diese Eier aber sieben Tage alt sind, muss die Zusatzkennzeichnung vom Anbieter im Handel entfernt werden, und sie gehören dann automatisch der Güteklasse A an – mit einer Luftkammergröße von bis zu 6 Millimeter.

Heute ist grundsätzlich davon auszugehen, dass die Eier frisch sind. Denn sie dürfen nur bis zum 21. Tag nach dem Legen an den Verbraucher abgegeben werden. Nach dem Ablauf des Mindesthaltbarkeitsdatums sollten Sie die Eier nur noch durchgegart verzehren.

Gewichtsklassen

Im Handel werden Eier in vier verschiedenen Größen angeboten. Die beiden mittleren Größen M (53 bis 63 Gramm) und L (63 bis 73 Gramm) sind die gängigsten. Eier in den Größen S (unter 53 Gramm) und XL (über 73 Gramm) sind etwas seltener zu finden. Die Gewichtsklassen müssen auf der Verpackung angegeben werden, auch für Güte und Mindesthaltbarkeit besteht Kennzeichnungspflicht. Zudem gibt es seit 2004 für jedes einzelne Ei Stempelpflicht.

Der Stempel besteht aus einer Zahlen- und Buchstabenkombination. Die 0 steht für ein Ökoei, die 1 für Freiland-, die 2 für Boden- und die 3 für Käfighaltung. Auch das Herkunftsland kann abgelesen werden: DE steht für Deutschland. Weitere Informationen sind die Anzahl der verpackten Eier, die Packstelle und ein Hinweis auf den Ursprung der Ware (beispielsweise durch regionale Kennzeichnung wie „Eier aus dem Bergischen Land"). Wer im Handel sichergehen möchte, garantiert deutsche Eier aus der Region zu kaufen, sollte auf die geografische Kennzeichnung auf dem Karton achten.

Eine andere Einkaufshilfe sind CMA-Gütezeichen (Centrale Marketinggesellschaft der deutschen Agrarwirtschaft) wie „Geprüfte Markenqualität" oder das QS-Prüfzeichen (QS = Qualitätssicherung) sowie das „Bio"-Siegel, das ebenfalls auf Eierkartons zu sehen ist und höchste

Qualität garantiert. Lebensmittel, die das QS-Prüfzeichen tragen, werden nach definierten Kriterien für die einzelnen Erzeugerstufen hergestellt. Der Herstellungsprozess ist durchgängig dokumentiert und kontrolliert, und der Verbraucher kann die Qualität des Produktionsprozesses transparent vom Erzeuger bis zur Ladentheke nachvollziehen.

Wie wir in diesem Buch immer wieder sehen werden, ist es für Geschmack und Qualität von entscheidender Bedeutung, was die Tiere essen, die wir verspeisen. Schon aus diesem Grund lohnt sich fast immer der Kauf von Tieren und Tierprodukten aus artgerechter Haltung. Hühner, die mit Fischproteinen gefüttert werden, legen Eier mit leichtem Fischgeschmack. Biohühner wiederum bekommen weder Tiermehl noch Antibiotika, vielmehr picken sie – wie Hühner aus der Freilandhaltung auch – nach Grünfutter. Ihre Eier enthalten besonders wenig gesättigte und dafür sehr viel mehr von den gesunden, ungesättigten Fettsäuren, mehr Vitamin A und E sowie Karotinoide.

Überhaupt sind Eier besser als ihr Ruf. Nicht nur, dass sie im Vergleich mit anderen Lebensmitteln das hochwertigste Protein aufweisen. Vor allem sind die lange Zeit populären Bedenken wegen des hohen Cholesteringehalts von Eiern unbegründet, wie Wissenschaftler der Kansas State University (USA) herausgefunden haben. Denn das im Ei ebenfalls enthaltene Phosphatidylcholin, besser bekannt als Lecithin, hemmt die Aufnahme des Cholesterins im Darm, das Cholesterin wird größtenteils einfach wieder ausgeschieden.

Das Ei besteht aus 60 Prozent Eiklar, 30 Prozent Eigelb und 10 Prozent Schale. Die Farbe des Eidotters ist abhängig von der Fütterung der Tiere, zumindest wenn alles mit rechten Dingen zugeht. Helle Dotter sind in jedem Fall ein klares Zeichen von mineralstoffarmer Nahrung. Ein tiefgelber Dotter lässt eigentlich auf eine ausgewogene Ernährung der Tiere schließen – wenn man dem Futter nicht immer wieder synthetische Farbstoffe beimischen würde.

Außer frischen Eiern gibt es auch Convenience-Produkte, die heutzutage nicht nur für die Gastronomie zur Verfügung stehen. Eigelb, Eiklar und Vollei sind flüssig im 1-Liter-Tetrapak zu kaufen. Im Allgemeinen kann man sich darauf verlassen, dass diese Produkte frei von Salmonellen sind und keine Infektionsgefahr besteht. Das Flüssigei ist vorher pasteurisiert, das heißt extra erhitzt und keimfrei gemacht worden.

Ein Aufbewahren der Eier im Kühlschrank ist erst ab dem 18. Tag notwendig. Bei einer Lagerung zwischen 5 und 8 Grad können Eier noch bis Ende der Mindesthaltbarkeit gelagert werden. Sie sollten trocken und separat von stark riechenden Lebensmitteln wie Käse oder Räucherfisch aufbewahrt werden. Bei besonders erlesenen Lebensmitteln allerdings kann die leichte Aromaaufnahme auch von Vorteil sein: Während der Trüffelsaison werden rohe Eier und Trüffel zusammen in einem Behälter gelagert. Schon nach kurzer Zeit nimmt das Ei durch seine poröse Schale die edlen Geschmacksstoffe des Trüffels auf. So entsteht das Ausgangsprodukt für ein Trüffelrührei.

Wie kocht man eigentlich ein Ei richtig?

Legen Sie das Ei in kaltes Wasser, und kochen Sie es auf. Ist das Wasser aufgekocht, läuft die Uhr. Ein weiches Ei benötigt drei Minuten, für ein wachsweiches Ei rechnen Sie mit sechs Minuten und für ein hartes Ei mit zehn Minuten. Das Wasser vorher zu salzen ist ziemlich überflüssig, eine Geschmacksübertragung findet nicht statt. Besser ist es da schon, etwas Essig zum Wasser zu geben. Falls die Schale reißt, wird das Auslaufen des Eis verhindert.

Ein *Spiegelei* wird gebraten, nicht gekocht. Das Ei wird vorsichtig aus der Schale in eine leicht gefettete Pfanne bei mittlerer Temperatur gegeben. Als Fett kann ein Öl oder Butterschmalz verwendet werden, zum Schluss gibt man noch etwas Butter zum Nachbraten hinzu. Nur ein frisches Ei gibt ein gleichmäßig rundes Spiegelei. Mit einer Form, zum Beispiel einem Ring, wird das Spiegelei immer exakt rund gehalten. Würzen Sie immer zum Schluss mit etwas Salz und wenig weißem Pfeffer. Salz sollten sie jedoch nur auf das Eiweiß geben und nicht auf das Eigelb, es würden sonst Salzflecken entstehen.

Bei *Rührei* oder *Omelett* ist die Eimasse gleich. Sie benötigen pro Person drei ganze Eier, verquirlt mit circa 40 bis 50 ml flüssiger Sahne oder Milch. Salz und wenig weißer Pfeffer, frische Kräuter wie Petersilie oder Schnittlauchröllchen runden den Geschmack ab. Champignon-, Tomaten- oder Speckwürfel, Krabben oder Lachsstreifen: Rührei und Omelett lassen viel mit sich machen. Es ist nur wichtig, dass Pilze, Speck und Zwiebeln vorher angebraten werden.

Beim Rührei wird die Eimasse in der Pfanne mit einem Pfannen-messer oder -wender immer gleichmäßig hin und her geschoben, bis das Ei stockt. Auch wenn es dem einen oder anderen vielleicht besser schmeckt: Ein gut gemachtes Rührei oder Omelett wird nicht in der Pfanne gebräunt, sondern möglichst hell serviert. Schließlich würden die Röststoffe den Eigengeschmack beeinflussen, das feine Eiaroma käme kaum zur Geltung. Ein zu stark erhitztes Rührei oder Omelett ist zudem recht trocken. Beide aber sollten saftig, luftig und locker sein. Und eben nicht trocken und braun. Ein Omelett wird, nachdem das Ei gestockt ist, halbmondförmig gefaltet. Gebratener Speck oder Schinken passen zusätzlich zu fast jedem Eiergericht.

Übrigens: In manchen Rezepten und insbesondere beim Backen werden Eier oft in Gramm (g) oder Liter (l) bzw. Milliliter (ml) ange-geben. Hier ein Umrechnungsbeispiel, das sich auf durchschnittlich große Eier bezieht: 100 g sind 2 ganze Eier, 3 Eiklar (Eiweiß) oder 6 Eigelb; ein Liter sind circa 24 ganze Eier, 34 Eiweiß oder 44 Eigelb.

8 Salz

Salz ist geruchlos, unscheinbar weiß und im Allgemeinen schon für wenige Cent zu haben. Doch eben dieses Körnchen ist für alle Lebe-wesen lebenswichtig, ja, ohne Salz gäbe es gar kein Leben auf der Erde. Salz reguliert den Wasserhaushalt des menschlichen Körpers (und macht daher durstig), es ist ferner unverzichtbar für die Produk-tion von Verdauungssäften.

Nicht umsonst dient Salz dem Menschen seit langer Zeit schon als Würzmittel – und zwar als eines der begehrtesten. In der Antike wurde das „weiße Gold" als Zahlungsmittel gebraucht, im Mittelalter waren Salzstraßen ebenso viel befahren wie gefährlich; Städte wie Lüneburg oder Halle schöpften wesentlichen Reichtum aus dem Handel mit Salz. Noch heute spricht man von „gesalzenen Preisen". Ein Grund für die langanhaltende Popularität des weißen Kristalls: Salz hat in konzentrierter Form eine konservierende Wirkung, weil es Wasser bindet und Mikroorganismen die Lebensgrundlage entzieht. Vom

Salzhering bis zum Schinken: Ohne Salz wäre eine längere Lagerung von Lebensmitteln früher undenkbar gewesen.

Der weitaus größere Teil der Salzaufnahme erfolgt heute durch verarbeitete Lebensmittel, weniger durch direktes Nachwürzen. Im Durchschnitt verbraucht jeder Bundesbürger etwa 16 Gramm Speisesalz pro Tag, gut die Hälfte davon nimmt er auf, die andere Hälfte geht zum Beispiel durch Kochwasser verloren. Für einen Erwachsenen wären über den Tag verteilt 100 bis 150 Gramm (bzw. 10 Esslöffel) Salz tödlich, die lebensbedrohliche Dosis liegt also um ein Zehnfaches über dem normalen Verbrauch.

Speisesalz oder Tafelsalz ist das Standardsalz der Küche. Es besteht hauptsächlich aus Magnesiumchlorid, Kaliumsulfat und Natriumchlorid. Damit Kochsalz rieselfähig bleibt und nicht klumpt, werden bestimmte Trennmittel wie Kieselsäure, Kalzium- oder Magnesiumkarbonat zugesetzt. Die beiden Karbonate verursachen übrigens die Trübung beim Auflösen des Salzes in Wasser. Ein reines Salz kommt heute nur selten in den Handel. Stattdessen gibt es vom Jod- bis zum Meersalz ein reichhaltiges Angebot an unterschiedlichen Salzarten und Salzmischungen. Salz ist damit nicht gleich Salz. Einige hochwertige Salze würzen besonders fein und sind eine echte Bereicherung für die Küche.

Jodsalz: Zur Vorbeugung gegen Jodmangel wird Natrium- oder Kaliumjod zugesetzt. Jodiertes Speisesalz enthält 15 bis 25 mg Jod pro Kilogramm; als lebenswichtiges Spurenelement unterstützt es die Hormonproduktion der Schilddrüse und ist damit wichtig für Wachstum und Energieumsatz.

Fluoridiertes Salz: Fluoride festigen die Knochen und den Zahnschmelz. Zur Kariesprophylaxe werden dem Salz geringe Mengen an Natrium- oder Kaliumfluorid zugesetzt. Fluoridiertes Salz hat mittlerweile einen hohen Marktanteil.

Kochsalz (oder *Siedesalz*): Wird Salz aus Steinsalzlagern mit unterirdischen Wasservorkommen oder durch künstliche Wassereinleitung gelöst, dann bilden sich kochsalzreiche Mineralwasser (Solen). Diese salzhaltigen Wasser treten als Salzquellen an die Oberfläche oder werden durch Bohrförderung gewonnen und anschließend gekocht. Der Name bezieht sich also weniger auf den Verwendungszweck als auf die Art und Weise der Salzgewinnung. Koch- und Siedesalze kommen in verschiedenen Körnungen als Speisesalz in den Handel.

Steinsalz: Das feste Salz wird nach bergmännischen Verfahren in unterirdischen Salzlagern abgebaut, zerkleinert, gesiebt und aufbereitet. Steinsalz ist fast reines Natriumchlorid. Es wird hauptsächlich in der Industrie genutzt, in verschiedenen Feinheitsstufen aber auch als Speisesalz angeboten. Ein Trend der letzten Jahre ist das Himalaya-Salz mit seinem rosa Farbton. Für Salzmühlen ist es besonders geeignet.

Kristallsalz: Dieses Salz findet man in Adern von Salzbergwerken, es wird von Hand abgebaut, nicht industriell verarbeitet und auch nicht jodiert – ein ganz besonderes Salz von höchster Qualität.

Würz- und Kräutersalze: Dem Salz werden andere Gewürze und Kräuter beigemischt. Salzmischungen bestehen aus circa 40 bis 85 Prozent Kochsalz und mindestens 15 Prozent getrockneten Kräutern. Weitere Salzmischungen werden meist nach dem Verwendungszweck bezeichnet, zum Beispiel „Gewürzsalz für Brathähnchen" oder „Knoblauchsalz". Bei Gewürzaromasalzen sind die Gewürze ganz oder teilweise durch natürliche Aromen ersetzt. Diese Art von Salzen hat zumindest in meiner Küche nichts zu suchen!

Nitritpökelsalz: Besteht aus Speisesalz mit 0,4 bis 0,5 Prozent Natriumnitrit und wird von Metzgern und einigen Köchen zum Umröten insbesondere von Schweinefleisch verwendet. Zum Umröten? Gekochtes Schweinefleisch ist normalerweise grau. Genau das aber kann mit dem Einspritzen einer Pökelsalzlösung vermieden werden. Sie verleiht dem gegarten Fleisch eine appetitliche rosarote Farbe. Kassler oder gekochter Schinken werden mit Nitritpökelsalz behandelt, und auch das berühmte Schweizer Bündnerfleisch ist gepökelt. Im Hausgebrauch wird es eher nicht verwendet.

Diätetisches Salz: ist besonders arm an Natrium; es wird durch Kalium oder Magnesium ersetzt.

Meersalz: ist ein besonders kräftiges Salz und wird insbesondere in mit Meerwasser gespeisten Salzgärten gewonnen. Durch Wind und die natürliche Sonnenwärme verdunstet das Wasser, zurückbleibt das Salz. Meersalz kann aber durchaus auch als Nebenprodukt der Meerwasserentsalzung anfallen. Meersalz enthält 98 Prozent Natriumchlorid sowie kleinste Mengen weiterer Mineralstoffe, die für die Bedarfsdeckung jedoch unerheblich sind. Der Jodgehalt im Meersalz liegt nur unwesentlich über dem von Steinsalz. Seit einigen Jahren gibt es allerdings auch jodiertes Meersalz im Handel.

Besonders hervorheben möchte ich das *Fleur de Sel*. Es ist mein absolutes Lieblingssalz, der beste und gesündeste Geschmacksverstärker, den es gibt. Ich meine: Ob Sie eine fertige Speise mit normalem Salz oder mit Fleur de Sel abwürzen, macht einen Qualitätsunterschied von 20 Prozent aus. Das zurzeit beste Fleur de Sel kommt aus Portugal, heißt dort allerdings Flor de Sal. Das französische Pendant kommt aus der Camargue. Beide sind handgeerntete und vor allem unbehandelte Meersalze. Früh am Morgen werden sie mit kleinen Siebnetzen von der Oberfläche der Meerwassersole in den Salinenbecken abgeschöpft. Die Salzkristalle der Salzblume sind so zart, dass sie auf der Oberfläche schwimmen. Wer das Fleur de Sel kennt, wird bestimmt nie wieder ein anderes Salz zum Würzen verwenden. Zum Salzen von Nudelwasser ist es selbstverständlich zu schade, aber zum Nachwürzen der Nudeln mit einem zusätzlichen Schuss gutem Olivenöl gibt es kaum etwas Besseres. Die Pasta wird im Handumdrehen zu einem besonderen Gedicht.

Salz in der Praxis: Salz sollte grundsätzlich sparsam verwendet werden! Versalzene Speisen sind schlicht ungenießbar. Deshalb würzt und vor allem salzt man in der Praxis fast immer zum Schluss der Koch- bzw. Garzeit. Immerhin verstärkt ein starkes Reduzieren zum Beispiel einer Sauce auch die Konzentration der Gewürze. Fleisch wird unmittelbar vor dem Braten oder noch besser nach dem Braten gewürzt. Beim Kochen gibt man das Salz in die kochende Flüssigkeit, dies erhöht die Kochtemperatur des Wassers – was beim Nudelkochen oder Blanchieren von Gemüse sehr von Vorteil ist. Ein weiterer Vorteil: Salz verhindert das Auslaugen von Vitaminen, Geschmacks- und Mineralstoffen.

Kräuter, Wildkräuter und Blüten 9

Es gab Zeiten, da war mit Dill, Schnittlauch und Petersilie in etwa umschrieben, was wir hierzulande an Kräutern in unsere Kochtöpfe gaben. Inzwischen haben wir auch in Deutschland den würzigen und leicht nach Anis schmeckenden Estragon für helle Fleisch- und Fischspeisen entdeckt, den aromatischen Kerbel mit einer ähnlichen, aber dezenteren Anisnote mit süßlichem Beigeschmack für Suppen und Salate, die rettichähnliche Kresse für Salate und Brote, den würzigen, dezent nach Minze schmeckenden Majoran für Kartoffeln, Fleisch und Gemüse, den etwas schärferen Oregano für so manches italienische Gericht, den bitterwürzigen und harzig schmeckenden Rosmarin für Lamm und Wild und den bitter-sauren Sauerampfer für Salate, Kalb- und Schweinefleisch. Das hocharomatische Basilikum ist in aller Munde und heute Mindeststandard jeder frischen Küche. Kurzum: Küchenkräuter, Würz- und insbesondere auch Wildkräuter erleben seit einigen Jahren eine Renaissance und sind fester Bestandteil einer jeden kreativen Küche.

Der Begriff Kräuter ist übrigens alles andere als botanisch zu verstehen, Kräuter definieren sich vielmehr über ihren Nutzwert. Wir unterscheiden zwischen Küchen-, Gewürz- und Heilkräutern. Küchen- und Gewürzkräuter setzen nicht nur geschmackliche Akzente, sie werden auch zur besseren Bekömmlichkeit von schwer verdaulichen Speisen verwendet. Vor allem in frischem Zustand sind sie zudem reich an Vitamin C und Mineralstoffen und für eine gesunde Ernährung unverzichtbar.

Auch küchentechnisch gibt es keine klare Definition von Kräutern, die Übergänge zu Gewürzen und Gemüse sind fließend. Manche Kräuter wie Thymian, Rosmarin oder Basilikum besitzen ätherische Öle, andere wiederum nicht. Als Grundregel kann man sagen, dass Pflanzen und Pflanzenteile, die getrocknet eher als Gewürz bezeichnet werden, im frischen Zustand durchaus auch zu den Kräutern gezählt werden können. Sie verleihen den Speisen einen charakteristischen Geschmack und einen unverwechselbaren Duft. Mit Kräutern zu würzen ist die natürlichste Art, den Eigengeschmack von Speisen abzurunden oder zu ergänzen. Mit frischen Kräutern, frischem Knoblauch und einem guten Olivenöl sind manche Gerichte unübertrefflich fein abgestimmt.

Vor allem im Mittelmeerraum wachsen viele Kräuter wild, oder sie werden dort kultiviert. Immerhin benötigen die meisten Kräuter zum Wachsen und zur Ausbildung ihrer aromatischen Stoffe reichlich

Sonne. Die Kräuter werden kurz vor ihrer Blüte geerntet. Zu diesem Zeitpunkt besitzen sie den höchsten Gehalt an Aromastoffen. Idealerweise sollten Kräuter immer frisch verarbeitet werden. Denn eigentlich gibt es nur wenige Kräuter, die getrocknet noch Aroma haben: Thymian, Minze, Rosmarin oder Mischungen wie Kräuter der Provence gehören dazu. Gefrorene Kräuter sind in der Regel geschmacklich intensiver als getrocknete.

Aber: Jede Art der Konservierung vermindert Würzkraft und Aroma der Kräuter, sie sind auch gut verschlossen aufbewahrt nur begrenzt (drei bis sechs Monate) haltbar. Frische Kräuter können eingewickelt in einem feuchten Tuch oder in einer verschließbaren Dose bei 2 bis 4 Grad mehrere Tage oder sogar Wochen gelagert werden. Aber Vorsicht: Auch im Kühlschrank können Kräuter vertrocknen. Basilikum wiederum verträgt eine Kühlschranklagerung von vornherein nicht – und verdirbt auch gekühlt relativ schnell. Schnittlauch bekommt bei längerer Lagerung einen seifigen Geschmack und wird schmierig, Bärlauch wiederum schmeckt dann unangenehm scharf.

Frisch gehackte oder für die bessere Verarbeitung pürierte Kräuter können mit Öl bedeckt für einige Wochen im Kühlschrank aufbewahrt werden. Auch in Essig können Kräuter eingelegt werden, jedoch geht hier je nach Kräuterart der größte Teil des Geschmacks an den Essig über. Was natürlich auch seinen Reiz hat. In einem Eiswürfelbehälter mit etwas Wasser gefroren können Kräuter portionsweise gelagert und somit bei Bedarf einfach verarbeitet werden. Eine bequeme Variante.

Frische Kräuter sollten Sie mit Überlegung und vor allem dezent verwenden. Nicht jedes Kraut passt zu jedem Gericht. Und vor allem bringen mehr Kräuter nicht zwangsläufig mehr Geschmack. Kräuter wie Salbei etwa dürfen nur wohl dosiert verwendet werden, denn sonst wird die Speise nicht gerade verfeinert, die beabsichtigte Geschmacksverbesserung schlägt eher in ihr Gegenteil um. Es ist die Kunst des Kochs, das richtige Kraut in der richtigen Dosierung zu verwenden.

Frische Kräuter müssen in der Küche je nach Beschaffenheit unterschiedlich behandelt werden. Rosmarin und Thymian können als eher feste Kräuter ruhig einige Minuten mitgegart oder beim Braten schon im Ansatz mitgeschmort werden. Geben Sie zum Schluss der Garzeit immer noch frische Kräuter hinzu. Die eher festen Kräuter werden in der Küche gezupft oder mit einem scharfen Messer gehackt. Gerade Rosmarin, Thymian oder Bohnenkraut können allerdings auch am Stiel mitgegart werden. Vergessen Sie nicht, ihn später zu entfernen! Feine Kräuter wie Kerbel, Dill, Schnittlauch oder Petersilie sind sehr zart in ihrem Eigengeschmack und sollten erst kurz vor dem Servieren der Speise beigegeben werden. Sie verlieren sonst stark an Aroma und verfärben sich unappetitlich grau.

Übrigens: Schnittlauch, Basilikum, Sauerampfer, Estragon oder Bärlauch sollten nie gehackt werden, sie machen sonst recht schnell einen eher unappetitlichen Eindruck. Schneiden Sie den Schnittlauch mit einem scharfen Messer immer frisch in feine Röllchen, die anderen Kräuter in Streifen. Und: Nur eine frisch gehackte Petersilie gibt auch einen frischen Geschmack. Auch Kerbel und Dill sollten fein gehackt werden. Ob fest oder zart in der Struktur, gehackt oder nicht: Mit etwas Säure (Zitronensaft, Essig) abgeschmeckt kommen Kräuter besonders zur Geltung.

Die Renaissance der Wildkräuter

Spätestens seitdem der Bärlauch in alle Küchen eingezogen ist, werden neuerdings immer mehr vergessene Kräuter in Szene gesetzt, die man in Unkenntnis der Dinge eher als Unkraut statt als Wildkraut identifizieren würde. Leider wird das Wissen über Wildkräuter nicht mehr wie früher von Generation zu Generation weitergegeben.

Fest steht: Wildkräuter sind gesund und schmecken hervorragend. Neben dem allseits bekannten zart-bitteren Löwenzahn oder dem eher zitronigen Sauerampfer lohnen auch der an Petersilie erinnernde Giersch, das kresseähnliche Barbarakraut oder der etwas nussige Portulak einen Versuch. Die feinsäuerlichen, leicht herben Brennnesseln lassen sich wie Spinat zubereiten (bitte möglichst junge und kleine Pflanzen verwenden) und sind mit gerösteten Nüssen zu Risotto oder Nudeln ein Gedicht. Wiesenkerbel ist eng verwandt mit dem Gartenkerbel, aber nicht so süß. Das Möhrenaroma passt besonders zu Salaten. Süßdolde sieht dem Kerbel äußerlich ähnlich und schmeckt leicht süßlich nach Anis. Zu mediterranen Speisen, Salaten oder Fisch passt sie genauso wie zu Obstsalat oder Quarkspeisen. Vogelmiere erinnert an jungen Mais und gibt mit Kerbel und Sauerampfer ein hervorragendes Wildkräuterpesto. Waldmeister, Wiesenknöterich, Gänseblümchen – lassen Sie die Wiese in Ihren Kochtopf.

Tipp: Kräuter lieben es kühl: Vor der Verwendung sollten sie mit kaltem, keinesfalls aber mit warmem oder gar heißem Wasser abgespült werden. Wenn Kräuter den Kopf hängen lassen, einfach mit Eiswürfeln in kaltes Wasser geben. Die Chancen stehen gut, dass sich das Grün wieder aufrichtet. Danach trocken schleudern.

Übrigens: Viele Kräuter haben nicht nur als Heilkräuter einen bestimmten Effekt auf den menschlichen Organismus – sie werden auch in der Küche wegen ihrer besonderen Wirkung eingesetzt. Thymian zum Beispiel passt nicht nur geschmacklich hervorragend zu einem fetten Schweinebraten, er hilft auch, fette Speisen besser zu verdauen. Basilikum ist appetitanregend und eignet sich daher besonders für warme und kalte Vorspeisen.

Blüten in der Küche

In der internationalen Küche hat sich die Verwendung von Wild- oder Gartenblüten längst durchgesetzt, hierzulande ist das Angebot noch immer dürftig. Zu Unrecht. Denn obwohl der dekorative Effekt bei der Verwendung in der Küche sehr häufig im Vordergrund steht, setzen die meisten Blüten und Blütenblätter auch geschmacklich interessante, vielfach übrigens eher pikante Akzente.

Neben den allseits bekannten Holunderblüten, die im Frühjahr in Backteig frittiert werden, gibt es daher bis in den Sommer hinein noch sehr viel mehr an essbaren Blüten und Blütenblättern zu entdecken – von Gänseblümchen über Stiefmütterchen bis hin zu den Blättern von essbaren Rosen. Unter Kennern inzwischen ein echter Klassiker sind die Blüten der Kapuzinerkresse. Die Farben variieren im Allgemeinen zwischen Rot, Orange und Gelb, es kommen aber jedes Jahr neue Kreuzungen auf den Markt. Mit ihrem würzigen, pikant-frischen Aroma erinnern Blüten wie Blütenblätter ein wenig an den Geschmack von Kapern. Aus den Blättern kann man in Verbindung mit anderen Kräutern wie Kerbel oder Sauerampfer eine vorzügliche Suppe herstellen oder aber eine Sauce auf Rahmbasis.

Malvenblätter, Lavendel-, Waldmeister- und Salbeiblüten sind nicht nur in der Salat-, sondern auch in der Dessertküche vielseitig einsetzbar. Kürbis- oder Zucchiniblüten wiederum werden mit Fisch- oder sogar Hummerfarcen (Farce: Füllung aus püriertem Fisch oder Fleisch mit Sahne und Gewürzen) gefüllt und vorsichtig gedämpft.

Ein Tipp für die Praxis und eine Mahnung: Besonders frisch sehen Blüten und Blätter aus, wenn sie vor dem Servieren kurz in Eiswasser getaucht werden. Aber nicht jede Blüte ist genießbar, einige sind eben nur hübsch anzuschauen – und können darüber hinaus unverträglich sein!

10 Gewürze, Pfeffer und Pasten

In der Kürze liegt die Würze, sagt man. Doch beim Essen ist es nicht die Kürze, sondern die Würze, auf die es ankommt. Was aber ist überhaupt ein Gewürz? Im Allgemeinen versteht man unter Gewürzen Pflanzenteile, die wegen ihres Gehalts an natürlichen Inhaltsstoffen – wie zum Beispiel Bitterstoffe, Gerbstoffe oder ätherische Öle – als geschmackgebende Zutat bei der Zubereitung von Speisen verwendet werden. Dass Gewürze auch mineralisch sein können – man denke nur an Salz –, will ich an dieser Stelle nicht weiter vertiefen.

Je nachdem, welcher Pflanzenteil als Gewürz verwendet wird, unterscheidet man zwischen Blütengewürzen, Frucht- und Samengewürzen, Rindengewürzen, Wurzel- und Zwiebelgewürzen sowie Blattgewürzen. Letztere sind immer getrocknet. Werden Blattgewürze in frischem Zustand verwendet, spricht man von Kräutern.

Safran

Das bekannteste und teuerste Gewürz aus der Familie der Blütengewürze ist der Safran, der aus der Blütennarbe des Kelches einer Krokusart gewonnen wird, wobei die hochwertigsten Sorten aus Iran, Indien und Spanien stammen. Die Blüte des Krokus muss frühmorgens, bevor sie sich öffnet, gepflückt und die Safranfäden müssen innerhalb eines Tages abgezupft werden, um das Aroma zu erhalten. Das macht

eine extreme Arbeit und verursacht zudem bestimmt noch Rücken-
schmerzen. Um 25 Gramm Safran zu erhalten, benötigt man etwa
5 000 Fäden – handgepflückt. Ein professioneller Safranpflücker
schafft pro Tag ungefähr 70 Gramm. Iranischer und spanischer Safran
kostet pro Gramm etwa 1 Euro 75. Kein Wunder, dass versucht wird,
unechten Safran, der aus Ringelblumen oder Löwenzahnblüten hergestellt wird, als echten zu verkaufen. Safran hat eine unglaubliche Fär-
bekraft – Sie kennen ja sicher noch die Kinderliedzeile „Safran macht
den Kuchen gel".

Safran gehört zum Reis wie Muskat zum Kartoffelpüree, sein bit-
tersüß-würziger Geschmack passt wunderbar zur Bouillabaisse. Allerdings sollte man die wertvollen Fäden immer erst ganz am Schluss
des Kochprozesses hinzugeben.

Ingwer

Ingwer gehört zu den Wurzelgewürzen. Als Gewürz wird der ver-
zweigte Wurzelstock verwendet, der mit einer hellbraunen Rinde
überzogen ist. Ingwer hat eine helle gelbliche Farbe, im gemahlenen
Zustand bekommt er eine hellbeige bis ockerfarbene Tönung. Kaufen
Sie besser keinen gemahlenen Ingwer, da er öfter mit Kleie gestreckt
wird. Beim Backen können Sie Pulver verwenden, beim Kochen aber
immer nur frisch geriebenen oder gehackten. Auch der Ingwersaft ist
äußerst aromatisch.

Für den Geschmack ist es entscheidend, wann der Ingwer geerntet
wird. Älterer Ingwer ist schärfer und grobfaseriger als früh geernteter,
der gerne auch frisch angeboten und eingelegt zu Sushi gereicht wird.
Junger Ingwer, der auch unter dem Namen Sterningwer firmiert, hat
einen holzigen, erdigen Geruch, der an Kampfer erinnert. Sein Geschmack ist äußerst frisch, zitronenartig und durch die ätherischen Öle
so scharf, dass er den Körper wärmt. Achten Sie beim Einkauf auf das
Herkunftsland der Wurzel. Indischer Ingwer ist nämlich schärfer als der
chinesische, wird aber vom afrikanischen Ingwer noch weit übertrof-
fen. Allerdings besitzt letzterer dafür weniger Aroma. Am hochwertigsten und von einem geradezu blumigen Aroma sind der Jamaika-Ingwer
und der Ingwer von den Fidschi-Inseln. Ist Ihnen der Ingwer zu scharf,
braten Sie ihn einfach kurz in Fett an, dadurch wird er milder. In Nord-
indien ist gebratener Ingwer die Basis für feine Saucen.

Aus der asiatischen Küche ist Ingwer nicht wegzudenken. Zwar wird der meiste Ingwer in den Erzeugerländern, USA und England verbraucht, doch auch in Deutschland greifen immer mehr zu diesem Gewürz, um Fisch, Fleisch, Suppen oder Gemüse geschmacklich zu verfeinern. Ingwer lässt sich auch hervorragend für Gebäck, als kandierte Süßware, zum Einlegen und für Tee oder Liköre verwenden, und auch Saucen, Chutneys oder Currymischungen haben häufig einen Ingweranteil. Als Gewürz passt Ingwer gut zu Rind und Huhn. Mitgegart macht er das Fleisch zarter, verliert aber bei zu langem Mitkochen an Aroma, wenngleich seine Schärfe dabei zunimmt.

Ingwer lässt sich übrigens recht gut lagern, wenn man ihn mit einem feuchten Tuch umwickelt und im Kühlschrank aufbewahrt.

Zimt

Zimt ist ein Gewürz aus der Rinde junger Zweige von lorbeerartigen Gewächsen. Achten Sie beim Einkauf auf die Farbe der Rinde. Eine dünne und helle Rinde hat eine höhere Qualität als dicke und dunkle. Zimt schmeckt stark aromatisch, süß und enthält keine Bitterstoffe. Insbesondere der Zimt aus Sri Lanka ist in seinem Aroma recht feurig und eignet sich vorzüglich für Currys oder scharfe Reisgerichte. Auch bei süß-sauren Gerichten kommt Zimt zum Einsatz. In Europa wird er vor allem bei der Zubereitung von feinaromatischen Süßspeisen verwendet. Im Handel erhält man Zimt in gemahlener Form und in Stangen. Vor allem das Pulver sollte man in Speisen nicht zu lange mitkochen, weil er – ähnlich wie der Pfeffer – bitter wird.

Vanille

Ein weiteres sehr teures und beliebtes Gewürz stammt aus der Familie der Frucht- und Samengewürze. Die Vanilleschote ist die Samenkapsel eines Orchideengewächses. Die Kapselfrucht wird unreif geerntet, wenn sie noch eine gelbgrüne Farbe hat. Dann wird sie über Wochen mit heißem Wasser oder Wasserdampf behandelt und gewinnt dadurch ihren besonderen Geschmack, wobei das Hauptaroma in der Kapselhülle sitzt. Die Schoten lassen sich der Länge nach halbiert gut in Zucker aufbewahren. Durch das austretende Aroma wird auch Zucker vanilliert.

1874 gelang es Wilhelm Haarmann, synthetische Vanille aus Holzresten herzustellen, die unter dem Namen Vanillin auf den Markt kam.

Dieser Ersatzstoff reicht aber in keinem Fall an die natürliche Vanille heran.

Die beste Vanille ist die Bourbon-Vanille aus Madagaskar mit ihrem intensiven Aroma. Mexikanische Vanille ist weicher und süßlicher, wohingegen die Tahiti-Vanille eine Spur Moschus aufweist. Die indonesische Vanille ist holzartig und leicht rauchig.

Vanille wird vor allem für Süßspeisen verwendet, passt aber auch, sparsam dosiert, gut zu Fisch, Hummer oder Muschelgerichten.

Pfeffer

Das beliebteste Gewürz der Deutschen ist der Pfeffer. Früher war er das wertvollste Gewürz überhaupt – daher der Ausdruck Pfeffersäcke für schwerreiche Leute. Heute haben Vanille und Safran einen höheren Marktwert. Pfefferkörner sind die in Rispen heranwachsenden Steinfrüchte der tropischen Kletterpflanze. Sie werden in ganzen Körnern oder gemahlen angeboten. Benutzen Sie beim Kochen zerstoßenen oder gemahlenen Pfeffer, geben Sie ihn immer erst kurz vor Kochschluss hinzu, weil er sonst leicht bitter wird. Und überhaupt: Mahlen Sie Ihrem Pfeffer immer frisch.

Pfeffer wird in verschiedenen Farben angeboten, die sich dadurch ergeben, dass die Körner in unterschiedlichem Reifezustand geerntet und behandelt werden, was starken Einfluss auf ihr Aroma hat.

Beim grünen Pfeffer werden die unreifen Körner geerntet und anschließend entweder getrocknet oder in Essig oder Salzlake eingelegt. Er besitzt ein frisch-fruchtiges Aroma, das sehr gut zu Kurzgebratenem passt, aber auch zu eingelegtem Gemüse. Kombiniert zum Beispiel mit Erdbeeren unterstreicht er das frische Fruchtaroma auf besondere Weise.

Um schwarzen Pfeffer zu gewinnen, werden die grünen oder schon gelblich-orangefarbenen Früchte kurz vor der Reife geerntet und dann langsam am Feuer oder in der Sonne getrocknet. Schwarzer Pfeffer ist die schärfste Pfeffersorte, weil die Stoffe, die für die Schärfe verantwortlich sind, direkt unter der Schale liegen. Die pikant-scharfe Würze passt gut zu gebratenem Fleisch, Wild oder Pasta.

Wesentlich milder und aromatischer ist der weiße Pfeffer, dessen Körner reif geerntet und in Wasser gegart wurden. Bei dieser Prozedur wird das Fruchtfleisch gelöst. Zurück bleibt der weiße Steinkern, in dem die ätherischen Öle liegen, die durch die Entfernung der Schale besser zur Geltung kommen. Salate, helle Saucen und Fisch werden mit weißem Pfeffer gewürzt.

Roter Pfeffer hingegen ist gar kein richtiger Pfeffer. Vielmehr handelt es sich um die Beeren der Sumachpflanze, die direkt in Essig eingelegt oder aber sehr schonend getrocknet wurden. Diese Sorte hat oftmals noch eine Restfeuchte, so dass es besser ist, die Körner im Mörser zu zerstoßen.

Der schärfste Pfeffer ist der Cayennepfeffer, der mit richtigem Pfeffer aber gar nichts zu tun hat, sondern zu der Familie der Paprika- und Chilisorten gehört. Cayennepfeffer ist die getrocknete und gemahlene Chilischote, die besonders in China gegessen wird und teuflisch feurig ist. Chili wird verwendet zum Einlegen und für Grillsaucen, passt aber auch wunderbar zu Schokolade. Übrigens: Tabasco ist flüssiger Cayennepfeffer.

Wenn Sie in der Küche Chili verarbeiten, ziehen Sie am besten Handschuhe an. Ein unbedachter Griff an Nase oder Augen kann äußerst unangenehme Konsequenzen haben. Haben Sie sich mit Chili die Zunge verbrannt, löschen Sie nicht mit Wasser, das hat überhaupt keinen Effekt. Nehmen Sie lieber Milch oder Bier, da dadurch die Capsaicinschicht (Capsaicin ist die Substanz, die Chili scharf macht) von der Zunge gelöst wird.

Knoblauch

Ein sehr intensives Gewürz ist der Knoblauch, der weltweit angebaut und verarbeitet wird. Aus der Küche Asiens, Südamerikas und vieler Mittelmeerländer ist die Knolle nicht wegzudenken. Der typische, scharf intensive Geschmack rührt von dem ätherischen, schwefelhaltigen Öl Allicin. Weißer Knoblauch mit grünem Stiel ist topffrisch nur begrenzt haltbar und im Geschmack sehr zart. Bei halbtrockenem Knoblauch ist die Außenhaut noch nicht vollständig trocken, hier gibt es sowohl milde wie scharfe Sorten – sie sollten in der Regel gekennzeichnet sein. Bei Trockenware sind die Zehen mit einer trockenen Haut umgeben.

Allgemein gilt: Je jünger und frischer die Zehe ist, desto milder ist ihr Aroma. Bei älterem Knoblauch die Zehe unbedingt der Länge nach halbieren und den Keim entfernen, er schmeckt bitter und scharf.

Ob jung oder alt: Beim Schälen immer an der Wurzelseite beginnen. Frischer Knoblauch sollte kühl und trocken aufbewahrt werden, aber nicht im Kühlschrank. Ein absolutes Tabu zumindest in einer guten Küche sind Knoblauchgranulat und Knoblauchpulver, gleich ob es mit Salz oder Kräutern gemischt ist oder pur daherkommt.

Frischer Knoblauch riecht auch weniger streng als abgelagerter. Die unangenehme Knoblauchfahne können Sie durch das Kauen von Koriandersamen oder Kaffeebohnen etwas mildern. Auch helfen frische grüne Kräuter durch ihren Chlorophyllgehalt, den Geruch zu neutralisieren.

Am besten werden frische Knoblauchzehen geschält. Eine Knoblauchpresse ist nur etwas für bequeme Köche, und in einer Profiküche sucht man ein solches Gerät vergebens. Durch das Pressen oxidiert der Knoblauch und bekommt einen strengen Geschmack.

Gewürzmischungen

Geradezu klassisch ist das *Bouquet garni aromatique*. Hierbei handelt es sich um ein kleines Kräutersträußlein, das aus einigen Petersilienstängeln, etwas Kerbel, Thymian oder wahlweise etwas Rosmarin und natürlich einem frischen Lorbeerblatt besteht. Die Grundbestandteile können gemäß ihrer Verwendung mit weiteren Kräutern oder Gemüsebestandteilen ergänzt werden. Beinhaltet es noch Sellerie, Karotten oder Lauch spricht man vom *Großen Bouquet garni*.

Das Sträußlein wird mit Küchengarn zusammengebunden und in Fonds und Brühen gelegt – in der Regel eine Viertelstunde vor Ende der Garzeit, damit sich ein frischer Kräutergeschmack entfaltet. Der Vorteil gegenüber zerkleinertem Gemüse oder Kräutern besteht darin, dass das Sträußchen den Koch nicht bei der Pflege (degrassieren/entfetten) einer Brühe behindert. Außerdem kann dieses Gemüse später klein geschnitten werden und als Gemüseeinlage dienen. Profis bedienen sich bei der Zubereitung von hellen Fonds, etwa Fisch- oder Kalbsfond, gerne eines hellen Bouquet garni, bei dem auf dunkles Gemüse wie grünen Lauch oder Karotte verzichtet wird. Stattdessen kommt nur das Weiße vom Lauch, eine Petersilienwurzel, Zwiebel und Sellerie zum Einsatz.

Hilfreich bei hellen Saucen, in denen dunkle Bestandteile als störend empfunden werden, ist der Gewürzbeutel (Sachet d'épices), in dem sich die zerkleinerten Gewürze befinden. Dieser wird mit Küchengarn zugebunden, in den Fond gelegt und kann später einfach entnommen werden.

Unter *Fines Herbes* versteht man feine, leichte und vor allem unaufdringliche Kräuter, die eigentlich zu jeder Speise passen: Petersilie, Dill, Kerbel und vor allem Schnittlauch. Besonders willkommen sind Fines Herbes bei Omelette und hellen Saucen. Das ganz Besondere an Fines Herbes ist, dass sie unmittelbar vor ihrer Verwendung immer frisch gehackt werden.

Kräuter der Provence sind dagegen schon spezieller. Neben dem berühmten Lavendel gehören viele andere vor allem wildwachsende Kräuter wie Majoran, Oregano, Rosmarin, Thymian und Salbei zu dieser Kräutermischung. Basis für „Herbes de Provence" sind die Kräuter Rosmarin, Salbei, Lavendel und Thymian, die einen hohen Anteil an ätherischen Ölen haben. Natürlich kann man diese Mischung aber auch erweitern. Zum Beispiel passen die provenzalischen Kräuter mit einem hohen Majorananteil ausgezeichnet zu einer Tomatensauce. Eine starke Rosmarinnote harmoniert sehr gut mit Lamm, und der Thymian als der König unter den Provence-Kräutern ist ideal für Suppen, Saucen oder Gemüsegerichte wie Ratatouille.

Quatre épices ist, wie der Name schon sagt, eine Mischung aus vier Gewürzen, die die Basis für die berühmten französischen Pasteten bildet. Bei uns kennt man die Mischung auch unter dem Namen Four-Spices aus dem Asia-Shop. Grundlage der Gewürzmischung sind gemahlener Zimt, Nelke, Muskat und Pfeffer.

Die wohl bekannteste Gewürzmischung ist das *Curry*, jenes gelbe Pulver, das so vortrefflich zu Reis, Bratwurst, Huhn, Lamm, Stews und zu heimischen und exotischen Früchten passt. Auch wenn es eine Currypflanze gibt, deren Blätter als Gewürz verwendet werden können, hat das Curry, mit dem man in unserer Küche arbeitet, nichts mit diesem Gewächs zu tun, obwohl man die Blätter auch zur Herstellung eines Currys benutzen könnte.

Die Gewürzmischung Curry gibt es erst seit der englischen Kolonialherrschaft. Die Briten wollten den Geschmack der traditionellen indischen Küche später auf der heimatlichen Insel nicht mehr missen und begannen, mit verschiedenen Zutaten zu experimentieren, um den scharf-pikanten Geschmack der indischen Speisen zu imitieren.

Das in Europa bekannte und beliebte Currypulver ist stark auf den europäischen Geschmack abgestimmt und hat nur in Ansätzen Ähnlichkeit mit den Gewürzmixturen, die in Indien seit Tausenden von Jahren an jedem Ort, in jeder Region, von jeder Familie anders hergestellt werden. Übrigens: Curry bezeichnet in Indien nicht nur die Gewürzmischung, sondern ein ganzes Gericht. So gibt es zum Beispiel Fischcurry, Linsencurry, Lamm- oder Geflügelcurry.

Der Hauptbestandteil unseres Currypulvers ist Kurkuma, auch Gelbwurz genannt, die der Mischung die gelbe Farbe und den typisch erdigen Geschmack verleiht. Dann wird zu großen Teilen der mild-aromatische Koriander beigemischt. Hinzu kommen häufig Ingwer für eine fruchtig-scharfe Note, bitterer Bockshornklee, der süßlich-ätherische Kardamom, Chili für die Schärfe, Kreuzkümmel, Muskat oder Zimt. Insgesamt können mehr als 30 verschiedene Gewürze verwendet werden. Wichtig bei den Mischungsverhältnissen ist, dass das einzelne Gewürz nicht hervorschmecken darf. So unterschiedlich die Mischungen sein können, so unterschiedlich ist auch der Geschmack, der zwischen süßlich, säuerlich, scharf und würzig variieren kann. Da Curry aus einer Vielzahl von Gewürzen besteht, ist beim Kochen kaum ein anderes Gewürz mehr erforderlich, es sei denn, man möchte eine ganz spezielle Note unterstreichen, zum Beispiel Koriander zum Lamm. Außerdem harmoniert Curry sehr gut mit Zwiebeln, Knoblauch oder Apfel.

Heute werden die Gewürzmischungen für den europäischen Markt in Indien hergestellt, wo das zum Export bestimmte Pulver aber nicht benutzt wird. Manchmal werden die Pulversorten auch typisiert. So ist Madras-Curry die schärfste Variante, wohingegen der indische oder englische Curry milder sind.

In Indien werden die verschiedenen Gewürzmischungen zur Zubereitung der Currys oft auch Masala oder Garam Masala genannt und von Region zu Region und sogar in jedem Haushalt anders zusammengestellt. In den nördlicheren Teilen Indiens gibt es die Masalas oft in einer lang haltbaren Pulverform, während man sie im Süden oft als Pasten herstellt. Garam Masala hat eher eine hell- bis dunkelbraune Farbe und wird wegen des starken Aromas vor allem bei Fleischgerichten verwendet.

Die Currypasten, die wir in den asiatischen Lebensmittelgeschäften erhalten, unterscheiden sich im Geschmack von den indischen, da andere Zutaten wie Zitronengras und Kokosmilch verwendet werden. Mit dem bei uns üblichen Currypulver haben sie gar nichts zu tun. In Thailand wird diese Currypaste in drei Grundtypen gemixt. Die rote Paste ist die schärfste und ideal für Geflügelgerichte. Man kann sie auch selbst herstellen, indem man 10 superscharfe kleine Thai Chilis, 2 Esslöffel Rapsöl, 1 Esslöffel Krabbenpaste, frischen Ingwer und Meersalz miteinander verrührt.

Das orangefarbene Curry ist würzig-pikant und hat einen höheren Ingweranteil. Limettenschalen, Korianderwurzeln, Knoblauch und Schalotten mildern die Schärfe und geben der Paste mehr Tiefe. Diese Currymischung harmoniert besonders gut mit Kokosmilch und ist besonders geeignet für Rindfleisch.

Das grüne Curry hat einen Hauch ins Süßliche. Auch hier wird der Geschmack beim Kochen durch Beigabe von Kokosmilch gesteuert. Zwar ist das Curry immer noch scharf, aber mit der Kokosmilch und nach Bedarf auch etwas braunem Rohr- oder Palmzucker lässt sich die feurige Schärfe ein wenig neutralisieren. Grüne Currypaste eignet sich besonders gut für Fisch und Meeresfrüchte, Rindfleisch und Geflügel.

Im asiatischen Raum gibt es neben diesen drei scharfen Currypasten noch weitere. Sambal ist eine dickflüssige Paste, deren aromatisches Spektrum von höllisch scharf bis mild und fruchtig reichen kann. Diese Chiligewürzmischung kann verschiedentlich variiert werden, zum Beispiel mit Zwiebeln als Sambal Nasi Goreng oder mit getrockneten Garnelen als Sambal Trasi. Die einfachste und auch schärfste Form ist wohl das Sambal Olek mit zusätzlich Chilipulver.

Auch in Afrika werden scharfe Pasten verwendet. Ajwar beispielsweise ist eine nordafrikanische Gewürzpaste aus scharfer Paprika, die auch mit Auberginenmus, Zitronensaft und Olivenöl vermengt werden kann.

Um richtig zu würzen, bedarf es einer gehörigen Portion an Fingerspitzengefühl und Erfahrung. Und auch einer gewissen Tollkühnheit. Beim Würzen zeigt sich die ganz eigene Handschrift eines jeden Kochs. Bei allem Freestyle in der Küche gibt es aber Grundregeln, die jeder Koch beherzigen sollte. Gewürze sollen Speisen nur eine gewisse Note verleihen, jedoch auf keinen Fall deren Eigengeschmack und Grundcharakter überdecken. Ist ein Gericht übertrieben gewürzt, kann es durchaus sein, dass der Koch über qualitativ minderwertige Grundzutaten hinwegtäuschen will.

Anders als die indische neigt die europäische Küche dazu, dass nur ein Gewürz die Geschmacksrichtung bestimmt. Weitere Gewürze werden nur ergänzend verwendet und bleiben im Hintergrund (Paprikagulasch, Pfeffersteak usw.). Außerdem werden Gewürze auch nach der Zubereitungsart ausgewählt. Besonders gilt das für Fleisch, Fisch oder Gemüse. Während man beim Schmoren kräftige Gewürze verwenden kann, sollten beim Pochieren, Dämpfen und Dünsten immer nur leichte und dezente Gewürze zum Einsatz kommen, da diese Zubereitungsarten gerade den Eigengeschmack der Rohstoffe fördern sollen. Ganz anders beim Grillen. Da kann man schon mal herzhafter werden und mit Knoblauch, Tabasco und Kräutern der Provence arbeiten.

Frisch gemahlene Gewürze werden meist erst kurz vor Ende der Garzeit zugegeben oder unter die Speisen gemischt, da sich durch die Hitzeeinwirkung die ätherischen Öle verflüchtigen können. Gewürze halten beim Kochen ihr Aroma nur etwa 20 Minuten. Was länger gart, ist geschmacklich tot. Ganze oder zerstoßene Gewürze können in einem Gewürzbeutel kurz mitgekocht und so auch leicht wieder entfernt werden.

Achten Sie beim Kauf von Gewürzen auf hochwertige Inhaltsstoffe. Für Gewürze gilt wie für Gemüse: Es macht bezüglich der Produktqualität einen gewaltigen Unterschied, wie die Pflanzen angebaut wurden. Gewürze aus biologischem Anbau haben eine höhere Qualität, die man sehr leicht erschmeckt. Sie werden außerdem auf Fremd- und Schadstoffe untersucht. Konventionelle Gewürze hingegen können mit Pestiziden belastet sein. Außerdem lässt die konzentrierte Düngung im konventionellen Anbau eine Pflanze schneller wachsen. Man kann sie dadurch zwar häufiger ernten, was aber auch zur Folge hat, dass die Pflanze die aromatischen Inhaltsstoffe kaum mehr entwickeln kann.

Einkauf und Lagerung

Gewürze sollten in möglichst geringen Mengen und unzerkleinert gekauft werden. Gemahlene Gewürze verkleben und können sogar schimmeln. Lange Lagerzeiten führen zu Qualitätsverlust, da sich die

Aromastoffe verflüchtigen. Nach einem halben Jahr ist der Aromaverlust bei gemahlenen Gewürzen deutlich schmeckbar! Nichtgemahlene Gewürze sind bis zu anderthalb Jahren haltbar. Allerdings beginnt die Zeitrechnung mit der Abfüllung und nicht mit der Öffnung der Packung. Bewahren Sie die Gewürze in gut verschließbaren und dunklen Behältern an einem kühlen und trockenen Ort auf. Auch sollten Gewürze separat gelagert werden, da sie leicht Aromastoffe abgeben und natürlich auch fremde annehmen.

11 Balsamico-Essig und Essigspezialitäten

Neben der schier unerschöpflichen Aromenfülle der vielen Gewürze und Gewürzmischungen verleihen auch Balsamico-Essig und diverse Würzsaucen Fleisch- und Fischgerichten, Salaten, Suppen und Pasteten einen eigenen, oftmals recht subtilen Akzent. Wo etwa Salz nur als Geschmacksverstärker dient, geben feine Essigspezialitäten und hochwertige Tafelsaucen volles Aroma. Die wichtigsten Würzsaucen und der König unter den gegorenen oder besser sauren Weinen, der Aceto Balsamico, seien in diesem und im nächsten Kapitel mit ihren sinnstiftenden Möglichkeiten kurz vorgestellt.

Aceto Balsamico

Unter Feinschmeckern heiß begehrt ist der dunkle Balsamico-Essig aus der italienischen Stadt Modena. Als dickflüssige Essenz mit einem außerordentlich komplexen Duft und Geschmack hat der Balsamico nichts mit anderen Essigsorten gemein. Er ist allerdings auch nach Qualität und Alter einer der teuersten Essigsorten überhaupt.

Geschmacklich zeichnet sich Balsamico durch eine einzigartige Harmonie zwischen Süße, Säure, Samtigkeit und einer balsamischen Würze aus. Jeder wirklich gute Koch hat ein kleines Fläschchen alten Aceto Balsamico in Reichweite. Ganz gleich ob für ein Dressing oder eine Sauce, pur über Fisch, Fleisch oder Gemüse – die Krönung vieler Kreationen sind einige Tropfen eines sämigen Aceto Balsamico, er macht ein hervorragendes Gericht erst perfekt.

Aber Achtung, wir sprechen hier von echtem Aceto Balsamico, der seine Zusatzbezeichnung *tradizionale* oder *naturale* zu Recht trägt. Und nicht von preiswerten Imitationen. Wer weiß, wie ein echter Aceto Balsamico hergestellt wird, der sieht schnell ein, warum er unvergleichlich ist in Geschmack – und Preis.

Im Gegensatz zu anderen Essigen basiert der Aceto Balsamico auf Most und nicht auf Wein. Verwendet wird die geschmacklich neutrale Trebbiano Traube, die in den Hängen von Modena wächst. Aus 100 kg Trauben werden circa 70 bis 80 Liter Most gekeltert, dieser wird dann ganz langsam erwärmt und auf 35 bis 50 Prozent reduziert. Aceto Balsamico reift in alten Fässern. Anders als guter Wein, der bei gleichbleibenden Temperaturen und konstanter Luftfeuchtigkeit gelagert werden muss, liegt der fassgelagerte Balsamico in luftigen Räumen und macht saisonale Temperaturschwankungen über Jahrzehnte mit.

Der Essig wird je nach Reifegrad in unterschiedlich großen Fässern gelagert. Der junge Essig liegt zuerst in großen Fässern ganz oben in den Regalen. Die Fässer werden nach unten hin immer kleiner und vor allem edler, neben Eichenholz werden auch Kirsche und Kastanie, Maulbeere und Wacholderholz verwendet. Dem alten Essig verleihen diese Hölzer ein besonderes Aroma. Wenn älterer Essig aus den untersten Fässern entnommen wird, füllt man jüngeren Essig aus dem Fass im nächsthöher gelegenen Regal nach. Alle Fässer sind nur zu drei Viertel gefüllt, da die Essigbakterien viel Luft benötigen. Gut 10 Prozent der Flüssigkeit verdunsten pro Jahr.

Vor dem Verkauf lagert Aceto Balsamico zwölf und mehr Jahre, mindestens jedoch zehn davon in alten Eichenfässern. Dadurch verliert er jede aggressive Schärfe und entwickelt ein volles würziges Aroma. Nach zwölf Jahren allerdings steckt ein Aceto Balsamico der Spitzenklasse noch in den Kinderschuhen. Er kann mehrere Jahrzehnte gelagert werden, um in seinem arteigenen Aroma zur absoluten Spezialität auszureifen. Man spricht dann vom *Aceto tradizionale*, so die geschützte Bezeichnung des regionalen Herstellerkonsortiums. Erst nach einer strengen Kontrolle darf er mit einer Prüfnummer versehen in spezielle, kugelförmige Flakons abgefüllt werden. Feinschmecker greifen dafür tief in die Tasche, gut 40 Euro (und mehr) für einen halben Liter (oder weniger) sind keine Seltenheit.

Erheblich preiswerter ist *Aceto Balsamico di Modena*, ein Essig aus der Region, der nicht weiter geschützt ist. Über die Art und Weise der Produktion sagt diese Bezeichnung also nichts aus. Häufig genug ist er aus angegorenem Traubenmost oder einem Verschnitt von altem und jungem Aceto Balsamico hergestellt. Im schlimmsten Fall ist er mit Zuckercouleur dunkel gefärbt. Auch hier gibt der Preis zumeist auch einen Hinweis auf die Qualität. In jedem Fall sollten Sie sich nicht weiter beeindrucken lassen von klangvollen Bezeichnungen wie *Reserva speziale* oder *Selezione oro* oder von (zu) fantasievoll geformten Flaschen. Hier versuchen einige Hersteller mit Wortgeklingel und exquisiter Gestaltung nicht vorhandene Qualitäten vorzugaukeln.

In der Küche gibt es eigentlich kaum ein Lebensmittel, das man nicht mit Essig in Verbindung bringen könnte. Mit etwas Mut und Fantasie entstehen die tollsten Kreationen. Selbst Eis, Früchte oder Pralinen erhalten durch einen guten Balsamico eine unvergleichliche Geschmacksnote. Experimentieren lohnt sich! Ein hochwertiger Balsamico macht sich besonders gut:

- als Vinaigrette in Kombination mit Walnuss- oder Olivenöl zu allen Salaten, insbesondere aber zu Rucola-, Linsen- und Tomatensalat
- zum Würzen und Abschmecken von warmen und kalten Saucen
- zum Glasieren von Bratenstücken, zum Beispiel aus Kaninchen- oder Geflügelfleisch
- zum Verfeinern einer besonders delikaten Geflügel- oder Kaninchenleber
- zum Beträufeln von Carpaccio, geräucherter Entenbrust, Parmaschinken und Parmesan
- als Verfeinerung von Reisgerichten und insbesondere Risotto
- als Aperitif oder Digestif – zumindest bei Spitzenqualitäten

Ein kleiner Tipp: Leicht versalzene Suppen und Saucen lassen sich retten, wenn Sie mit wenig Essig und Zucker noch einmal aufgekocht werden.

Übrigens: Auch in Deutschland ist Winzeressig schwer in Mode. Edelster und teuerster Essig wird aus erlesenen Riesling-Spätlesen produziert, selbst hochfeine Aperitifessige kommen inzwischen aus heimischen Regionen. Ein unvergleichliches Erlebnis für Zunge und

Gaumen. Verwendet werden beste Weine, die nach altem Verfahren mindestens drei Jahre in Holzfässern lagern und gären. Neben Burgunder- und Gewürztraminer-Essig werden auch so exquisite Varianten wie Balsam of Roses, Weinessig mit Rosenblütenöl und Honig, angeboten. Neuerdings produzieren Winzer in ganz Deutschland edelste Weinessigspezialitäten nach Balsamico-Art. Fragen Sie also mal bei Ihrem Winzer nach einem edlen Essig. Hausgemacht ist er mit Sicherheit feiner als jede Industrieware.

Würzsaucen 12

Tabasco, die feurige Sauce aus Louisiana, ist die wohl bekannteste Pfeffersauce aus Chilischoten. Hier heißt es entsprechend: Achtung, scharf! Wenige Tropfen reichen für eine große Wirkung, ein paar Tropfen mehr bringen die Speisen und manchen Esser aus dem Gleichgewicht. Neben Tabasco gibt es noch viele andere scharfe bis sehr scharfe Würzsaucen ähnlicher Art. Sie verleihen insbesondere südamerikanischen Gerichten und vor allem der kreolischen Küche oder der Cajun-Küche ihre typische Würze. (Cajun ist die Bezeichnung für die frankokanadischen Einwanderer im US-Staat Louisiana.)

Für eine Tabascosauce werden Chilischoten mit Salz zu einem Brei verarbeitet und bis zu drei Jahren in Eichenfässern gereift. Danach wird der Brei mit Branntweinessig versetzt und mehrere Wochen gerührt, damit alle Zutaten und Aromen gelöst werden. Zum Schluss werden Chilischalen und Samenkörner herausgefiltert. Wer mit Tabasco entsprechend vorsichtig umzugehen weiß, kann mit dem pikanten Aroma mehr als nur die Bloody Mary vorzüglich würzen.

Neben roter Tabascosauce gibt es auch einen milderen grünen Tabasco, der aus den bekannten mexikanischen Jalapeno Chilis hergestellt wird. Sie sind süßlich und nicht ganz so scharf. Eine weitere Spezialität unter den Chilisaucen ist eine Sauce mit BBQ-Geschmack (von Barbecue: Grillen, Grillfest), die sich durch ein dezentes Raucharoma auszeichnet. Hier werden mexikanische Chilis geräuchert, bevor sie zur Würzsauce verarbeitet werden.

Worcestershire Sauce – würzen im Old English Style

Diese englische Würzsauce wird aus Soja, Wein, Essig, Anchovis, Ingwer, Knoblauch, Schalotten, Pfefferschoten, Chilis, Tamarinde (säuerliche Frucht aus Asien – auch als reines Mark erhältlich) und vielen nur den Produzenten bekannten Zutaten hergestellt. Als Stolperstein der englischen Sprache hingegen weithin bekannt, aber immer wieder verblüffend: „Worcester" wird wie „Wuster" ausgesprochen. Auch die Worcestershire Sauce wird traditionell über viele Jahre in Holzfässern gereift, heute erhält aber nur noch die originale Würzsauce von Lea & Perrins in Holzfässern ihren charakteristischen Geschmack.

Das ursprüngliche Rezept dieser Würzsauce soll aus Indien stammen, seit über 150 Jahren wird sie in England hergestellt. Als Allrounder wird die hocharomatische Worcestershire insbesondere und durchaus sparsam zum Verfeinern von Pasteten, Fisch und Ragouts, aber auch von Getränken, vor allem mit Tomatensaft, verwendet. Neben einigen Spritzern Tabasco gehört eben auch die Worcestershire in die Bloody Mary.

Sojasauce – würzen auf japanische Art

Gute Sojasauce unterliegt seit Jahrhunderten dem gleichen Herstellungsverfahren: Gedünstete Sojabohnen werden zu gleichen Teilen mit geröstetem und gemahlenem Weizen gemischt. Durch Anreicherung mit spezifischen Mikroorganismen entsteht „Koji", eine Trockenmaische, und durch Zufügen von Salz und Wasser schließlich ein Brei, in Japan „Moromi" genannt. Er bildet die Basis für den typischen vollmundigen Geschmack von Sojasauce.

Während die Mischung aus Soja, Weizen, Salz und Wasser in Fermentationstanks ausreift, vollzieht sich eine geschmacksprägende Enzymreaktion, bei der das Sojaeiweiß in einzelne Aminosäuren aufgespalten wird. Aus der Weizenstärke wiederum entsteht Zucker, der sich teilweise in Alkohol umwandelt. Der natürliche Gärungsprozess bestimmt die tiefe, rehbraune Farbe, die Transparenz, den vollen Geschmack und das würzige Aroma. Natürlich hat die gebraute Sauce ihren Preis. Aber die traditionelle Produktion dauert mindestens sechs Monate – und bringt circa 300 verschiedene Aromen hervor. Saucen, die nicht natürlich gebraut sind, fallen geschmacklich eindeutig ab.

Eine süße Sojasauce ersetzt die Prise Zucker bei pikanten Gerichten und würzt exotische Speisen. Wer einen etwas milderen Geschmack bevorzugt, wird von ihr begeistert sein. Durch den Zuckeranteil erhält Gebratenes und Gemüse einen knusprigen, attraktiven Glanz. Neben der süßen gibt es auch eine salzreduzierte Sojasauce. Die Tamari wiederum wird ohne Verwendung von Weizen (nur Soja, Salz und Wasser – ist also geeignet für Weizenallergiker) hergestellt und ist ein reines Sojaprodukt. Hier wie auch bei den anderen Saucen gibt es Produkte mit Bio-Siegel.

Kikkoman-Sauce ist eine Standard-Sojasauce und wegen ihrer rundum guten Produktqualität erwähnenswert. Sie ist Standardwürze in jedem guten Asia-Restaurant. Preiswertere Saucen sind qualitativ keinesfalls gleichwertig.

Und wie würzen mit Sojasauce? Eigentlich passt sie an jede würzige Speise. Sicher ist sie für den Japaner ein Stück Lebensqualität und wichtiger Bestandteil der nationalen Küche, sie kann aber auch fernab von asiatischen Rezepten vielseitig eingesetzt werden – insbesondere dort, wo Salz und natürlich Basiswürze hingehören, zum Beispiel zu gedünstetem Gemüse, Fleisch- oder Nudelgerichten, zum Abschmecken von Suppen, Saucen und selbst von Salatdressing. Versuchen Sie doch einmal Pilze, angebraten mit frischen Kräutern, etwas Pfeffer aus der Mühle sowie einigen Spritzern Sojasauce.

Teriyakisauce
Teriyaki ist eine japanische Würzsaucen-Spezialität auf Sojabasis, verfeinert mit Sake und vielen Gewürzen. Sie eignet sich zum Verfeinern insbesondere von Grill-, Wok- und Pfannengerichten. Neben der Teriyaki-Basissauce sind neuerdings auch leicht variierte Teriyakisaucen für Fleisch, Fisch und Gemüse erhältlich. Ursprünglich bezeichnet Teriyaki eine japanische Zubereitungsart, bei der Fleisch oder Fisch mariniert und anschließend gegrillt werden. Durch den Zuckeranteil im Teriyaki erhält das Grillgut einen appetitlichen Glanz. Daher übrigens auch der Name, denn das japanische „Teri" bedeutet Glanz und „Yaki" gegrillt. Eine gute Teriyakisauce enthält keine künstlichen Farbstoffe oder Geschmacksverstärker.

Haltbarkeit

Angebrochene Sojasauce wird mit der Zeit dunkler und verliert an Aroma. Beim Einkauf sollten Sie also auf Flaschengrößen zurückgreifen, deren Inhalt auch zügig aufgebraucht wird. Obwohl die Aufbewahrung bei Zimmertemperatur nicht schadet, sollten Soja- und Teriyakisauce am besten an einem kühlen und dunklen Ort oder im Kühlschrank maximal zwei bis drei Monate gelagert werden.

Übrigens: Eine besondere japanische Spezialität ist Sukiyaki, ein insbesondere für Fleischliebhaber gemachtes Fondue. Es wird mit mageren und dünnen Fleischstücken – am besten aus Rinderfilet, Roastbeef oder Hüfte geschnitten – und mit frischem klein geschnittenem Gemüse und Pilzen in einem Fond aus Reiswein, Sojasauce, Chrysanthemenblättern und Zucker zubereitet. Die gegarten Fleischteile werden gerne auch vor dem Verzehr in geschlagenes Ei getaucht. Durch eine hochwertige, fertige Sukiyakisauce wird ein solches Fondue mit wenigen Vorbereitungen zu einem genussvollen und abendfüllenden Programm der Extraklasse.

Chutney

Ein Chutney ist eine würzige süß-saure und fruchtige Sauce, deren Ursprung wohl eigentlich in der indischen Küche zu suchen ist. Sie hat eine moussige Konsistenz, enthält aber auch grobe Frucht- oder Gemüsestücke. Das bekannteste Chutney ist wohl das Mango-Chutney. Traditionell verwendete Gewürze sind neben Salz und Pfeffer vor allem Koriander, Kreuzkümmel und Kurkuma, häufig werden auch Chilis und frischer Ingwer verarbeitet. Die süß-saure Note wird durch die Zugabe von Zucker und Zitronensaft oder Essig erreicht. Während es bei uns üblich ist, Chutneys mit langer Haltbarkeit anzubieten, werden sie in Indien zu fast jedem Gericht frisch zubereitet. Sie passen gut zu kurzgebratenem Fleisch und Fisch sowie zu kaltem Braten und Käse.

Traditionell werden Chutneys ähnlich wie Marmelade gekocht, es gibt allerdings auch kalt zubereitete Varianten, bei denen die verschiedenen Zutaten einfach püriert werden. Bei der kalten Variante ist die Herstellung ähnlich wie die von amerikanischen Würzsaucen aus Gemüse, auch bekannt als Relish.

So kochen Sie ein Chutney

2 gehackte Schalotten und 2 Knoblauchzehen in 2 bis 3 Esslöffel Pflanzenöl anschwitzen, je einen ½ Teelöffel gemahlenen Koriander und Kreuzkümmel sowie ½ Teelöffel Kurkuma hinzugeben, weiter anschwitzen. Mit 0,1 Liter Orangensaft und 3 bis 4 Esslöffel Weißweinessig ablöschen. 2 Mangos (optimal sind eine reife und eine noch feste Mango) in 1 Zentimeter große Würfel schneiden und mit geschlossenem Deckel circa zehn Minuten bei mittlerer Temperatur köcheln lassen. Die weiche Mango sollte dann verkocht sein, die feste hingegen ihre Form behalten haben. Zum Schluss mit 1 bis 2 kleinen Chilis oder Sambal Olek, mit 1 bis 2 Teelöffel frischem, gehacktem Ingwer und etwas Salz abschmecken.

Auf gleiche Weise kann auch aus anderen Früchten wie Äpfeln, Pflaumen oder Kürbis ein Chutney zubereitet werden. Am besten schmeckt ein Chutney übrigens, wenn es in einem verschlossenen Behälter mehrere Tage im Kühlschrank durchgezogen ist.

Fleisch

13 Rund ums Fleisch

Gibt es noch einen Fleischgenuss ohne Reue in den Zeiten von Massentierhaltung, umstrittenen Tiertransporten und wiederkehrenden Lebensmittelskandalen? Immerhin stammen 80 Prozent der von uns konsumierten Lebensmittel aus Supermärkten, die Fleisch immer häufiger wie Zucker und Mehl anbieten: anonym. Doch woher kommt das Fleisch? Welche Wurst wird wie daraus hergestellt?

Qualität beginnt mit der Aufzucht der Schlachttiere, wichtig sind die Auswahl der Rasse und die Art der Haltung. Aber auch beim letzten Gang des Tieres, der Schlachtung, gibt es bedeutende Unterschiede. Das Fleisch eines Tieres, das nach einer sanften Betäubung geschlachtet wird, hat eine sehr viel höhere Qualität als Fleisch aus der Fließbandschlachtung. Hier werden Tiere unter Stress schnell getötet, ihre Muskulatur verkrampft, es kommt häufig zu Muskelrissen – und zu erheblichen Qualitätsverlusten. Der Einkauf von Fleischprodukten wird damit zur Vertrauensfrage. Für den Kunden wichtig: Er sollte wissen, woher das Fleisch kommt. Vor allem aber sollte er wissen, wie qualitativ hochwertiges Fleisch aussieht.

So erkennt man gute Fleischqualität

Eine gute Fleischqualität resultiert aus dem Zusammenspiel von tierspezifischen Faktoren wie Rasse, Kategorie, Teilstück sowie verschiedenen Umgebungsfaktoren, zu denen das Tierfutter, die Art der Haltung, Transport und Schlachtung genauso zählen wie die Kühlung und Reifung des Fleisches. Denn das Fleisch kommt ja nicht direkt aus dem Schlachthof auf Ihren Tisch. Gerade frisches Rindfleisch wäre dann alles andere als zart. Erst nach einer Reifezeit je nach Teilstück von 10 bis 20 Tagen, während der das Fleisch im Kühlhaus bei geringer Luftfeuchtigkeit abhängt, bekommt es sein typisches Aroma. Es verändert seine Eiweißstruktur, wird mürbe und leichter bekömmlich. Gerade kurzgebratene Fleischteile wie Steak oder Roastbeef reifen eher länger, Suppenfleisch dagegen sollte besonders frisch sein. Auch Schweinefleisch braucht nur wenige Tage zur Reifung.

Qualitätsbestimmung und Einkauf von Frischfleisch

Beim Einkauf von Fleisch ist auf drei Dinge ganz besonders zu achten: die Farbe, die Struktur und die Marmorierung. Die Farbe hängt ganz wesentlich von der Fleischart und dem Alter der Tiere ab. Grundsätzlich gilt: Fleisch von jungen Tieren ist heller, von älteren dagegen etwas dunkler. Bei der Struktur des Fleisches ist ausschlaggebend, wie dick die Muskelfasern sind. Hier spielen Alter und Geschlecht der Tiere eine wesentliche Rolle. Kalb- und Lammfleisch sind feinfaserig, Fleisch von Jungbullen hat dagegen gröbere Strukturen als Ochsenfleisch.

Sehr dunkel gefärbtes Rindfleisch mit groben Fasern, das selbst nach sehr langer Garzeit noch zäh ist, stammt mit großer Wahrscheinlichkeit von einem älteren Tier. Dieses Fleisch eignet sich nur noch zum Auskochen von Brühen oder zur Wurstherstellung. Für den normalen Fleischverzehr kommen im Allgemeinen nur junge, bis zu zwei Jahre alte Rinder in den Handel. Nicht zuletzt hängt die Qualität auch von der Marmorierung ab. Entscheidend ist das intramuskuläre Fett. Denn die dünnen Fetteinlagerungen, die den Muskel zwischen den Fasern durchziehen, sorgen dafür, dass das Fleisch nach dem Garen zart und saftig wird.

Gutes Rindfleisch ist dunkelrot, das Fett hat eine weiße Farbe. Der Geruch sollte frisch und fleischtypisch sein. Vorher in Folie eingeschweißtes Rindfleisch, vakuumiertes Fleisch aus Übersee etwa, kann schon mal einen etwas unangenehm säuerlichen Geruch haben. Er entsteht dann, wenn Fleisch im Vakuum reift oder durch eine spezielle Begasung für einige Monate haltbar gemacht wird. Hier sollte das Fleisch einige Zeit gut abgetropft oder sogar mit kaltem Wasser kurz abgespült werden. Nach dem Abtupfen mit Küchenpapier und kurzem „Lüften" im Kühlschrank dürfte der Geruch verflogen sein. Egal ob Rind, Schwein oder Kalb: Das Fleisch sollte beim Fingerdrucktest fest sein. Ein neutraler Geruch, ein appetitlich frischer Glanz und Safthaltvermögen sind immer wichtige Qualitätsmerkmale.

Qualität kostet: Überlegen Sie, ob Billigware gerade bei Lebensmitteln grundsätzlich das Richtige ist. Qualität hat ihren Preis, aber sie zahlt sich aus. Durch einen besseren und gesünderen Genuss.

„Öko" ist geschützt – und schmeckt besser

Wenn Sie Ökoprodukte kaufen, achten Sie auf eine korrekte Auszeichnung. „Bio", „Öko", „aus biologischer/ökologischer/organischer/biologisch-dynamischer Erzeugung" sind gesetzlich geschützte Begriffe. Sie stehen für eine extensive Produktionsweise mit Schwerpunkt Tier- und Umweltschutz. Die Mindestanforderungen hierfür sind durch diverse EU-Verordnungen vorgegeben.

Gerade bei Fleisch und Geflügel schützt „Öko" zweifach: Nämlich zum einen die Tiere vor einem alles andere als artgerechten, oft sogar qualvollen Leben, zum anderen die Menschen vor schädlichen Einflüssen von Fleisch aus Massentierhaltung. Besonders bei Geflügel ist das Wissen um Herkunft und Aufzucht auch eine Frage des Geschmacks.

In der ökologischen Geflügelhaltung werden langsam wachsende Rassen eingesetzt, die Tiere können in einer Mast mit hohem Getreideanteil natürlich ausreifen, sie haben reichlich Bewegung und Auslauf. Ihre Artgenossen in der Intensivhaltung sind Hochleistungsrassen, die zu Tausenden zusammengepfercht in kürzester Zeit ihr Schlachtgewicht erreichen müssen. Niemand sollte glauben, dass sich das Geflügel nicht auch auf dem Teller unterscheidet. Extensiv gehaltenes Geflügel hat ein festeres und dunkleres Fleisch als Geflügel aus intensiver Haltung, es verliert beim Garen weniger Wasser und ist auch wegen seines etwas höheren Fettanteils bedeutend aromatischer. Immerhin ist Fett ein wichtiger Geschmacks- und Aromaträger.

Lagern, einfrieren und wieder auftauen

Frischfleisch, insbesondere Hackfleisch, Geschnetzeltes und Gulasch, gehören nach dem Einkauf sofort in den Kühlschrank. Das Fleisch sollte vorher natürlich aus der Verpackung genommen, auf einen Teller oder in eine Schüssel gelegt und mit einer Klarsichtfolie geruchsdicht abgedeckt werden. Auch ein Kunststoffbehälter mit Deckel, zum Beispiel Lock & Lock, tut beste Dienste. Holzbretter sind dagegen ungeeignet, sie entziehen dem Fleisch den Saft. Im Kühlschrank muss das Fleischstück an der kältesten Stelle lagern – im obersten Fach in der Nähe des Verdampfers.

Bei 0 bis 4 Grad hält sich Rindfleisch drei bis vier Tage, Kalb- und Schweinefleisch sollten innerhalb von zwei bis drei Tagen zubereitet werden, Hackfleisch ist noch am gleichen Tag zu verarbeiten. Brüh-, Koch- und Rohwurst sollten stets separat voneinander lagern, da sie sonst ihren individuellen Wurstgeschmack verlieren und irgendwie nach Brühkochrohwurst schmecken. Darüber hinaus sollte die Wurst nicht zusammen mit stark duftenden Lebensmitteln wie Käse aufbewahrt werden. Bei 0 bis 4 Grad hält sich frische Wurst, sofern sie gut verpackt ist, bis zu fünf Tage. Rohwurst oder Schinken am Stück sind länger haltbar.

Frische Fleischteile oder bereits zubereitete Fleischgerichte lassen sich ohne größere Probleme einfrieren, zumindest wenn man ein paar Regeln beachtet. Generell gilt: Je weniger Fettanteile das Fleisch hat, desto geringer sind die Qualitätseinbußen. Befreien Sie daher besonders fettreiche Teile so weit wie möglich von ihrer Fettschicht, bevor Sie sie auf Eis legen. Ob fettreich oder nicht: In jedem Fall muss das Fleisch aus seiner Verpackung genommen werden. Denn das Verpackungsmaterial der Supermärkte – Kunststoffschalen und Folienüberzug – ist nichts fürs Eis. Gefrostet kann es sogar gesundheitsschädliche Stoffe absondern. Kaufen Sie lieber ordentliche Gefrierverpackungen.

Bevor die Beutel verschlossen werden, drücken Sie die Luft so weit wie möglich heraus. Luft leitet Kälte sehr schlecht und verzögert das Einfrieren, es kann zu Gefrierbrand kommen. Gefrierdosen werden bis etwa einen Zentimeter unter den Rand gefüllt und mit dem Deckel fest verschlossen. Der Prozess des Einfrierens sollte möglichst schnell gehen. Aus diesem Grund darf das Teilstück nicht schwerer als 2,5 Kilogramm und dicker als 10 Zentimeter sein – nur so friert es gleichmäßig durch.

Fleischstücke sollten Sie möglichst langsam, das heißt schonend, und in entsprechenden Behältern auftauen. Entweder bei Zimmertemperatur oder, um die Qualität möglichst zu erhalten, über Nacht im Kühlschrank. Beim schnellen Auftauen geht zu viel Fleischsaft verloren. Die Folge: Der Braten verliert nicht nur an Geschmack und wertvolle Inhaltsstoffe, er wird auch noch trocken. Geflügel sollten Sie unbedingt in einem Gefäß mit Locheinsatz und Auffangschale auftauen, damit sich bildendes Tauwasser nicht mit dem eigentlichen Fleisch in Berührung kommt. So verringern Sie schon im Vorfeld die Gefahr der Salmonellen-Kontaminierung. An- oder aufgetautes Fleisch muss schnell weiterverarbeitet werden, es ist für den Verderb anfälliger als Frischfleisch. Ein nochmaliges Einfrieren ist nicht empfehlenswert. Aus gefrorenem Fleisch gegarte Speisen wie Gulasch, Schmorbraten oder Hackfleischsaucen hingegen können nochmals eingefroren werden.

14 Rind

Wegen seiner vielfältigen Verwendungsmöglichkeiten und seines arttypischen Geschmacks ist Rindfleisch bei Köchen und Feinschmeckern hoch geschätzt. Herzhaften Brühen und Eintöpfen gibt es einen kräftigen Geschmack, es kann gegrillt, gebraten, geschmort und gekocht werden. Jedoch sind die einzelnen Fleischteile in ihrer Zusammensetzung mit Muskeln und Bindegewebe sehr unterschiedlich und erfordern auch verschiedene Garmethoden. Um ein optimales Ergebnis bei der Zubereitung zu erhalten, sollte man die Fleischteile kennen und wissen, was man mit ihnen am besten machen kann.

Für die Qualität des Fleisches sind die Rasse und die Art und Weise der Haltung, Fütterung, Schlachtung und Reifung entscheidend. In Europa besonders weit verbreitete Rinderrassen sind das *Angus* (Deutschland), das *Limousin* (Deutschland und Frankreich), das *Charolais* (Frankreich), das *Galloway* (Großbritannien) sowie das *Piemontese* und *Chianina* (Italien). Wie alle Rinderrassen haben sie den Auerochsen als gemeinsamen Vorfahren. Und heute je nach Art der Haltung ein sehr unterschiedliches Leben.

Am weitesten verbreitet ist die Intensivmast im Stall. Die Rinder bekommen ein auf Alter und Rasse abgestimmtes Kraftfutter, ihnen werden Vitamin- und Mineralstoffzusätze verabreicht. Das Ziel: Die Tiere sollen in kürzester Zeit ihr Schlachtgewicht erreichen. Je nach Rasse werden sie schon nach zehn bis zwölf Monaten geschlachtet. Ihr Fleisch zeichnet sich wie das von Geflügel in Intensivhaltung durch einen geringen Fettgehalt aus.

Andere Rinder stehen nicht im Stall, sondern auf der Wiese. Die Weidehaltung wird insbesondere in Ländern mit viel Land, in Argentinien oder Schottland etwa, betrieben, aber auch in Deutschland wird sie zunehmend attraktiver. Zum Glück: Das Fleisch dieser Rinder ist zart marmoriert und fettarm. Eine Art Synthese dieser beiden recht gegensätzlichen Tierhaltungen ist die Weidehaltung mit Zufütterung. Die Rinder verbringen hier nur die ersten zwölf bis 14 Monate im Freien und werden gut weitere drei Monate durch Zufütterung auf ihr Idealgewicht gebracht. Das Fleisch ist zart marmoriert und kräftig im Geschmack.

Besonders gut scheint es den *Kobe*-Rindern zu gehen, die in Japan auf recht exklusive Weise gemästet werden. Auf dem Speiseplan der Rinder stehen Getreide, Futterrüben, Kartoffeln und Bier – es soll den Appetit anregen. Aber damit nicht genug: Die Kobe-Rinder werden mit klassischer Musik beschallt und täglich von Hand massiert. Auf diese Weise bildet sich eine nur dünne Fettschicht auf dem Muskelfleisch, es ist mit einer extrem feinen und gleichmäßigen Marmorierung durchzogen und ungemein zart. So viel Zuwendung hat natürlich ihren Preis. Das Edelfleisch kostet in Japan bis zu 800 Euro pro Kilogramm.

In Europa werden vor allem amerikanische Rinder nach „Kobe-Art" – die Wagyu-Rinder – angeboten. Seit Anfang der Neunzigerjahre wird das Wagyu-Rind in den USA und auch in Australien gezüchtet. Die Rinder genießen eine natürliche Aufzucht und werden ausschließlich mit Mais, Gras, Gerste und Mineralien gefüttert. Auf die vorbeugende Gabe von Antibiotika, Wachstumsstimulantien oder künstlichen Hormone wird selbstverständlich verzichtet. Das Fleisch dieser Rinder zeichnet sich durch eine intensive Fettmarmorierung sowie besondere Saftigkeit und extreme Zartheit aus. Unter Spitzenköchen und Feinschmeckern steht das Wagyu-Rind hoch im Kurs, Filet kostet etwa 140 Euro pro Kilogramm, Roastbeef circa 90 Euro und das Hüftstück rund 40 Euro.

Mein Tipp: Ich empfehle das Limousin-Rind, das in der Region Limousin beheimatet ist. Sein hell- bis dunkelrotes Fleisch mit zarter Faser ist bei Feinschmeckern so sehr beliebt, dass man mittlerweile auch schon in Deutschland diese Rasse züchtet.

Die Teilstücke und ihre Verwendung

Die Rinderkeule ist sehr ausgeprägt und besteht grob aus Ober- und Unterschale, Rolle, Nuss und Hüfte – in der Fachsprache auch als Viererschnitt bekannt. Die Oberschale ist ein klassisches Rouladenstück und bietet vergleichsweise große Scheiben, die sich hervorragend auch für einen Braten eignen.

Die Oberschale wird durch einen Deckel umschlossen, den Sie gut für ein kräftiges Gulasch verwenden können. Die Unterschale ist etwas zäher und gröber in der Struktur, wird aber im Prinzip wie die Oberschale verarbeitet: zu Rouladen, Schmor- oder Sauerbraten.

Die Rolle, auch Schwanzrolle genannt, sitzt unter der Unterschale. Auch sie eignet sich für Schmorbraten und für typisch portionierte Schmorsteaks. Das hochwertigste und feinfaserigste Stück der Keule ist die Hüfte. Sie verleiht ähnlich wie das „Bürgermeisterstück" Freunden von Kurzgebratenem Schwung. Schließlich wird das Fleisch gerne als Steak verarbeitet und darf nur kurz gebraten werden, wenn es im Geschmack zart und fein bleiben soll. Ein zu lang gebratenes Hüftsteak ist trocken, hart, zäh und trostlos. Alle anderen Fleischteile der Rinderkeule hingegen müssen durchgebraten und lange geschmort werden, um zart und genießbar zu sein.

Ebenso liegt auf der Hüfte ein Deckel, der gerne auch als Tafelspitz bezeichnet wird. Er wird in einem kräftigen Fond gargezogen und mit Meerrettich gereicht. Geeignet ist er außerdem zum Braten oder Schmoren. Ein weiteres Teilstück ist die (eigentlich dreigeteilte) Kugel, optimal für Bratenstücke und Schmorbraten. Am Ende der Keule sitzt das Beinfleisch. Es wird für kräftige Fonds verwendet, gibt aber auch geschmort oder als Gulasch einen sehr aromatischen Geschmack.

Die Rinderschulter, auch Bug genannt, wird ähnlich vielseitig verwendet wie die Rinderkeule. Das dicke Bugstück ist wie die Unterschale der Keule für Rouladen, Schmorbraten oder Gulasch bestens geeignet. Der Schulterdeckel und das Mittelbug- oder Schaufelstück sind typische Fleischteile für Suppen, Gulasch oder Braten, denn sie haben einen hohen Bindegewebsanteil und müssen lange gegart werden. Ihr Fleisch ist viel bindegewebsreicher und sehniger als das der Keule. Das Schulterfilet, auch falsches Filet (franz. faux filet) genannt, trägt seinen Namen wegen der filetähnlichen Form. Es ist recht zartfaserig und wird gerne als Braten oder sogar Tartar verwendet. Das vordere Beinfleisch wird auch Vorderhesse genannt und verleiht als Beinscheibe mit Markknochen hauptsächlich Suppen einen kräftigen Geschmack.

Die Rinderbrust inklusive Rippen wird, ob mit oder ohne Knochen, als vergleichsweise preiswertes Rindfleisch hauptsächlich für Suppen, Fonds und Eintöpfe verwendet, in manchen regionalen Küchen aber auch gefüllt und geschmort. Bitte beachten: Das Fleisch ist mit viel Fett über- und durchzogen und muss davon vor der Weiterverarbeitung unbedingt befreit werden.

Aus eher magerem Rindfleisch verschiedener Abschnitte und Teilstücke stellt man Hackfleisch her. Wer Hackfleisch fertig kauft, bekommt nicht immer die gewünschte Qualität und Frische. Warum also das Fleisch nicht am Stück kaufen und selber durch den Wolf drehen? Versuchen Sie es mal!

Zu beachten gilt: Hackfleisch muss aus Sehnen und fettgewebsarmem Muskelfleisch ohne jeden Zusatz zerkleinert werden. Die Lagertemperatur darf 4 Grad nicht überschreiten, aber lagern sollte das Fleisch sowieso nicht. Hackfleisch muss am Tag der Herstellung verarbeitet werden. Für Gastronomen ist das übrigens auch bei anderen zerkleinerten Fleischteilen wie Brät, Geschnetzeltes und Schaschlik Pflicht. Immerhin darf die fertige Hackfleischsauce zurück in die Truhe. Ebenfalls gesetzlich festgelegt ist der Fettanteil der verschiedenen Hackfleischsorten. Tartar wird aus ganz mageren erlesenen Rindfleischstücken mit einem maximalen Fettgehalt von 6 Prozent gemacht, Rinderhackfleisch darf einen Fettanteil von 20 Prozent nicht überschreiten, Schweinehackfleisch liegt bei einem Fettanteil von 35 Prozent, ein Hackfleischgemisch aus halb Rind- und halb Schweinefleisch bei 30 Prozent.

Fleisch wird durch Zugabe von Salz, Zwiebeln usw. rasch grau. Eine Ausnahme ist Schweinemett, dem Nitritpökelsalz von maximal

5 Prozent zugegeben wird. Durch diese Zugabe bleibt Schweinemett (Bratwurst) länger haltbar.

Das Roastbeef und das Filet sind die wohl wertvollsten Teile des Rinds. Und die zartesten. Sie benötigen eine längere Reifezeit als alle anderen Rinderteile. Gut zwei bis drei Wochen müssen vergehen, damit dieses hochwertige Rindfleisch auch die nötige Beschaffenheit hat, um zartrosa bis blutig (für Liebhaber) zubereitet werden zu können. Gerade beim Filet gibt es große Qualitätsunterschiede in Bezug auf die Rinderrasse. Generell gilt: Je kräftiger und bulliger das Tier, desto größer das Filet. Der Vorteil: Ein dickes Rumpsteak ist einfacher zart zuzubereiten als ein schmales. Eine gute Fleischqualität bietet etwa das französische Charolais, ein schweres Rind mit edlem Muskelfleisch, einer feinen Marmorierung und einem sehr guten Safthaltevermögen. Wir erinnern uns: Das für die Marmorierung verantwortliche intramuskuläre Fett sorgt dafür, dass das Fleisch beim Garen zart und saftig bleibt.

Das Roastbeef erstreckt sich von der hohen Rippe, auch Rinderkotelett genannt, bis hin zum flachen Roastbeef. International gibt es hier unterschiedliche Schnittführungen. In Ländern, in denen man traditionell gerne Steaks isst, in Argentinien also oder in den Vereinigten Staaten, brät man sie vor allem am Knochen. Er schützt das Fleisch und gibt ihm zusätzlichen Geschmack. Dabei ist Steak noch lange nicht gleich Steak. Immerhin können Steaks von der Hochrippe bis hin zur Hüfte geschnitten werden, wo das Roastbeef flacher wird und der Filetanteil zunimmt.

Das hohe Roastbeef oder auch Hochrippe genannt, wird klassisch am Stück mit Knochen rosa gebraten. Auch der Übergang von der Hochrippe zum Roastbeef wird als Clubsteak mit Knochen serviert. Danach kommt das berühmte T-Bone-Steak. Es hat den Namen von dem optisch gut erkennbaren T-förmigen Knochen und sollte ein schönes Stück Roastbeef auf der einen und einen kleinen Filetanteil auf der anderen Seite des Knochens haben. Ein T-Bone-Steak hat in der Regel ein Mindestgewicht von gut 300 Gramm.

Das Porterhouse-Steak ist etwas für Leute mit großem Appetit – es kann bis zu ein Kilogramm auf die Wage bringen – und wird daher auch für zwei und mehr Personen serviert. Im Vergleich zum T-Bone-Steak hat es einen wesentlich höheren Filetanteil. Ein Rib-Eye-Steak ist ein Steak mit einem eingelagerten Fettanteil, einem so genannten Fettauge, das, wie Fett überhaupt, das Fleisch beim Grillen besonders saftig hält.

Das Entrecôte (von franz. entre: zwischen, côte: Rippe) wird in verschiedenen Stärken aus dem mittleren Teil des Roastbeefs geschnitten. Ein Entrecôte double ist zu deutsch ein doppeltes Rumpsteak und für zwei Personen gedacht. Je dicker das gebratene Stück Roastbeef ist, desto zarter sollte es nach dem Garen sein.

Ob vom Schwein, Kalb oder Rind: Alle Filets sind gleich aufgebaut: Auf einen Filetkopf folgt ein recht dickes und gleichmäßiges Mittelstück sowie ein spitz zulaufendes Endstück. Deshalb kann man auch hier die unterschiedlichsten Formen schneiden. Das Filet ist mager, sehr zart und ohne Zweifel das wertvollste und vor allem teuerste Teilstück vom Rind. Es kann als einfaches oder auch als doppeltes Rinderfilet gebraten werden und wird dann nach dem französischen Schriftsteller und Staatsmann René Vicomte de Chateaubriand benannt. Es gilt als erstes Zwei-Personen-Steak der Küchengeschichte. Natürlich geht es auch ein paar Nummern kleiner: Tournedos sind kleine, rund geschnittene Scheiben, kaum mehr als 100 Gramm schwer, die aus einem Stück vor der Filetspitze entnommen werden. Das Filet mignon wiederum ist die Filetspitze, und da mignon nichts anderes heißt als niedlich, werden pro Portion gleich drei kleine Stücke gereicht.

Aus den Teilen, die nicht mehr zu den vorher genannten Stücken geschnitten werden können, bereitet man Filetspitzen oder auch Minutengulasch zu. Die Schwierigkeit besteht hier insbesondere darin, das Fleisch auch in einer Sauce noch zartrosa zu servieren. Die Filetspitzen werden daher nur kurz und unter Rühren in einer heißen Pfanne angebraten und dann zur Seite gelegt. Mit den Röststoffen in der Pfanne, gewürfelten Schalotten, Pilzen, einem Schuss guten Cognac, etwas Sahne und Butter wird dann eine feine Sauce hergestellt. Erst jetzt kommen die Filetspitzen wieder ins Spiel. Sie werden in der Sauce kurz angeschwenkt und schließlich zartrosa serviert.

Eine weitere und edle Zubereitungsart ist ein pochiertes Rinderfilet in einem gut abgeschmeckten Fond. Das Rinderfilet wird nur kurz angebraten, gebunden und dann „schwebend" im Fond bei Temperaturen zwischen 75 bis 95 Grad gegart. Der Vorteil: Wenn es nicht direkt mit der Energiequelle in Kontakt kommt, gart es von allen Seiten gleichmäßig. Ein pochiertes Filet ist an Zartheit unübertrefflich.

Das Garen eines Filets braucht Zeit. Es wird kurz in wenig Öl heiß angebraten und bei stark reduzierter Temperatur vollendet. Mit einer Scheibe Speck umwickelt schützen Sie ein Filet vor zu starker Hitze. Auch sollte ein Filet beim Braten mehrmals gewendet und mit dem sich bildenden Bratenfond oder flüssiger Butter begossen werden.

Und noch etwas: Wie sehr man das Fleisch auch anbrät, die berühmten Poren verschließt es deswegen noch lange nicht. Fleisch hat nämlich keine Poren. Vielmehr besteht die Gefahr, dass bei zu starker Hitze (180 Grad und mehr) viel Wasser verdampft und das Fleisch schließlich austrocknet. Profis braten das Fleisch kurz an, garen es gegebenenfalls im Backofen für wenige Minuten weiter und lassen es dann abgedeckt ruhen. Auf diese Weise breitet sich die Hitze gleichmäßig nach innen aus. Vor dem Servieren wird das Fleisch noch einmal kurz erhitzt. Angaben zur Bratzeit von kurzgebratenem Fleisch können immer nur grob gemacht werden, die Garzeit richtet sich nach der Qualität des Fleisches und natürlich auch nach der Fleischstärke. Machen Sie die Fingerprobe, denn mit einem Fingerdruck kann man den Gargrad gut ertasten. Je mehr das Fleisch durchgebraten ist, desto weniger gibt es dem Druck nach. Ein noch blutiges Steak ist in der Mitte elastisch bis weich und wird zum Rand hin fester.

Garstufen von kurzgebratenem Rindfleisch

- *blau*, *roh* (engl. raw; franz. bleu): Das Fleisch ist innen noch fast roh. Es hat eine hellbraune, dünne Kruste. Die Kerntemperatur liegt zwischen 40 und 50 Grad. Vor dem Garen sollte dieses Fleisch temperiert werden, dass heißt, es sollte circa 30 Minuten vorher aus der Kühlung genommen werden. Wandert das Fleisch direkt aus dem Kühlschrank in die Pfanne, ist eine gleichmäßige Temperaturverteilung kaum möglich. In der Regel werden nur sehr hochwertige und zarte Fleischteile wie Filet, Roastbeef und gut abgehangene Hüftsteaks blau zubereitet. Eine Sache für Liebhaber.

- *blutig bis rosa* (engl. rare; franz. saignant): Das Fleisch ist im Kern leicht blutig und nach außen hin rosa. Es hat eine braune, knusprige Kruste. Die Kerntemperatur liegt zwischen 45 und 55 Grad. Auch hier gilt: Das Fleisch muss wohltemperiert sein.
- *rosa, englisch* (engl. medium rare; franz. saignant, anglais): Das Fleisch ist innen durchgehend rosa. Es hat eine braune, knusprige Kruste. Die Kerntemperatur liegt hier zwischen 50 und 65 Grad. Auf keinen Fall darf beim Anschneiden eines medium gegarten Rinderfilets viel Blut auslaufen. Ist das der Fall, wurde das Fleisch zu schnell und vor allem zu heiß gebraten und hatte eine zu kurze Ruhephase, die Temperatur konnte sich nicht gleichmäßig verteilen.
- *halb durchgebraten* (engl. medium, medium well; franz. demi-anglais, à point): Das Fleisch hat nur noch einen leichten rosa Kern. Hier darf kein Blut mehr austreten, das Fleisch muss aber immer noch saftig sein – und nicht etwa trocken. Die Kerntemperatur liegt zwischen 60 und 70 Grad.
- *durchgebraten* (engl. well done; franz. bien cuit): Das Fleisch ist nicht mehr rosafarben und völlig durchgebraten, die Kerntemperatur liegt je nach Fleischqualität bei 70 bis maximal 85 Grad. Auch ein durchgebratenes Stück Rindfleisch sollte noch zart und saftig sein. Durchgebratenes Kurzbratfleisch wird in der Regel gut angebraten und bei Temperaturen zwischen 70 und 85 Grad längere Zeit schonend gegart.

Kalb

15

Kalbfleisch ist ein besonderer Genuss und wegen seines Nährwertgehaltes auch ernährungsphysiologisch interessant. Es hat wenig Fett und viel Eiweiß. Da die jungen Rinder maximal fünf Monate alt sein dürfen, hat sich das Bindegewebe in Fleisch und Muskeln noch nicht voll entwickelt. Das Fleisch ist daher ausgesprochen zart und arteigen im Geschmack. Seine rosa Farbe sollte frisch und nicht wässrig sein. Farblich erinnert das Kalbfleisch damit ein wenig an

Schweinefleisch, ist aber gröber in seiner Struktur. Wie bei anderen Fleischsorten gilt auch hier: Futter und Art der Aufzucht bestimmen die Farbe und natürlich auch die Qualität. Wenn die Färbung zu hell ist, hat es dem Tier an Eisen gefehlt, außerhalb des Stalls wird es sich nur wenig bewegt haben. Das frische Grünfutter der Weidehaltung versorgt die Kälber hingegen mit Mineralien und Eisen, das Blut hat einen höheren Hämoglobingehalt und daher eine etwas dunklere Farbe.

In der Bundesrepublik darf ein Kalb nach Abzug bestimmter Körperteile und Innereien nicht mehr als 120 bis 200 Kilogramm wiegen. Fleisch von jüngeren (und leichteren) Kälbern, den so genannten Milchkälbern, wird in seiner Qualität unterschiedlich beurteilt. Manche halten es für eine Delikatesse, andere wiederum finden es weich und wässrig. Tiere, die mehr als 200 Kilogramm, jedoch weniger als 300 Kilogramm wiegen, werden als Jungrind angeboten, ab 300 Kilogramm gilt das Rind als ausgewachsen. Während das ausgewachsene Rind mindestens zehn Tage nachreifen muss, geht Kalbfleisch schon nach zwei bis drei Tagen in den Handel. Und während die Einteilung der Teilstücke ganz ähnlich ist wie beim ausgewachsenen Rind, werden sie wegen ihrer Zartheit oft anders zubereitet.

Die Teilstücke und ihre Verwendung

Neben Filet und Rücken ist die Keule ein besonders vielseitig verwendbarer und wertvoller Part des Kalbs und mit circa 40 Prozent auch das größte Teilstück. Die Kalbskeule wird in Oberschale und Unterschale, Nuss und Hüfte unterteilt.

Die Kalbsoberschale ist ein sehr großes Stück mit wenig Fett. Für einen Braten ist das Fleisch viel zu schade, zum Kurzbraten ist es hingegen, ob mit oder ohne Panade, wie geschaffen. Es wird normalerweise für Rouladen oder das echte Wiener Schnitzel verwendet, während ein Schnitzel „Wiener Art" meist vom Schwein oder, wenn eigens vermerkt, auch von der Pute stammt. Die Kalbsunterschale, auch Schwanzstück genannt, wird genau genommen noch einmal unterteilt in Frikandeau und Kalbsrolle. Die Rolle kann kurz gebraten werden, das Frikandeau ist ein erlesenes Stück für einen schönen Braten oder, im Fond pochiert, für einen Kalbstafelspitz. Für Kalbsgulasch oder Kalbshack wäre es zu schade.

Die Kalbsnuss, auch Kalbskugel genannt, eignet sich wie die Unterschale für einen schmackhaften Kalbsbraten oder vorzügliche Schnitzel. Die Kalbshüfte, das zarteste Teilstück der Keule, dagegen sollte hauptsächlich zum Kurzbraten oder für Geschnetzeltes genommen werden. Aber auch als Kalbsbraten im Ofen rosa geschmort ist sie eine Delikatesse.

Die Kalbshaxen müssen geschmort werden, gleich ob Vorder- oder Hinterhaxe, am Stück oder in Scheiben. Eine köstliche, durch das Knochenmark kräftig-aromatisch schmeckende Sauce ist des Meisters Lohn, das international wohl bekannteste Gericht *Ossobuco alla milanese* (Kalbshaxe auf Mailänder Art) ist geradezu ein Gedicht.

Die Kalbsschulter, auch Bug genannt, ist im Vergleich zur Keule eher klein. Ihr Fleisch ist viel bindegewebsreicher und sehniger als das der Keule. Auch sie wird weiter unterteilt in das dicke Bugstück, das Schaufelstück, das falsche Filet und den Bug- oder Schaufeldeckel. Das falsche Filet wird in der Regel kurz gebraten, der Bug geschmort oder gefüllt und geschmort, die anderen Teilstücke werden für Gulasch, Ragouts oder Frikassee verwendet.

Der Kalbsrücken und der Kamm bilden zusammen den Rücken am Stück. Der Kamm, auch Nackenstück genannt, ist im Verhältnis zum eigentlichen Kalbsrücken ein Fleisch eher durchschnittlicher Qualität. In den meisten Fällen wird hiervon ein saftiger Rollbraten hergestellt. Der Kalbsrücken dagegen kann sehr vielseitig zubereitet werden. Er ist ein besonders zartes und mageres Stück und kann als Kalbssteak – oder im Ganzen, mit oder ohne Knochen – kurzgebraten und vor allem medium serviert werden. Mit Knochen kann er als Kalbskotelett oder als besonderes Meisterstück zur Kalbskrone verarbeitet werden. Ausgelöst und ohne Knochen wird er mit einem Teil des Bauchlappens zu einem Kalbsnierenbraten gerollt.

Das Kalbsfilet wird in gleichmäßige Scheiben von 80 bis 180 Gramm geschnitten und als Kalbsfilet oder Medaillon kurz in wenig Fett gebraten. Kalbsfilet sollten Sie unbedingt kurz und scharf anbraten und bei reduzierter Temperatur und erhöhter Vorsicht saftig und vor allem zartrosa zubereiten.

Die Kalbsbrust und die dazugehörenden Bauchlappen besitzen reichlich Fett und Knorpel, beides muss vor der Weiterverarbeitung mit einem scharfen Messer gut entfernt werden. Die Kalbsbrust wird gerne mit Fleischbrät gefüllt und im Ofen geschmort.

Wussten Sie schon? Eine besondere Spezialität sind die Innereien vom Kalb. Kalbsnieren sollten möglichst frisch sein. Sie sind in der Regel gut umhüllt von einer Fettschicht. Das Fett wird vorher teilweise oder ganz entfernt, erst dann können sie gegrillt oder gebraten werden. Die Kalbsleber muss unbedingt gehäutet und von Adern befreit werden. In Mehl gewendet und gut abgeklopft kann sie in schäumender Butter gebraten werden; auch gegrillt ist sie ein Genuss. Eine weitere besondere Spezialität ist das Bries, auch Thymusdrüse oder Wachstumsdrüse genannt. Das Bries ist nur so lange vorhanden, wie das Kalb sich ausschließlich von Muttermilch ernährt. Danach bildet es sich zurück und verkümmert. Es muss vor der Zubereitung gut gewässert werden.

16 Lamm

Das Lamm- bzw. Schaffleisch hat aufgrund seiner Vielfalt an Rassen auch unterschiedliche Fleischqualitäten und ist bei richtiger Zubereitung sehr wohlschmeckend. In Deutschland ist es dennoch weit weniger beliebt als etwa in Frankreich oder England; man gibt Rind, Kalb, Schwein oder Geflügel den Vorzug. Eigentlich schade, denn ähnlich wie Wild wird es nicht in extensiver Haltung aufgezogen, es ist eiweißreich und, wenn man das Muskelfleisch von seiner Fettschicht trennt, äußerst mager. Neben der Rasse beeinflusst auch das Klima die Qualität des Fleisches. Den Tieren aus norddeutschen oder auch französischen Küstenregionen, den so genannten Salzgraslämmern oder „Agneau pré-salé" wird nachgesagt, dass sie im Geschmack kräftiger sind und bei der Zubereitung weniger Salz benötigen als ihre Artgenossen aus der Heide. Darüber hinaus sind das Alter der Tiere und der frische Zustand des Fleisches von einiger Wichtigkeit. Lammfleisch braucht nur maximal eine Woche, um zu reifen, und ist schon nach drei Tagen für Schmor- oder Stewgerichte (Eintopf) sehr geschmackvoll.

In Deutschland wird insbesondere Lammfleisch konsumiert, also das Fleisch von Tieren, die bei Schlachtung jünger als ein Jahr sind. Zartheit, Saftigkeit und der vergleichsweise geringe Fettanteil sind hier ausschlaggebend. Milchlämmer sind zwischen zwei und sechs Monate alt, sie haben sich ausschließlich von gehaltvoller Muttermilch ernährt. Ihr Fleisch ist hellrot, das Fett schneeweiß. Mastlämmer sind bis zu zwölf Monate alt, das Fleisch ist lachsfarben und nur leicht mit (weißem) Fett durchwachsen. Schafe sind nach heutigem Sprachgebrauch alle Tiere, die älter sind als ein Jahr.

Unser Lammfleisch kommt frisch aus deutschen und europäischen Landen oder gefroren aus Übersee, aus Neuseeland etwa oder Australien. Aufgrund heutiger Gefriertechnologie ist auch dieses Fleisch von guter Qualität. Neben dem Tiefkühlangebot sieht man häufig auch in einem Kunststoffbeutel vakuumiertes Fleisch. Die Verpackung hat hier auch eine konservierende Funktion. Das Fleisch wird mit einem speziellen Verfahren aseptisch und mit einem speziellen Gas zur weiteren Haltbarkeit luftdicht verpackt. Es ist bis zu drei Monate lagerfähig, sollte aber einige Stunden vor der Weiterverarbeitung ausgepackt werden. Das vorhandene Blut lässt man ablaufen, das Fleisch wird mit Küchenkrepp abgetupft und im Kühlschrank mit einem Tuch abgedeckt gelüftet. Je nach Geruch kann es auch mit kaltem Wasser abgespült werden.

Die Teilstücke und ihre Verwendung

Die Einteilung des Lamms ist im Vergleich zum Rind recht übersichtlich. Der Lammrücken ist der bekannteste Teil und besitzt neben zwei Filets den ausgesprochen zarten und aromatischen Rücken. Einen ausgelösten Lammrücken bezeichnet man auch als Lammlachs oder Lammrückenfilet. Das eigentliche Filet aber ist das ziemlich kleine Lammfilet. Für eine Portion benötigt man ein bis zwei oder sogar mehrere ganze Filets.

Der Rücken kann unterschiedlich zubereitet werden. Die wohl bekannteste Zubereitung ist das Lammkarree. Hier wird der vordere Teil des Rückens so zurechtgeschnitten, dass noch einige Rippenknochen vorhanden sind, es wird mit einer knusprigen Kräuterkruste medium serviert.

Die Lammkrone ist ein Lammkarree, das mit Küchengarn zu einer Krone gebunden wird. Nach dem Garen kann die Schnur entfernt werden, da das Fleisch die Kronenform hält. Der Lammrücken wird auch als Lammsattel bezeichnet. Neben einzelnen Koteletts können hieraus auch Lammchops geschnitten werden, also doppelte Koteletts mit einem Filetanteil.

Eine weitere stilvolle Zubereitungsart ist es, den Rücken vom Knochen auszulösen, kurz anzubraten und nach dem Würzen mit einer Kartoffelkruste oder im Wirsingblatt mit etwas Farce im Ofen zu garen. Mein besonderer Tipp: Ein ausgelöster Lammrücken, in Blätterteig mit Farce und getrockneten Tomaten im Ofen gegart.

Die Lammkeule als größtes Teilstück kann im Ganzen mit oder ohne Knochen gebraten oder geschmort werden. Eine ausgelöste Lammkeule besteht aus Oberschale, Unterschale und Nuss. Die einzelnen Teilstücke lassen sich gut quer zur Faser in Scheiben schneiden und werden dann kurzgebraten. Die Lammkeule muss medium gegart werden, nur so zubereitet ist sie besonders zart. Eine Kerntemperatur von 65 bis 85 Grad ist für eine Lammkeule eine optimale Temperatur. Jedoch sollte ein Fleisch dieser Größe nochmals bei reduzierter Temperatur ruhen, damit sich der Fleischsaft im Inneren gut verteilen kann. Die Lammkeule kann auch in Scheiben kurz gebraten werden. Die Lammhaxen wiederum sollten, ob von der Keule oder Schulter, in jedem Fall geschmort werden, damit sie auch eine kräftige Sauce geben.

Die Lammschulter ist preiswerter als die Keule und nicht ganz so vielseitig verwendbar. Sie wird mit Knochen geschmort oder ohne Knochen gefüllt und dann geschmort. Die Brustspitze, der Hals oder Kamm können gekocht zu Gulasch oder Lammhackfleisch verarbeitet werden, der Bauch oder besser gesagt Bauchlappen wird gerne gefüllt, gerollt und als Rollbraten geschmort oder gegrillt.

Die Innereien vom Lamm sind für Liebhaber eine ganz besondere Delikatesse. Vor allem in den Restaurants der Mittelmeerländer stehen sie hoch im Kurs. Kein Wunder: Nieren, Leber, Zunge und Lammbries sind frisch zubereitet absolute Highlights. In einigen südlichen Ländern hat man auch eine Vorliebe für Kopf, Hirn und Herz, die hierzulande nur wenige hinter dem Ofen hervorlocken. Anders sieht es bei Ziege und Zicklein aus, die sich in der letzten Zeit immer größerer Beliebtheit erfreuen. Das Fleisch der jungen Tiere ist schmackhaft und zart und folgt in Schnittführung und Einteilung dem Lamm.

Wussten Sie schon? Rosmarin ist mit seinem starken Duft nach Mittelmeer und Kampfer ein beliebter Lammbegleiter. Lammkoteletts in wenig Olivenöl, frisch gehacktem Knoblauch und wenig Rosmarin mariniert, sind sowohl vom Grill als auch aus der Pfanne immer ein besonderer Genuss. Würzen Sie mit Pfeffer und Salz aus der Mühle am besten unmittelbar vor dem Servieren.

Schwein 17

Als robustes und anpassungsfähiges Tier, dessen Fleisch vollständig verwertbar und lange haltbar ist, war das Schwein in Europa über Jahrhunderte wichtigster Fleischlieferant. Es prägt bis heute die regionalen Küchen. In Deutschland gehört Schweinefleisch zu den beliebtesten Fleischsorten, selbst die ebenfalls auf das Schwein abonnierten Chinesen übertrumpfen wir im Pro-Kopf-Verbrauch. Das Schwein von heute ist mit dem vergangener Jahrhunderte allerdings kaum zu vergleichen. Unser Hausschwein geht zurück auf Kreuzungen zwischen Wildschweinen und asiatischen Rassen, das Ergebnis war zunächst rundlich und sehr fett. Moderne Zuchtmethoden haben aus dem guten alten Hausschwein ein geradezu stromlinienförmiges Tier werden lassen; der Ruf nach magerem Fleisch und einer fettarmen Ernährung hat die Züchter zu einer wirklich verblüffenden Leistung angespornt. Das träge dicke Schwein von früher, das mit zwölf Rippen (Koteletts) ausgestattet war, weist heute 16 makellose Koteletts auf.

Schweine werden nach ihrem Alter und Geschlecht eingeteilt:

- Ferkel: Jungtiere, die noch vom Muttertier gesäugt werden
- Spanferkel: Jungtiere, die in einem Alter von höchstens sechs Wochen geschlachtet werden

- Läufer oder Überläufer: Jungtiere, die nicht mehr gesäugt werden
- Sauen: weibliche Tiere, die schon Nachwuchs hatten
- Borke: männliche Tiere, die im Alter von drei bis vier Wochen kastriert worden sind
- Eber oder Hauer: männliche, nicht kastrierte Tiere. Eber werden hauptsächlich zur Zucht verwendet. Wenn sie geschlachtet werden sollen, werden sie einige Wochen vorher kastriert. Andernfalls würde das Fleisch streng und unangenehm schmecken.

Was für Rinder und Kälber gilt, ist für Schweine nicht weniger wahr: Fütterung, Aufzucht und Schlachtung sind maßgeblich für die Fleischqualität. Auch in der Schweinehaltung wird zwischen einer möglichst artgerechten extensiven und einer vor allem wirtschaftlich orientierten intensiven Haltung unterschieden. Das Fleisch aus extensiver Haltung hat einen hohen Anteil an intramuskulärem Fett, ist gleichmäßig marmoriert, viel schmackhafter als das von Schweinen aus intensiver Haltung – und sehr viel seltener. Die besonders hohe Nachfrage fordert ihren Tribut, in Deutschland dominiert die intensive Schweinemast. Die Tiere werden in Ställen gehalten, mit Kraftfuttermischungen versorgt, erreichen meist schon nach gut 200 Tagen ihr Schlachtgewicht von 80 bis 120 Kilogramm und werden kurz vor der Schlachtung auf Diät gesetzt, damit sie sich kein Fett anfressen.

Bei Schweinen sind Art und Weise des Transports und der Schlachtung in hohem Maße geschmacksrelevant. Stresssituationen sollten vermieden werden, denn sonst schütten die Tiere vermehrt Enzyme und Stoffwechselprodukte aus. Die Folge ist Fleisch von PSE-Qualität: pale, soft und exudative, das heißt, es ist blass, schlaff und hat einen geringen pH-Wert. Beim Braten zieht es sich daher zusammen, verliert viel Flüssigkeit und schmeckt entsprechend trocken und zäh.

Handelsklassen für Schweinefleisch: Hier werden bestimmte Teilstücke, insbesondere Keule, Schultern und Rücken bewertet und je nach Entwicklung und Ausbildung des Fleischs qualifiziert:

E   = extra
I   = vollfleischig
II = fleischig
III = wenig fleischig

Die jeweilige Handelsklasse muss angegeben werden. Zusätzlich können noch Hinweise zum Gesamtkörperbau angegeben werden: AA = hervorragend und A = sehr gut.

Die Teilstücke und ihre Verwendung

Schweinefleisch schmeckt am besten frisch, es muss nicht wie andere Fleischarten abhängen und reifen. Beim Einkauf sollten Sie unbedingt auf die Fleischfarbe achten. Gute Qualität zeichnet sich durch eine gleichmäßige Marmorierung, feinfasrige Struktur und eine zartrosa bis rosarote Farbgebung aus. Besonders helles Fleisch sollten Sie nicht kaufen, hier sind PSE-Eigenschaften zu vermuten. Die Schnittfläche sollte möglichst trocken sein, das Fleisch darf nicht im eigenen Saft liegen. Speck oder Schweinefett sollten möglichst hell und weiß in der Farbe und vor allem fest und nicht weich sein.

Die Keule, auch Schinken genannt, ist mit 25 Prozent der Schlachthälfte das größte Teilstück. Sie enthält große zusammenhängende Fleischteile, die mit Ober- und Unterschale, Hüfte und Schweinenuss bezeichnet werden. Mittlerweile dürften Ihnen diese Begriffe geläufig sein. Der Zeitpunkt ist also gekommen, Sie auf ein kleines Problem hinzuweisen. Die Bezeichnungen bei Fleisch allgemein sind regional nicht immer gleich, selbst Köche und Fleischer arbeiten zum Teil mit unterschiedlichen Begriffen. Beim Einkauf nach Rezept kann da schon mal etwas durcheinander gehen.

Die Schweinekeule liefert ein erstklassiges, mageres Fleisch und kann bei zünftigen Gesellschaftsfeiern auch mal rustikal im Ganzen zubereitet werden. Da der Bindegewebsanteil bei den Fleischteilen der Keule unterschiedlich hoch ist, können manche Teilstücke auch kurz gebraten werden, andere wiederum müssen bei längerer Garzeit am Stück gebraten werden. Hierzu gehört die Oberschale, deren Schwarte man in Abständen von gut einem Zentimeter bis zum Fleisch einritzt, damit das Fett besser ausbraten kann. Das austretende Fett hält den Braten saftig. Ab und zu mit Bier begossen, entsteht die typisch knusprige Kruste. Aus der Oberschale wird der berühmte Burgunderschinken und auch der Knochenschinken hergestellt, aus ihrem

Fleisch werden Schnitzel „Natur", panierte Schweineschnitzel und das Schnitzel „Wiener Art" zubereitet.

Die Unterschale wird nicht nur am Stück gebraten oder zu Schnitzel verarbeitet, sondern auch zu magerem Gulasch. Die Nuss ist ein besonders mageres und schmackhaftes Fleisch der Keule, aus dem der Nussschinken hergestellt wird. Es wird am Stück gebraten oder geschmort und macht sich auch gut als Fonduefleisch.

Die Hüfte ist ähnlich wie die Nuss ein erstklassiger magerer Braten. Mit den Kocheigenschaften der Rinderhüfte ist die des Schweines allerdings nicht zu vergleichen.

Der Schweinerücken oder auch Kotelettstrang weist ziemlich unterschiedliche Fleischqualitäten auf. Je nachdem, wo sich das Teilstück befindet, variiert der Fettgehalt von mageren 5 Prozent bis hin zum Nacken mit 10 bis 15 Prozent Fett. Ob es sich um ein mageres Mittelstück oder den fettigeren, marmorierten Teil des Nackens handelt, ist eigentlich gut zu erkennen. Vom Kopf bzw. Nacken erstreckt sich der Schweinerücken bis hin zum anderen Ende der Keule. Nach der vierten oder fünften Rippe spricht man nicht mehr von Nackenkotelett. Dieses Stück kann als Braten (Spießbraten) am Stück im Ofen oder als Nackensteak zum Grillen oder Braten verwendet werden. Aufgrund seines eigenen Fettgehaltes benötigt es beim Zubereiten fast kein zusätzliches Fett, der Eigenfettanteil sorgt ausgebraten für ein saftiges Garverhalten. Erst ab der fünften Rippe spricht man vom eigentlichen Kotelettstück und weiter zur Keule hin vom Filetkotelettstück. Jedes Schwein hat zwei Kotelettseiten, und jede Kotelettseite hat unter dem Rückenknochen je ein Filet.

Das Lendenkotelett oder auch Filetkotelett ist besonders delikat und schmeckt schon feiner und nussiger als der vordere Teil des Koteletts. Es wird auch als Lummerstück bezeichnet. In Scheiben geschnitten und als Filetkoteletts angeboten, befindet sich ganz wie beim T-Bone-Steak ein Teil des Rückens auf der einen und ein Filetanteil auf der anderen Seite. Einen ausgelösten Kotelettstrang ohne Knochen nennt man auch Schweinelachs. Hieraus werden Minutensteaks oder Lachsschinken hergestellt. Ein Schweinerücken ohne Knochen macht die Zubereitung und auch den Verzehr einfacher. Immerhin hat ein Kotelett mit Knochen einen Knochenanteil von bis zu 20 Prozent.

Aus dem Kotelettstrang wird auch Kassler hergestellt, das mit maximal 5 Prozent Nitritpökelsalz gepökelt und geräuchert wird.

Das Schweinfilet oder auch Schweinelendchen ist das hochwertigste und zarteste Fleisch vom Schwein. Es liegt an der Unterseite des hinteren Kotelettstrangs und besteht aus einem Filetkopf, dem mittleren Filetteil und einer schmal zulaufenden Filetspitze. Das Filet kann am Stück vorsichtig und bei nicht zu hoher Hitze angebraten werden und sollte dann bei reduzierter Temperatur am besten im Backofen bei 140 bis 160 Grad saftig und zartrosa fertig braten. Schweinefilet wird auch gerne mit Speck umwickelt, es nimmt einen schönen Rauchgeschmack an und wird beim Braten vor dem Austrocknen geschützt. Es wird auch gerne in Medaillons von circa 80 bis 90 Gramm geschnitten und portioniert gebraten. Ob in Blätterteig, Speck- oder Gemüsemantel: Ein Schweinefilet kann nicht nach Garstufen eines Rinderfilets gebraten werden. Es sollte zartrosa und saftig sein, aber auf keinen Fall blutig, trocken oder zu stark durchgebraten.

Sehr häufig serviert man zu Schweinefilet helle oder dunkle Saucen, vor allem Rahmsaucen, die mit Pilzen, Kräutern, Weißwein oder Cognac abgeschmeckt werden.

Die Schweineschulter wird hauptsächlich ausgelöst und in Teilstücken angeboten. Sie besteht aus einem dicken Stück, einem flacheren Stück und dem falschen Filet. Die Schweineschulter lässt sich wie die Teilstücke der Keule mit oder ohne Schwarte zubereiten. Da die Schulter mit vielen Sehnen durchzogen und die Fleischstruktur eher grob ist, muss sie lange geschmort werden. Aus dem dicken Stück lassen sich besonders gut schöne Bratenstücke zubereiten, das flachere Stück eignet sich für Rollbraten. Teilstücke der Schulter können auch in einem gut gewürzten Fond gekocht werden. Am häufigsten jedoch stellt man aus der Schulter ein leckeres Gulasch her. Dann aber sollten Schwarte und Fett in jedem Fall entfernt werden.

Der Schweinebauch ist stark durchwachsen und relativ fett. Er kann im Ganzen sowie in Scheiben geschnitten zubereitet werden. Im Ganzen wird er zum Beispiel als gefüllter Schweinebauch gerollt angeboten, in einigen Regionalküchen wird er auch gepökelt und gekocht und als so genanntes Wellfleisch gereicht. In Scheiben geschnitten legt man ihn als falsches Kotelett auf den Grill. Besondere Bedeutung hat der Schweinebauch aber als durchwachsener Speck.

Gepökelt oder geräuchert, mit unterschiedlichsten Gewürzen und Kräutern verfeinert, haben viele nationale Küchen aus dem Schweinebauch ihre eigenen Speckspezialitäten kreiert. Ein bekanntes Beispiel ist die Pancetta, ein vor allem in der Toskana hergestellter Bauchspeck, der mit Kräutern wie Rosmarin oder Salbei gewürzt, gesalzen und luftgetrocknet, gelegentlich auch leicht geräuchert wird. Pancetta schmeckt mild-aromatisch.

Die Schweinebrust gibt man gerne zu Eintopfgerichten, sie wird gekocht oder auch schon mal als gefüllte Schweinebrust serviert.

Die Schweinshaxe gehört zu den beliebtesten Speisen der Deutschen. Bei der Verarbeitung ist zwischen einer geschälten Haxe (ohne Schwarte) und einer ungeschälten (mit Schwarte) zu trennen, darüber hinaus muss zwischen der Vorder- und der fleischigeren Hinterhaxe unterschieden werden. Die bekanntesten Zubereitungen sind die gegrillte oder im Ofen knusprig zubereitete Hinterhaxe, wie sie vor allem im Rheinischen und in Süddeutschland gegessen wird, und die in Eintopfgerichten wie Linsen- oder Erbsensuppe zubereitete gepökelte Vorderhaxe, auch Eisbein genannt.

Mein Tipp: Unter den Schweinen ein besonderer Genuss: das Schwäbisch-Hällische Schwein. Als Hällischer Schlag ist es seit Ende des 18. Jahrhunderts nachweisbar, entstanden ist es aus der Kreuzung asiatischer Schweinerassen mit den Nachkommen hiesiger Wildschweine. Die chinesischen Maskenschweine haben durch Vererbung ihrer gerunzelten Stirn ein weithin erkennbares Merkmal hinterlassen. Fast wäre das Schwäbisch-Hällische Schwein Anfang der Achtzigerjahre ausgestorben, hätten nicht ein paar Züchter einige Tiere behalten. Sie haben gut daran getan. Wegen seines zart-saftigen Geschmacks inzwischen besonders geschätzt, erlebt die Schweinerasse zur Zeit eine Renaissance – als Delikatesse.

18 Wild

Unter Wild versteht man diejenigen Säugetiere, die zur Jagd freigegeben sind. Teilstücke werden auch als Wildbret bezeichnet. Wild wird in ganz unterschiedliche Gruppen unterteilt. Zu den gängigsten und auch wirtschaftlich bedeutsamsten zählen Reh- und Rotwild, Damm- und Sikawild (Hirsch). Als Schwarzwild bezeichnet man Wildschweine, als Niederwild den Hasen und das Kaninchen, das, nebenbei bemerkt, küchentechnisch auch gerne zum Geflügel gezählt wird. Da der Bedarf an Wild wesentlich höher ist, als er aus heimischer Jagd gedeckt werden kann, importieren wir größere Mengen aus Argentinien, Neuseeland und Osteuropa. Frisches Wildfleisch ist nur innerhalb der gesetzlich vorgeschriebenen Abschusszeiten, also überwiegend in den Herbst- und Wintermonaten, erhältlich. Einzige Ausnahme ist der im Mai geschossene Maibock. Saisonunabhängig wird gezüchtetes Damm- und Sikawild vor allem aus Neuseeland angeboten. Der Wildgeschmack ist allerdings bei Tieren aus Freigehegen weniger ausgeprägt.

Wildfleisch ist fettarm und eiweißreich, Geschmack und Farbe sind in der Regel kräftiger als bei anderen Tierarten. Wesentliche Qualitätsmerkmale sind neben der Beschaffenheit und Struktur des Fleisches der Geruch und der arteigene Geschmack. Entscheidend für das Aroma sind Alter und Lebensraum der Tiere. Denn auch hier gilt: Je älter, desto zäher. Und: Der Geschmack wird bestimmt durch das Futter, also durch den Lebensraum der Tiere. Zuchttieren etwa fehlt das gemischte, wildgewachsene Speiseangebot, um ein wirklich wildtypisches Aroma auszubilden. Wildkenner versichern, dass ein mit einem Überraschungsschuss getroffenes Tier besser schmeckt als das Fleisch eines gehetzten Tieres. Das Fleisch unter Stress gesetzter Tiere ist weniger zart und saftig.

Nach dem fachgerechten Ausnehmen muss auch Wild bei guter Kühlung reifen. Innerhalb dieses Zeitraums wird die Muskelstarre gelöst, die Fleischfaser gelockert, und es wird jede Menge Eiweiß zersetzt. Bei der Reifung entwickelt sich ein säuerlicher, aromatischer Geruch. Man nennt diesen Geruch und den späteren Geschmack auch „Hautgout". Über den Hautgout gib es seit jeher unterschiedlichste Ansichten. Die einen lieben ihn, andere wiederum versuchen, ihn mit Beize zu mildern. Allerdings ist dieser Geschmack heute längst nicht mehr so ausgeprägt, weil man die Reifung besser kontrollieren kann. Wohl genau aus diesem Grund wird der Begriff inzwischen hier und da auch einfach nur mit Wildgeschmack übersetzt – was schlicht falsch ist.

Früher hatte nicht jeder Jäger ein Kühlhaus zur Verfügung, Tiere wurden daher nur „kühl abgehangen" – und zwar in der Scheune. Heute jedoch ist es normal, dass ein Tier möglichst schnell auf eine Kerntemperatur von 0 bis 2 Grad abgekühlt wird. Anschließend wird dem Tier das Fell abgezogen, oder – wie es in der Jägersprache heißt – es wird aus der Decke gezogen. Da das Fleisch schnell trocknet und dann eine pergamentene, ledrige Haut bekommt, lohnt das sofortige Vakuumieren in Kunststoffbeuteln. So entsteht kein richtiger Hautgout mehr – immerhin umschreibt der Begriff nichts anderes als einen schon ziemlich fortgeschrittenen Zersetzungsgrad, eine mehr oder weniger edle Überfäule. Ein gewisser Hautgout ergibt sich heute allenfalls, wenn bei den erlegten Tieren auch Innereien beschädigt werden – früher wurden diese Wunden nur mit Gras ausgewischt, heutzutage werden sie mit kaltem Wasser sauber ausgespült.

Wie auch immer: Die Tiere sollten möglichst schnell ausgeweidet werden, andernfalls ist eine Belastung durch Darm- oder Magenkeime nicht auszuschließen. Ein Hase etwa wurde nie an Ort und Stelle ausgeschlagen. Da durch die Schusswunde meist aber auch Innereien verletzt wurden, hatte das feine Niederwild immer einen sehr intensiven Geschmack. Alles in allem gehört der Hautgout heute der Vergangenheit an – ein optimal behandeltes und abgehangenes junges Tier hat ein feines Aroma. Reh schmeckt zart und leicht süßlich, der Wildcharakter ist nicht stark ausgeprägt. Anders beim Hirsch oder, schon intensiver, beim Hasen. Natürlich prägen auch Teilstücke und ihre spezifische Zubereitungsart den Eigengeschmack. Junge Tiere schmecken weniger intensiv als ältere. Für Feinschmecker dürfen die Tiere nicht älter als zwölf bis 16 Monate sein (Hirschkalb).

Das Reh liefert den Hauptanteil an Wildfleisch und ist am schmackhaftesten im Alter zwischen zwei und drei Jahren. Der Hirsch wird unter dem Oberbegriff Rotwild oder Damwild zusammengefasst. Bei Hirschfleisch geben zwei- bis dreijährige Hirsche die beste Qualität. In diesem Alter ist das Verhältnis von Fettgehalt, Muskelfülle und allgemeine Proportion ausgewogen, daraus resultierend bestimmt sich der arttypische feine Wildgeschmack.

Wildschweine beiderlei Geschlechts heißen im ersten Jahr Frischlinge und sind circa 30 Kilogramm schwer, im zweiten Lebensjahr werden sie mit durchschnittlich 45 Kilogramm als Überläufer bezeichnet, erst im dritten Jahr unterscheidet man die Bache als weibliches und den Keiler als männliches Tier. Frischlinge sind zum Braten besonders begehrt, wie Überläufer schmecken sie nicht streng nach Wild. Bachen und Keiler hingegen sind sehr fett und im Aroma immer kraftvoll. Die Diskussion um Hautgout ist hier unerheblich, langes Beizen von Keule oder Kopf hingegen üblich.

Ob Reh, Hirsch oder Wildsau – grundsätzlich gilt: Fleisch von jungen Tieren wird vor allem kurzgebraten und zartrosa serviert, das Fleisch von älteren Tieren benötigt eine längere Garzeit. Bis auf den zarten Rücken und das Filet wird es bevorzugt für Schmorgerichte verwendet. Der besondere Lohn liegt hier in einer durch das lange Garen sehr gehaltvollen Sauce, auch das Fleisch erreicht mit dem Mehr an Zeit eine entsprechende Zartheit.

Die Verarbeitung und Zerteilung von Wild ist ähnlich wie beim Lamm, richtet sich aber natürlich nach der Größe des Tieres. Bei größeren Tieren wie dem Hirsch gibt es weitere Unterteilungen. Der Rücken mit seinen zwei Filets gilt als zartestes Fleisch, das immer kurzgebraten wird. Doch Vorsicht beim Garen mit niedriger Temperatur: Was beim Rindfleisch von großem Vorteil ist, kann sich hier ins Gegenteil verkehren. Wildfleisch wird beim Garen schnell zu weich! Keulen und Schulter werden am Stück zu einem Braten verarbeitet, der Hals mit der Brust zu Ragouts.

Fleischteile, die geschmort werden sollen, werden häufig mariniert oder gebeizt. Dies gilt besonders für das Fleisch von älteren Tieren. Das Einlegen in Marinade macht Fleisch mürber und saftiger. Beim Einlegen sollten Sie darauf achten, dass das Fleisch auch wirklich mit Marinade bedeckt ist. Auch darf es nicht zu lange in der Beize (Marinade) liegen, da sonst Geschmacksverluste auftreten können. Als Richtwert hat sich bewährt, pro Kilogramm Fleisch nicht mehr als circa fünf bis sechs Stunden zu marinieren. Eine klassische Rotweinbeize wird aus einem guten trockenen Rotwein, Wurzelgemüse, Zwiebeln und Karotten und den typischen Wildgewürzen wie zum Beispiel Wacholder, Pfefferkörnern und Rosmarin zubereitet. Fleischteile wie Keule, Rücken und Schulter werden vor der Zubereitung pariert, das heißt, Sehnen und Silberhaut werden mit einem scharfen, spitzen Messer entfernt.

Da das Wildfleisch sehr fettarm ist, werden oft Fettstreifen mit einer Spicknadel durch das Fleisch gezogen. Auch das Umwickeln mit

Speckscheiben ist üblich, um das Fleisch beim Braten vor dem Austrocknen zu schützen. Man nennt diese Technik Bardieren. Besonders die zarten Hasen- oder Kaninchenrücken werden beim Braten mit Speck saftig gehalten. Die jeweiligen Keulen sind eher zum Schmoren geeignet.

19 Geflügel

In der Küche unterscheiden wir zwei Geflügelarten, das Haus- und das Wildgeflügel. Ente, Gans, Huhn, Perlhuhn, Puter, Taube und Wachtel zählen zum Hausgeflügel. In freier Wildbahn lebende Vögel wie die Wildente, der Fasan oder das Rebhuhn gehören zum Wildgeflügel.

Aufgrund zahlreicher internationaler Vereinbarungen ist die Jagd von Wildgeflügel stark reglementiert. So darf das wilde Federvieh ausschließlich in den Herbstmonaten geschossen werden, wenn die Jungtiere auf eigenen Füßen stehen, also eigenständig lebensfähig sind. Wildgeflügel wird damit zum echten Saisonartikel, es ist nur für einen begrenzten Zeitraum frisch im Angebot.

Auch beim Wildgeflügel gilt: Der Fleischgeschmack wird stark von der Umwelt geprägt. Ein Fasan aus dem Gebirge hat einen anderen Geschmack als ein Fasan aus saftigen Auen, weil beide einen unterschiedlichen Speiseplan haben. Das Fleisch der Ente wird beeinflusst durch die Qualität der Gewässer, auf denen sie verweilt, und das Wasser eines bewegten Gewässers ist nun mal frischer als das eines stehenden. Diese Frische und auch das Aroma gehen auf das Fleisch der Ente über.

Gegenüber Hausgeflügel hat Wildgeflügel ein mageres Fleisch mit wenig Fettansatz und von kerniger muskulöser Struktur. Wachtel, Taube und Fasan werden in großer Anzahl auch als halbwilde Tiere angeboten. In Fasanerien und Freigehegen aufgezogen, sind sie im Geschmack weniger intensiv als gejagte Tiere.

Wildgeflügel wird in der Regel küchenfertig vorbereitet und frisch oder gefroren angeboten. Ein frischer angenehmer Geruch und helles

Fett sind Qualitätsmerkmale. Ein dunkles Fett deutet auf überlagerte Ware hin. Gefrorene Ware hat eine begrenzte Lagerfähigkeit von drei bis sechs Monaten. Beim Kauf sollten Sie also unbedingt auf das Mindesthaltbarkeitsdatum achten.

Das Fleisch von jungem Wildgeflügel ist zarter und saftiger als das von älteren Tieren. Die edelsten Fleischteile bei allen Arten von Wildgeflügel sind die Brust mit den eingelagerten Filets und die Keulen. Alle anderen Teile, sofern das Geflügel nicht ganz und gefüllt zubereitet wird, dienen zur Herstellung von Suppen, Fonds und Saucen. Bei älteren Tieren – zum Beispiel beim älteren Fasan – werden die Keulen wegen der starken Muskulatur und Sehnen ausschließlich für edle Essenzen zusammen mit feinsten Zutaten ausgekocht.

Die Brat- und Garzeiten sind abhängig von der Geflügelart sowie von Größe und Alter des Tieres. Hier können deshalb nur Richtwerte genannt werden. Brustfilets benötigen zehn bis 20 Minuten und Keulen 30 bis 40 Minuten. Sie sollten ganz durchgebraten sein, aber Vorsicht: Sie können schnell zu trocken werden. Wichtig ist daher, dass das Fleisch immer wieder überprüft und fleißig mit Sud, Bratenfond oder flüssiger Butter begossen wird. Ein bewährter Schutz nicht nur vor zu starker Hitze, sondern auch vor dem Austrocknen besteht darin, dass Sie das Fleisch, das ja recht mager ist, mit Speckscheiben umwickeln. Damit Brust und Keule braun und knusprig auf den Tisch kommen, sollte der Speck gegen Ende der Garzeit allerdings entfernt werden.

Beim Hausgeflügel wird nach Verwendungsart getrennt. So gibt es speziell gezüchtete Rassen für die reine Fleischproduktion und andere für die Legeproduktion. Die Haltung des außerordentlich begehrten Geflügels wurde in hohem Maße industrialisiert, Massenproduktion auf unterstem Qualitätsniveau ist das Ergebnis.

Doch für den anspruchsvollen Verbraucher gibt es auch heute noch Geflügel von bester Qualität. Bioware aus Deutschland etwa oder das qualitativ hochwertige Bresse-Geflügel aus Frankreich. Wie Cognac oder Champagner ist das Bresse-Huhn zunächst eine geschützte Herkunftsbezeichnung, hier für Geflügel aus dem französischen Jura. Aber damit nicht genug: Bresse-Geflügel muss bestimmte Merkmale aufweisen. Es hat seinen eigenen Dress- oder besser Farb- und Identitätscode: völlig weißes Gefieder, glatte und blaue Beine, einen roten Kamm, roter Kinnlappen sowie einwand-freies weißes Fleisch mit unbeschädigter Haut. Blau, weiß, rot!

Nicht umsonst trägt der Stolz der französischen Geflügelzucht die Nationalfarben Frankreichs – sowie ein Identifikationssiegel und einen Fußring mit Namen und Anschrift des Produzenten. Für jedes Tier müssen 10 Quadratmeter Freilandfläche zur Verfügung stehen, und der Auslauf muss mindestens 5 000 Quadratmeter groß sein – eine derart kostenintensive Aufzucht hat ihren Preis.

Geflügelvielfalt

Bei uns kommen in der Regel Masthühner beiderlei Geschlechts auf den Teller, sie werden im jungen Alter von sechs bis zwölf Wochen, das heißt noch vor der Geschlechtsreife, geschlachtet. Ihr Gewicht liegt bei gut einem Kilogramm, das Fleisch ist zart und saftig.

Ein Leichtgewicht ist das Stubenküken, ein kleines Hähnchen mit einem Gewicht von unter 750 Gramm, das ursprünglich zu Ostern in norddeutschen Stuben aufgezogen wurde. Es wird gerne gebraten oder gefüllt serviert. Geschmacklich ist sein Fleisch weniger intensiv als das älterer Tiere, aufgrund der geringen Muskelfülle ist es aber besonders zart und saftig. Natürlich darf ein Stubenküken nicht zu lange im Ofen bleiben. Auch hier gilt: Das Bratgut muss häufiger mit Fond oder trockenem Weißwein angegossen werden. Für eine besonders knusprige Haut werden Stubenküken kurz vor dem Servieren mit flüssiger Butter eingestrichen und mit starker Oberhitze nachgebräunt.

Der Kapaun ist ein zum Zweck der besseren Mästung kastrierter Hahn, der im Alter von gut acht Monaten geschlachtet wird und gerne 2,5 bis 3,5 Kilogramm auf die Waage bringt. Sein Fleisch ist zart, saftig, gehaltvoll im Aroma – und bei uns eher selten zu haben. Die Poularde ist viel schwerer als die gängigen Masthühner und viel jünger als das Suppenhuhn. Als junges Masthuhn oder -hähnchen wiegt sie etwa 1,5 bis 2,2 Kilogramm. Poularden sind besonders fleischig, saftig, sehr zart und gut für Braten- und Schmorgerichte geeignet. Als Suppenhuhn bezeichnet man ein gut zwei Jahre altes Huhn, das nach der Legeperiode geschlachtet wird. Es wiegt in etwa so viel wie die

Poularde. Zum Braten viel zu zäh, findet es vorwiegend als Basis aromatischer Brühen und Suppen, als Frikassee oder Geflügelsalat Verwendung.

Enten und Gänse zählen zum Fettgeflügel, und gerade ihr hoher Fettgehalt unterstreicht den kräftigen Eigengeschmack. Enten erreichen je nach Rasse ein Schlachtgewicht zwischen 2 und 3,5 Kilogramm, besonders bekannte Rassen sind die Flug- und Pekingenten. Flugenten liegen biologisch zwischen Ente und Gans, ihr Fleisch erinnert geschmacklich an die Wildente. Junge Gänse wiegen bratfertig zwischen 5 und 7 Kilogramm. Hauptsaison für Gans und Ente sind Spätherbst und Winter, die Tiere sollten nicht älter sein als ein Jahr. Enten bekommen dann einen tranigen Beigeschmack.

In Deutschland wird Geflügel nach gesetzlichen Handelsklassen eingeteilt in die Kategorien Geflügel, Geflügelfleisch, geschlachtetes Geflügel, Geflügelteile und Innereien sowie in die Güteklassen A und B. Güteklasse A beschreibt beste Qualität, das Fleisch ist frei von Verletzungen und Verfärbungen, die Fettverteilung gleichmäßig. Güteklasse B beschreibt gesundes Geflügel mit nur geringen Verletzungen, die Fettverteilung kann ungleichmäßig sein. Tiere dieser Güteklasse werden häufig zerlegt angeboten. Dass Tiere mit Kopf, Füßen und vielleicht sogar dem Federschopf in den Handel kommen, ist in Deutschland relativ unüblich, auf französischen Märkten jedoch immer wieder zu sehen. Der Vorteil: Gerade Schnabel und Füße sagen einiges über das Alter der Tiere aus. Und das ist geschmacksentscheidend.

Beim Kauf sollte man sich daher immer für junges Geflügel entscheiden. Junges Magergeflügel (Huhn, Pute usw.) hat ein zartes, helles, feinfaseriges und, der Name sagt es, mageres Fleisch. Älteres Fleisch hingegen ist dunkel und zäh. Bei Fettgeflügel (Enten und Gänse) ist die Altersbestimmung schwieriger, denn das Fleisch ist immer dunkelrot. Junge Enten haben an den Füßen weiche Schwimmhäute, die leicht einzureißen sind, der Schnabel ist biegsam, die Luftröhre lässt sich leicht eindrücken. Gute Enten sollten vollfleischig und nicht zu fett sein, die Haut eher hell. Gänse sollten weder Federreste noch Hautrisse aufweisen, dafür aber eine fleischige Brust und eine fettige Haut. Bei jungen Gänsen ist der Brustbeinfortsatz biegsam. Alte Gänse sind trocken, zäh und nur wenig schmackhaft. Allgemein gilt: Gute Qualität erkennt man an einem frischen Geruch und sauberer, unverletzter Ware.

Das Geflügel sollte frisch in einer Kühltheke bei Temperaturen zwischen 0 und 2 Grad angeboten werden. Wurde die Kühlkette nicht unterbrochen, lässt sich Frischgeflügel bis zu sieben Tage aufbewahren. Da handelsübliche Kühlschränke nicht auf diese Temperaturen heruntergeregelt werden können, ist die Lagerung hier auf drei bis fünf Tage beschränkt. Tiefgefrorenes Geflügel wurde nach dem Schlachten schockgefroren, die Kerntemperatur liegt bei mindestens minus 18 Grad. Wenn das Gefriergut aus dem Kühlbereich der Supermärkte mit Temperaturen meist unter minus 20 Grad in das heimische Gefrierfach verbracht werden soll, darf diese Temperatur nicht unterschritten werden. Eile ist also geboten.

Ganz anders beim Auftauen. Hier sollten Sie dem Geflügel viel Zeit lassen, das Auftauen im Kühlschrank hat sich als beste Methode bewährt. Beim schnellen Auftauen, etwa in warmem Wasser oder der Mikrowelle, tritt viel Zellsaft aus, das Fleisch wird in der Zubereitung meist trocken und zäh. Legen Sie das ausgepackte Fleisch am besten auf ein Gitter, damit das Geflügel nicht schon im Kühlschrank im eigenen Saft liegt. Die Auftauflüssigkeit muss in jedem Fall weggegossen, das Geflügel mit kaltem Wasser abgewaschen werden. Auch Auftaubehälter, Schneidebretter und Messer möglichst rasch mit heißem Wasser und Spülmittel reinigen – andernfalls droht Salmonellengefahr!

Wie lange gefrorenes Geflügel aufgehoben werden kann, hängt von der Geflügelart ab. Generell ist fettes Geflügel (Gans, Ente) etwa sechs bis sieben Monate und mageres Geflügel (Huhn, Pute) etwa zwölf bis 15 Monate haltbar. Wichtig bei langen Lagerzeiten ist, dass die Ware gut verschlossen ist. Schon das kleinste Loch in der Verpackung führt zu Gefrierbrand. Das Fleisch trocknet an dieser Stelle aus, es wird ungenießbar und zäh. Ein typisches Kennzeichen für Gefrierbrand sind helle Flecken.

Übrigens: Innereien von Geflügel sind eine besondere Spezialität der regionalen und internationalen Küche. Neben Herz und Magen gehört die Geflügelleber zu den bekanntesten Innereien. Die Gänseleber hat insbesondere als Stopfleber einen festen Platz in der Spitzengastronomie, sie ist in ihrem Geschmack unübertrefflich fein, von zarter Struktur und schmelzender Konsistenz.

Fisch und Meeresfrüchte

Salz- und Süßwasserfische

Fisch ist ganz unbestritten eines der wertvollsten Nahrungsmittel überhaupt und aus der modernen Küche nicht mehr wegzudenken. Aufgrund verbesserter Transportbedingungen und Kühlmöglichkeiten hat sich die überaus leicht verderbliche Ware Fisch zum Qualitätsprodukt Frischfisch entwickelt. Doch nicht nur durch die technische Entwicklung, sondern auch dank des Interesses der Feinschmecker und Köche gibt es weltweit eine gewaltige Nachfrage und eine äußerst breite Angebotspalette. Wir sind heute in der glücklichen Lage, wählen zu können zwischen Süß- oder Salzwasserfisch, Wild- oder Zuchtfisch in allen Preisklassen. Schließlich sind uns heute gut 20 000 Salzwasserfisch- und circa 5 000 Süßwasserfischarten bekannt. Wie gut, dass sich immer mehr Menschen von der Vorstellung verabschieden, dass Fisch immer nur stapelbar sein muss – Schlemmerfilet oder Fischstäbchen, eingepackt in einer Panade, die ihn zu reiner Massenware degradiert.

Fische werden küchentechnisch nach unterschiedlichen Gesichtspunkten eingeteilt. So unterscheidet man beispielsweise nach Herkunft (Süß- und Salzwasserfische), Fischform (Rund- und Plattfische) oder Inhaltsstoffen (Fett- und Magerfisch) sowie nach Verwendungsmöglichkeit und Preis (Edel- und Konsumfisch). Diese recht plausible Kategorisierung kennt natürlich auch Ausnahmen, denn es gibt Fische, wie zum Beispiel Lachs, die sowohl im Salzwasser als auch im Süßwasser leben. Manche Fische – wie der Kabeljau, der früher zum billigen Konsumfisch zählte – sind mittlerweile sehr selten geworden.

Für die gute Fischküche sind Qualität und Frische oberstes Gebot. Doch woran erkennt man beim Einkauf die Güte der Ware, immerhin kommen nur die wenigsten Menschen in den Genuss fangfrischen Fischs, den es natürlich unmittelbar am Meer gibt oder auch auf Großmärkten und über Direktlieferanten. Die meisten sind auf Fische angewiesen, die in den Kühlräumen der großen Fangschiffe Tage, wenn nicht Wochen über die Meere transportiert werden (preiswertere Ware; Topware geht auch direkt an Hotels ohne Zwischenstopp), um anschließend in die seefernen Märkte zu gelangen – was ja auch noch mal ein paar Tage dauert. *Fazit*: Frisch gekauften Fisch auch sofort verarbeiten – die Mühe lohnt sich.

Allerdings werden Tiefkühlprodukte oftmals unmittelbar nach dem Fang eingefroren, und Tintenfische, Garnelen oder Kabeljau sowie die robusteren Nordseefische vertragen die Niedrigtemperatur gut. Mittelmeer- und Süßwasserfische stecken die Kälte hingegen nicht so gut weg wie ihre Vetter aus den nördlichen und kälteren Salzgewässern. Wenn Sie also die Wahl haben, greifen Sie erst zu fangfrischem Fisch, dann zu tiefgekühltem und erst zuletzt zu nur gekühltem.

Übrigens: Filets sind viel sensibler als ganze Fische. Frischer Fisch wird auf Eis bei 0 bis 1 Grad gelagert und verkauft. Nach dem Einkauf muss er möglichst schnell in den Kühlschrank, am besten in einen gut verschließbaren Kunststoffbehälter gelegt, und möglichst bald verarbeitet werden.

Frischen Fisch erkennt man an folgenden Merkmalen:

1. Die Augen von fangfrischen Fischen sind immer klar. Je länger sie gelagert werden, umso trüber werden die Augen.

2. Die Haut sollte ihre natürliche Farbe und Glanz haben. Alte Haut ist blass, trocken, hat Druckstellen oder Verletzungen. Die Beschuppung sollte möglichst vollständig sein. Ein klarer durchsichtiger Schleim ist bei manchen Fischen wie zum Beispiel bei der Forelle normal. Allerdings darf der Schleim keine Fäden ziehen. Verfärbungen oder gar schleimig-blutige Haut sind ebenfalls unnatürlich. In letzter Zeit wird die Schleimschicht mancher Plattfische vom Händler entfernt. Das ist schade, da man an dieser auch die Frische der Ware erkennen kann.

3. Das Fleisch muss auf leichten Fingerdruck fest und elastisch sein. Die durch den Druck entstandene Kuhle sollte sich rasch wieder zurückbilden. Beim Thunfisch erscheint die bräunliche Farbe des Fleisches manchmal etwas unansehnlich. Die Verfärbung ist aber ganz normal, wenn das Fleisch mit Sauerstoff in Berührung kommt. Damit er seine schöne rötliche Farbe behält, wird der Thunfisch manchmal mit Kohlenmonoxid begast (gesundheitlich bedenklich

und illegal) oder aber mit geschmacklosem Rauch behandelt und dann natürlich vakuumiert, also von Luft abgeschlossen, um eine Oxidation zu verhindern. Auch diese Prozedur ist gesundheitlich bedenklich. Solcherart behandelte Fische werden dann als Steaks oder „Loins" (= Filets ohne Haut) angeboten.

4. Die Kiemen und die Flossen müssen einzeln erkennbar sein und dürfen, mal abgesehen von Fischen wie Steinbutt oder Forelle, nicht schleimig sein. In jedem Fall aber darf der Schleim nicht unangenehm riechen und nicht zwischen den Händen kleben. Kiemen haben eine frische rote Farbe; eine dunkle Verfärbung entsteht entweder durch Krankheit, schlechte Kühlung oder durch lange Lagerzeit.

5. Ausgenommene Fische sind innen frei von unangenehmen Gerüchen. Ein frischer Fisch riecht nicht nach Fisch, sondern nach dem Gewässer, aus dem er stammt. Bei nicht ausgenommenen Fischen sind die Eingeweide in ihren Konturen gut erkennbar und geruchlos. Starker Fischgeruch oder sogar nach Ammoniak riechender Fisch entsteht erst durch den Zersetzungsprozess. Verdorbenes Fischfleisch ist gesundheitsschädlich!

Es gibt viele Menschen, die vor der Fischküche einen allzu großen und ungerechtfertigten Respekt haben und sich an die Zubereitung von Fisch nicht herantrauen. Wenn Sie Fisch also nicht selbst verarbeiten wollen, sondern ihn lieber in einem Restaurant genießen, so tun Sie das gerne von Dienstag bis Samstag. Sollte Ihnen ein Gastronom am Sonntag oder Montag frischen Fisch anbieten, lehnen Sie besser ab. Es sei denn, er angelt Ihr Essen aus dem hauseigenen Teich.

Vor der weiteren Zubereitung von Fischen sollte man die so genannte Drei-S-Regel beherzigen: Säubern, Säuern, Salzen.

Nach dem Säubern durch Ausnehmen, Schuppen und Entgräten usw. sollte der Fisch unter fließend kaltem Wasser abgespült werden. Lassen Sie ihn aber nicht im Wasser liegen, da er sonst an wertvollen Inhaltsstoffen und Geschmack verliert. Wenn man den Fisch mit Zitronensaft beträufelt, verliert er seinen arteigenen Fischgeruch und wird würziger. Zudem festigt die Säure die Fleischstruktur und hellt das Fleisch etwas auf. Erst zum Schluss und unmittelbar vor dem Zubereiten wird ein Fisch gesalzen und gewürzt, da Salz hygroskopisch wirkt und dem Fleisch wertvolle Flüssigkeit entzieht. Natürlich sollte man einen Fisch auch nicht in Zitronensaft ertränken. Es gibt Köche, die ganz auf die Zitronensäure verzichten und stattdessen mit Kräutern würzen. Aber auch hier gilt: Das Geheimnis guter Fischküche besteht darin, den Eigengeschmack des Fisches zur Geltung zu bringen.

Fisch lässt sich äußerst vielfältig zubereiten. Für welche Zubereitung man sich entscheidet, hängt stark von der Art des Fisches ab. In jedem Fall aber darf das zarte Fleisch nie zu lang und zu stark erhitzt werden, da sonst das Eiweiß ausflockt und der Fisch an Saft und Aroma verliert. Die Bezeichnung Kochfisch ist also nicht wörtlich zu nehmen. 70 Grad sind völlig ausreichend. Ob ein Fisch gar ist, erkennt man übrigens daran, ob sich die Rückenflosse leicht herausziehen lässt.

Gerade beim Dämpfen oder Dünsten in wenig Flüssigkeit bleibt der feine Geschmack eines Fisches besonders gut erhalten. Zudem ist diese Art der Zubereitung fettarm und wird deshalb gerne bei Schonkost und bei leichten modernen Gerichten angewendet. Der Fisch sollte vorher ausreichend gewürzt sein und darf beim Dämpfen nicht mit der Flüssigkeit in Berührung kommen. Für das Dämpfen eignen sich am besten gut schließende Töpfe mit Siebeinsatz. Mit ein wenig Butter und den typischen Fischgewürzen verfeinert, ist ein richtig gedämpfter Fisch ein Genuss – vor allem, wenn er von zartem Gemüse begleitet wird.

Natürlich kann die Garflüssigkeit aus einem Weißweinsud bestehen, doch eine wirklich gute Fischküche kommt nicht ohne einen ordentlichen Fischfond aus. Der „Fond de poisson" ist die Grundlage für delikate Saucen und Suppen und recht einfach herzustellen. 1½ Kilogramm weißfleischige Fischkarkassen – also (gewässerte) Gräten in kleinen Stücken zum Beispiel von Scholle, Seezunge, Steinbutt oder Zander – werden ein paar Minuten in Butter angezogen, damit sie zusätzliche Geschmacksstoffe entwickeln. Verwenden Sie besser keine Haut, sie gibt leicht einen tranigen Geschmack ab. Auch Fischköpfe gehören in einer guten Küche nicht in den Sud. Geben Sie angeschwitzte, kleingeschnittene Schalotten dazu und – wenn Sie wollen – ein wenig Sellerie, Petersilienknollen oder frische Petersilie, und gießen Sie das Ganze mit einem halben Liter exzellenten trockenen Weißwein auf. Anschließend fügen Sie 1 Liter kaltes Wasser, ein paar zerdrückte Pfefferkörner und ein Lorbeerblatt hinzu. Die Aufgießflüssigkeit, sei es nun Wein oder Wasser, sollte stets kalt sein, damit die Aromastoffe beim allmählichen Erhitzen besser ausgelaugt werden. Gerade weil das behutsame Erhitzen so bedeutsam ist, geben einige Profis sogar Eis zur Flüssigkeit.

Das langsame Aufwallen kann dann gut eine Stunde in Anspruch nehmen. Wie bei anderen Fonds auch ist die entsprechende Pflege entscheidend. Beim Aufkochen muss der sich bildende Schaum (Eiweiß) regelmäßig abgeschöpft werden. Nur so bleibt der Fond klar. Nach zehn Minuten leichtem Köcheln sollte er noch wenige Minuten ohne Hitzezufuhr ziehen. Dann wird der Fond schließlich durch ein Sieb passiert. *Obacht*: Steht der Fischfond länger bei starker Hitze auf dem Herd, schmeckt das Resultat oft leimig. Erst wenn der Fond passiert ist, kann er für ein intensiveres Aroma weiter reduziert werden.

Natürlich lässt sich dieses Basisrezept nach Belieben verändern, indem man beispielsweise Thymian oder Fenchel hinzugibt. Die Gewürze sollten aber den Fond niemals dominieren. Üblicherweise achtet man darauf, dass der Fond hell ist, Gemüse mit dunklen Farben finden daher eher keine Verwendung. Gelegentlich empfiehlt ein Rezept aber einen „Fond de poisson au vin rouge". Dieser wird genauso hergestellt – nur mit trockenem Rotwein statt Weißwein – und verträgt Knoblauch und Lorbeer.

Wenn Sie viel Fisch essen, ist es vielleicht lästig, jedes Mal erneut frische Fischkarkassen zu kaufen und einen Fond anzusetzen. Sie können das umgehen, indem Sie den Fond durch weiteres Einkochen unter häufigem Rühren zu einem „Fumet de poisson" reduzieren. Sie kann portioniert im Kühlschrank circa sieben bis zehn Tage aufbewahrt oder aber eingefroren werden.

Fische wie Steinbutt, Seezunge, Forelle, Wels oder Karpfen pochiert man gerne. Mit anderen Worten: Man zieht den Fisch gar. Ein entsprechender Sud – zum Beispiel eine Court-Bouillon, bestehend aus angestoßenem Pfeffer, Wacholder, Lorbeer, Fenchelsamen, Senfkörnern, Weißwein und Wurzelgemüse – wird zum Kochen gebracht und einen Augenblick beiseite gestellt. Schließlich wird der Fisch in den Sud gelegt und bei Temperaturen von 70 bis 80 Grad gargezogen. Unter Zugabe von einem guten Schuss Weißweinessig verändert sich die Schleimhaut der Fische und bekommt einen blauen Schimmer. Man spricht hier von „blau kochen". Um das gewünschte Farbergebnis zu erhalten, müssen Sie beim Zubereiten also sehr darauf achten, dass Sie den Schleim nicht abwaschen oder zerstören. Mit etwas trockenem Weißwein oder Zitrone rundet man zum Schluss den Geschmack ab. Neben dem „Sud au bleu" gibt es natürlich noch eine ganze Reihe anderer Varianten: Probieren Sie doch mal zu Forellen, Schleien oder Hecht eine Flüssigkeit aus Fisch- oder Gemüsefond, frischen Kräutern, Milch und etwas Zitronensaft (Pocher au blanc).

Große Filets von Dorsch oder Kabeljau werden gerne gebraten. Achten Sie darauf, dass der Fisch trocken in wenig heißem Fett gebraten wird. Wenn ein Fisch nach kurzer Bratzeit klebt, war entweder das Fett nicht heiß genug oder der Fisch noch zu feucht. Oder aber Ihre Pfanne ist von schlechter Qualität! Je nach Fischart hilft hier schon ein leichtes Mehlieren, oder, wie der Fachmann sagt, Farinieren: Wenden Sie den Fisch in wenig Mehl, und klopfen Sie es mit den Händen gut ab. Beim Braten genügt oft die Außenhitze, damit der Fisch auch innen durchgart. *Wichtig*: Der Fisch muss schon zwei, drei Minuten ruhig in der Pfanne liegen. Wer unmittelbar, nachdem er den Fisch ins heiße Fett gelegt hat, an der Pfanne rüttelt oder das Bratgut wenden will, bekommt ihn sicher nicht unversehrt auf den Teller.

Gegrillter Fisch ist ganz wunderbar, kann aber leicht trocken werden. Schützen Sie den Fisch mit Alufolie vor allzu großer Hitze. Sie können ihn aber auch mit einem guten Olivenöl und etwas Zitronensaft bestreichen. Die Goldbrasse (oder Dorade) eignet sich besonders gut zum Grillen, da ihr Fleisch saftig und kräftig ist. Aber auch die Makrele ist mit ihrem fetten Fleisch gegrillt keineswegs zu verachten.

Im Backofen wird der Fisch besonders gerne am Stück zubereitet und vorher in Alufolie, Backpapier, Blätterteig oder sogar in eine Salzkruste eingeschlagen. Kombiniert mit frischen Kräutern und Gewürzen, kommen auch hier die Aromen des Fisches durch das Auskochen im eigenen Saft voll und ohne Geschmacksverlust zur Geltung. Bei der Salzkruste kommen auf 1 kg grobes bis mittelfeines Meersalz 2 Eiklar und circa 1 bis 2 Esslöffel kaltes Wasser. Je nach Größe des Fischs benötigt man schon 2 bis 3 kg Salz. Die Salzmasse sollte sich wie nasser Sand am Strand anfühlen. Sie wird gleichmäßig rund um den Fisch verteilt, der vorher mit Kräutern gefüllt wurde. Danach wird er im vorgeheizten Backofen zuerst bei 180 bis 200 Grad circa 15 Minuten gebacken, damit die Salzkruste fest wird und dann bei reduzierter Temperatur fertig gegart. Ist der Fisch schließlich gar, wird die Salzkruste aufgeschlagen, der Fisch entfaltet sein volles Aroma und hat einen außergewöhnlichen Eigengeschmack. Von dem Salz nimmt er nur so viel auf, wie er benötigt. Besonders lecker sind Doraden in Salzkruste.

Ebenfalls eine feine Sache: Ein Fisch in feuerfester Form, gefüllt mit frischen Kräutern auf einem Gemüsebett von Fenchel- und Zwiebelstreifen und Tomatenwürfeln, im Backofen mit leichter Oberhitze oder Grillzusatz gegart. Er sollte gelegentlich mit Olivenöl bestrichen werden, damit er nicht zu trocken wird.

Übrigens: Besonders frische Fische garen auch ohne Hitzeeinwirkung allein durch Zitronensaft – die Säure macht's! Fangfrische Sardinen, Seeteufel oder Forellen einfach mit Salz und Pfeffer bestreuen, mit Zitronensaft übergießen und im Kühlschrank zwölf Stunden abgedeckt lagern.

Garnelen 21

Krustentiere sind Meeres- oder Süßwassertiere, deren Körper von einem mehr oder weniger harten Panzer umgeben ist – und derer gibt es viele: Shrimps, Prawns, Hummer, Langusten, Gambas, Taschenkrebs, Meerspinnen. In der Familie der Krustentiere besonders bekannt sind die Garnelen. Die Bezeichnung der einzelnen Granelentypen ist weltweit allerdings nicht einheitlich, es kommt immer wieder zu Verwechslungen.

Im Verkauf werden die Garnelen nach ihrer Größe sortiert und bekommen dann entsprechende Benennungen. So werden zum Beispiel Garnelen als Shrimps bezeichnet, wenn mehr als 200 Tiere für ein Kilo benötigt werden. Da die Natur aber nicht alle Shrimps gleich groß geschaffen hat, werden sie erneut unterteilt. Sicherlich sind Sie schon einmal Begriffen wie Riesengarnele oder King-Prawn begegnet. Das sind besonders große Garnelen.

Wann gehört aber eine Garnele zur Gruppe der extragroßen Shrimps? Um dies zu bestimmen, benutzt man die Methode des Kalibrierens, das heißt, die Tiere werden nach Stück pro englisches

Pfund (lb.) = 454 Gramm eingeteilt. Wenn man 16 bis 20 Shrimps für ein englisches Pfund benötigt, wiegt das einzelne Tier etwa 25 Gramm. Auf ein Kilogramm hochgerechnet bedeutet dies, dass man 35 bis 44 Tiere dieser Größe bräuchte. Da die Shrimps sich bis jetzt noch geweigert haben, sich einer Norm zu unterwerfen, kann es nur Angaben „von … bis" geben:

- bis 15 Stück/pieces/lb: Prawns oder Jumbo Shrimps
- 16 bis 20 pieces/lb: extragroße Shrimps
- 21 bis 30 pieces/lb: große Shrimps
- 31 bis 40 pieces/lb: medium Shrimps
- 41 bis 180 pieces/lb: kleine Shrimps

Werden ganz besonders große Tiere angeboten, gibt man ihnen die Zusatzbezeichnung U, wobei der Buchstabe für unter (engl. under) steht. Die Kennzeichnung *U-7* beispielsweise steht für unter sieben Stück pro englisches Pfund.

Beim Kauf von Krustentieren werden Sie über das pieces/pound (lb) hinaus noch auf eine ganze Reihe weiterer internationaler Abkürzungen stoßen. Und es kann nützlich sein zu wissen, was sich hinter den Kürzeln verbirgt, denn sie haben Einfluss auf den Preis.

So steht *B/F* für *Block frozen*. Für den normalen Haushalt sind solche Garnelen nicht zu gebrauchen, es sei denn, Sie wollen zu Hause eine ganze Gesellschaft mit (vergleichsweise) preiswerten Shrimps verköstigen. Block-frozen-Shrimps sind, wie der Name schon sagt, in einem Eisblock gefroren. Und jeder Eisblock schließt ein ganzes Kilo Garnelen ein. Das hat für den Endverbraucher nur Nachteile, nicht jedoch für den Großkunden. Im Block sind die Garnelen besser transportfähig, tauen nicht so schnell auf und lassen sich optimal stapeln.

IQF – individually quick frozen (einzeln schockgefrostet) ist genau das Gegenteil und auf den Endverbraucher abgestimmt. Hier können Sie auch kleine Mengen problemlos entnehmen und auftauen. Allerdings sind diese Garnelen in der Regel teurer als B/F-Ware. *Frozen raw* oder *Frozen cooked* ist eine weitere wichtige Unterscheidung und vom Fachmann auch leicht an der Ware zu erkennen. Bei Frozen cooked sind die Shrimps gekocht und haben eine helle bis dunkelrote Farbe. Diese Garnelen können nach dem Auftauen gut abgetropft sofort gegessen werden. Hin und wieder werden sie mit einer Estragon- oder

Schnittlauch-Vinaigrette oder einem anderen Dressing serviert. Meistens jedoch reicht man sie als Cocktail mit einer Cocktailsauce. Die klassische Cocktailsauce können Sie übrigens schnell selber herstellen.

Aufgeteilt in vier Teile nehmen Sie: ein Viertel Mayonnaise mit 50 Prozent Fett, zwei Viertel guten Ketchup, ein Viertel frisch geschlagene, ungesüßte Sahne. Alle Zutaten mit einem Schneebesen verrühren und nach Geschmack mit Salz, Cayennepfeffer, Currypulver, Zucker, frischem Zitronensaft und etwas Cognac abschmecken.

Wenn Sie die Shrimps jedoch gerne warm essen wollen, dürfen sie nur kurz in wenig Butter oder einem hochwertigen Öl angeschwenkt werden. Zu langes Kochen führt zu zähen und trockenen Garnelen. Schlimmer noch: Ungeschälte, aber vorgekochte Garnelen können nach zu langem Erwärmen meist ohne Fleiß und Ausdauer kaum noch geschält werden, die Schale bleibt am Fleisch hängen oder aber zwischen den Zähnen. Leider werden sie aber relativ häufig genau so zubereitet – auch in professionellen Küchen. Frozen-cooked-Garnelen sind eine definitiv preiswerte Variante der Garnelen.

Frozen-raw-Garnelen haben ein nicht so intensives Rot. Am besten, Sie tauen sie einen Tag vor dem Verzehr auf. Wenn es mal schneller gehen muss, dann können sie auch mal kurz mit kaltem Wasser überspült werden. Legen Sie die Garnelen aber niemals in warmes Wasser, sie verlieren sonst fast ihr ganzes Aroma. Aufgetaute Garnelen dürfen Sie wie alle anderen Lebensmittel nicht wieder einfrieren.

Sehr einfach und lecker ist es, die Garnelen (mit oder ohne Knoblauch) in einem guten Olivenöl oder in Butter anzubraten und danach mit etwas Zitronensaft, Salz, Pfeffer aus der Mühle und eventuell noch ein wenig frisch gehackten Kräutern abzuschmecken.

Neben gefrorenen und gekochten Garnelen gibt es auch Garnelen in Lake. Sie schwimmen in einer Salzlake mit Konservierungsstoffen und sind circa 14 Tage haltbar. Diese Ware sollten Sie gut abtropfen lassen und kurz mit kaltem Wasser abspülen. Durch ein frisches Dressing geht der doch recht salzige Geschmack verloren.

Die Bezeichnung *H/O* („Head on") besagt, dass der Kopf nicht entfernt wurde und es sich hier um ganze Garnelen in Schale handelt. *H/L* ist die Bezeichnung für „Headless", also für Garnelen ohne Kopf, aber mit Schale. *T/O* („Tail on") bedeutet, dass diese Garnelen bis auf die Schwanzflosse geschält sind, was übrigens sehr dekorativ und praktisch ist. Weil das letzte Schwanzsegment noch vorhanden ist, können sie gut mit den Fingern gegessen werden und sind zum Grillen und Braten bestens geeignet. *Peeled* bedeutet komplett geschält.

Je nach Größe und Art der Garnele gibt es schon mal einen mehr oder weniger schwarzen Streifen auf dem geschälten Garnelenschwanz. Das ist der Darm, der sich von vorne nach hinten zieht. Er wird in guten Restaurants eigentlich immer entfernt. Heute gibt es die Ware auch schon vorgeputzt. Deshalb die Bezeichnung *PUD* und *PD*. PD für „peeled, deveined", geschält und ohne Darm, und PUD für „peeled, undeveined", geschält und mit Darm. Die Bezeichnung „Easy peel" signalisiert, dass die Garnelen auf dem Rücken eingeschnitten sind und der Darm entfernt wurde. Diese Art der Vorbereitung ist sehr zu empfehlen.

Topfrisch und von bester Qualität sind Garnelen ein wahrer Genuss. Eine besonders schmackhafte Art der Garnelen sind die kleinen „Crevettes grises" (oder Krabben) aus der Nordsee, dem Ärmelkanal und dem Atlantik. In Belgien isst man als Vorspeise gerne Tomaten, die mit diesen grauen Krevetten gefüllt sind. Einfach, aber mit besten Zutaten ein großer Genuss. Anders als die häufig angebotenen „Crevettes roses" oder die tiefroten afrikanischen Gambas sind diese kleinen grauen Krevetten kräftiger im Geschmack.

In küchentechnischer Hinsicht wird zwischen Kalt- und Warmwassergarnelen unterschieden. Kaltwassergarnelen sind die qualitativ hochwertigeren Tiere. Grundsätzlich gilt hier die Regel: Je kälter und tiefer das Wasser, desto süßer, aromatischer und feiner der Geschmack. Solche Qualitätsunterschiede manifestieren sich natürlich auch im Preis. Garnelen aus tropischen Ländern sind erheblich preiswerter als die aus kalten Regionen.

Der Kenner interessiert sich außerdem für die Art der Fütterung, die Einfluss auf den Geschmack hat, wie auch für die Art des Wassers. Es gibt Salzwassergarnelen, Süßwassergarnelen und Brackwassergarnelen. Brackwassergarnelen leben in den Flussmündungen der Meere, wo sich Süß- und Salzwasser vermischen. Auch hier gilt: Je tiefer und kälter das Gewässer ist, desto besser die Qualität.

Verarbeiten Sie die gekochte oder frische Ware stets möglichst zügig, und achten Sie auf den Geruch. Insbesondere dann, wenn Ihre

Garnele nicht kopflos ist. Keinesfalls dürfen Sie zwischen Kopf und Hinterteil einen unangenehmen Geruch wahrnehmen.

Beim Braten oder Grillen wird das Fleisch durch die Schale vor dem Austrocknen geschützt, es entstehen zusätzlich Röstaromen mit viel Eigengeschmack. Leicht eingeschnitten (Easy peel), platzen die Schalen übrigens auf, und das Fleisch kann relativ bequem auch mit Messer und Gabel gegessen werden.

Es gäbe noch viel mehr über Krustentiere zu erzählen, über Fluss- oder Taschenkrebse, Kaisergranate oder King Crabs, hocharomatische Seespinnen aus arktischen Gewässern. Die Zubereitungsarten ähneln aber denen des Hummers, weshalb ich an dieser Stelle auf das entsprechende Kapitel verweise. Zum Ende nur noch eine ganz dringende Empfehlung mit Blick auf Krebse: Wollen Sie Krebse zu Hause zubereiten, legen Sie sie nie ins Wasser, die Tiere ersticken sonst qualvoll. Lieber mit einem feuchten Tuch bedecken und kühl stellen!

Wussten Sie schon? Immer häufiger wird auch Surimi angeboten, manchmal auch unter der Bezeichnung Krebsfleischimitat, was daran liegt, dass es zu Stäbchen gerollt und von einer Seite leicht rot eingefärbt wird. Mit Krebsfleisch hat Surimi jedoch gar nichts zu tun. Vielmehr handelt es sich um ein Produkt auf der Basis von geruchs- und geschmacksfreiem Fischeiweiß des Alaska-Pollack, einer im Nordpazifik beheimateten Seefischart, die nach dem Fang in Fabrikschiffen verarbeitet wird. In Japan wird Surimi nach alter Tradition, aber auf höchstem Qualitätsstandard zubereitet. Wird Surimi täuschend echt in Shrimps- oder Hummerform angeboten, muss diese optische Täuschung gekennzeichnet sein.

Hummer und Langusten

22

Langusten leben in tropischen und subtropischen Gewässern. Sie ähneln etwas dem Hummer, besitzen aber keine Scheren. In Deutschland werden sie nur sehr selten frisch, sondern überwiegend als Tiefkühlware angeboten. Insbesondere der relativ kurz gekochte und einzeln verpackte Schwanz kommt in den Handel – oft als so genannter Lobstertail, also Hummerschwanz. Was die Zubereitung betrifft, gleicht die Languste ihrem Verwandten aus kühleren Gewässern, dem Hummer, sie hat aber etwas trockeneres Fleisch.

Der Hummer fühlt sich vor allem in den kühlen Gewässern vor den Küsten des US-Bundesstaates Maine und Kanadas wohl. Aber auch in den Meeren vor Chile und Südafrika oder Norwegen ist er verbreitet. In Nordfrankreich und der Nordsee gibt es aufgrund massiver Überfischung nur noch sehr wenige Exemplare. Ganz selten ist mittlerweile der Helgoländer Hummer. Heute versucht man Hummer in Aquafarmen zu züchten. Kanadische Hummer besitzen eine dunkelbraune Körperfarbe, norwegische hingegen bestechen durch einen blauen Panzer mit rosa Pünktchen. Am besten ist der bretonische Hummer, dessen Geschmack den amerikanischen um Längen schlägt. Sein Fleisch ist weiß und sehr fein und besitzt trotz einer leichten Süße ein ausgeprägtes Meeresaroma.

Hummer können bis zu 70 Zentimeter lang und über 50 Jahre alt werden, mit einem Gewicht von circa 9 Kilogramm. Im Handel werden fünf verschiedene Größen angeboten. Die „Chix" sind mit einem Gewicht von 450 bis 500 Gramm die kleinsten. Sehr beliebt sind die „Quarters" mit bis zu 600 Gramm. „Halves" bringen bis zu 750 Gramm auf die Waage, Selects ganze 1 200 Gramm. Alles, was darüber hinausgeht, sind Jumbo-Hummer.

Um zu wachsen, muss sich der Hummer in regelmäßigen Abständen häuten – der Panzer wächst nicht mit. Vor der Häutung bildet der Hummer unter seinem Panzer eine ledrige Haut, die sich beim Genuss schon mal bemerkbar macht. Bis zu drei Monaten nach und unmittelbar vor der Häutung sind Hummer vollfleischig, das heißt, das Fleisch füllt den Panzer voll aus und ist saftig und zart. Zwischendurch kann es vorkommen, dass sich das Fleisch der Tiere etwas zurückbildet und zäh und trocken wird.

Hummer hat eigentlich immer Saison, doch im Sommer sind sie besonders leicht und daher preiswert, weil sie dann ihren Panzer wechseln. Außerordentlich begehrt sind sie um den Jahreswechsel. Um Hummer aber das ganze Jahr anbieten zu können, werden sie in Hummerbecken gelagert. Damit sie sich nicht gegenseitig verletzen oder am Ende sogar den Koch kneifen, werden die Scheren mit einem Gummiband zusammengebunden. Während dieser Zeit fressen die

Tiere nichts und zehren von ihren Reserven. Diese Phase nennt man auch Hälterung.

Sie sollten beim Einkauf stets darauf achten, dass der Hummer nicht zu lange gehältert wurde. Sie erkennen das an abgebrochenen Antennen (auch Fühler genannt), Algen auf den Gummiringen oder einem weichen Panzer. Zu lange Hälterung wirkt sich nicht nur auf die Fleischqualität aus, sondern ist auch Quälerei für das Tier. Achten Sie beim Kauf von lebenden Hummern darauf, dass sie noch aktiv sind. Gesunde und frische Hummer zappeln, wenn Sie sie in der Hand halten. Kaufen Sie keine Tiere mit beschädigten Antennen oder Beinen. Wie die Languste darf auch der Hummer keinen Schaum vor dem Mund haben. Ein solcher Hummer leidet massiv unter Atemnot, weil er zu lange außerhalb eines Salzwasserbeckens war.

Zu Hause sollten Sie den Hummer möglichst schnell verarbeiten. Kein lebendes Tier, das man essen will, fühlt sich in Ihrem Kühlschrank wohl. Sie sollten den Hummer möglichst bald kopfüber in einen ausreichend (!) großen Topf mit sprudelnd kochendem Wasser geben; er ist sofort betäubt und kann nun entsprechend gegart werden. Wollen Sie mehrere Hummer zubereiten, dann bitte einzeln – und achten Sie darauf, dass das Wasser immer sprudelt. Beim Hummer ist es wie bei den Säugetieren: Leiden sie, wird das Fleisch schlecht.

Die Garzeiten des Hummers richten sich nach seinem Gewicht. Nach dem Aufkochen reduzieren Sie die Hitze und lassen ihn ziehen. Als Faustregel gilt: Pro 100 Gramm Hummer eine Minute Kochzeit. Danach sollte der Hummer aus dem Fond genommen werden und circa fünf bis sieben Minuten in einer Schüssel oder einem Behälter langsam ausdampfen. Jetzt ist der Hummer perfekt. Gart der Hummer zu lang, bekommt sein Fleisch eine gummiartige Konsistenz.

Das Schwanzfleisch des Hummers ist jetzt völlig weiß und durchgegart. Falls Sie es aber zur Weiterverarbeitung noch leicht glasig haben möchten, muss es entsprechend früher aus dem Sud genommen werden. Nun kann der Hummer, wenn er nicht zur weiteren Geschmackssteigerung angebraten wird, in seiner halben Schale serviert werden. Allerdings erst nachdem ihm der dünne Darmstreifen aus dem halbierten Schwanz entnommen wurde (siehe weiter unten).

In den Herkunftsländern des Hummers kocht man ihn gerne nur in Meerwasser. Wenn Sie nicht an der Küste leben, geben Sie 3 bis

3,5 Gramm Meersalz (und nicht irgendein anderes Salz!) auf einen Liter Wasser. Manche ziehen es vor, einen Fond aus Meersalz, Karotten und Lauch zuzubereiten, damit der Hummer noch zusätzliches Aroma bekommt. Alternativ lässt sich auch mit Staudensellerie, Zwiebeln, trockenem Weißwein, Lorbeer und Kümmel arbeiten.

Wie aber isst man ein solches Tier? Meistens bekommen Sie einen Hummer oder auch eine Languste der Länge nach halbiert und mit aufgebrochenen Scheren serviert. Müssen Sie alleine zurechtkommen, so drehen Sie erst einmal die Scheren aus den Gelenken. Danach bricht oder besser gesagt dreht man vorsichtig den Kopf ab. Nun halbieren Sie der Länge nach den Schwanz mit einem großen Messer

Drehen Sie dann die Hummerhälften um, entfernen Sie den Darm, indem Sie ihn mit einer Gabel herausziehen. Lösen Sie nun das Fleisch mit einem Löffel von der Schale. Natürlich können Sie nicht nur das Körperfleisch essen. Das edle nussartige Hummerfleisch mit saftigem Schmelz ist außer im Schwanz auch in den Beingelenken und Scheren vorhanden und wird am besten mit einem Hummerbesteck herausgenommen bzw. herausgebrochen. Bei älteren Tieren kann das Gewicht der Scheren das bloße Körpergewicht überschreiten. Köche nutzen diese kleinen, in der Regel sehr zarten Fleischstückchen gerne als Füllung für Nudeln oder als Einlage für Farcen. Aber auch Kopfpartien sind schmackhaft. Kenner genießen zudem die Innereien wie die grünliche Leber und die orangefarbenen Eier, „Corail" genannt, die auch einer den Hummer begleitenden Sauce zusätzliches Aroma verleihen. Ein Champagnersud mit Hummerinnereien und etwas Sahne passt ganz hervorragend zum delikaten Meerestier.

Manchmal wird der Hummer nicht als ganzes oder halbiertes Tier serviert, sondern in Form von Medaillons. Um Medaillons zu schneiden, muss das Fleisch so entnommen werden, dass der Schwanz nicht beschädigt wird. Dies erreichen Sie, wenn die relativ weiche Unterhaut des Schwanzes mit einer Schere rechts und links der Kruste eingeschnitten wird. Sie können das Fleisch dann mit Hilfe eines Löffels herausheben, ohne es zerteilen zu müssen.

Mir schmeckt Hummer am besten mit etwas geröstetem Toast, hausgemachter Mayonnaise oder mit etwas flüssiger Rohmilchbutter. Ein Spritzer Zitronensaft ist Geschmackssache. Ein erstklassiger gekühlter Weißwein ist jedoch unbedingt zu empfehlen.

Wussten Sie schon? Die Hummerschalen werden in der feinen Küche nie achtlos weggeworfen, sondern zu edlen Saucen oder Suppen sowie Hummerbutter verarbeitet.

Hummerbutter: Möglichst klein gebrochene oder zerdrückte Schale wird mit kaltem Wasser in einem Sieb abgespült. Dann in Butterschmalz nicht zu heiß vorsichtig unter Rühren angeschwitzt. Hierbei sollen die Röststoffe entstehen, die der Butter später den intensiven Hummergeschmack verleihen. Dann gibt man 1 bis 2 Teelöffel Tomatenmark hinzu und lässt es auch leicht anschwitzen und löscht dann mit Cognac ab oder flambiert ihn sogar. Nun gibt man so viel frische Butter hinzu, dass die Schalen fast bedeckt sind, und hält die Butter bei kleiner Flamme circa 60 Minuten unter 100 Grad warm. Dann wird die flüssige Butter durch ein feines Sieb passiert und die Molke (Wasser) entfernt. Dies geht am besten, wenn Sie die Butter kalt stellen. Wenn die Butter fest geworden ist, kann das Wasser einfach weggeschüttet werden.

Ähnlich wie die Hummerbutter kocht man auch eine *Hummersauce*. Es gibt jedoch zwei Arten: Die einfachste und schnelle Variante wäre natürlich, jetzt aus dem Hummerfond – und Hummerbutter – unter Zugabe von etwas Sahne und Gewürze eine Sauce herzustellen. Oder Sie kochen anstelle mit Butter die angerösteten Hummerschalen mit Wurzelgemüse, wie wir es schon vom Fischfond her kennen, in etwas Wasser aus. Hieraus entsteht dann ein Hummerfond, der als Basis für eine Hummersauce dient.

Muscheln

23

Alle Jahre wieder, in den Monaten mit „R", wenn es Herbst wird und das Meerwasser kalt, dann schmecken sie besonders gut und sind fast überall frisch erhältlich: Muscheln. Sicher erlauben die heutigen Zucht- und Kühlmöglichkeiten eine Ausweitung der Angebotszeit, und in Ländern wie Holland und Belgien werden Muscheln das gesamte Jahr über angeboten. Schließlich ist das belgische Nationalgericht „Moules et Frites", Miesmuscheln in Weißweinsud mit den berühmten belgischen Pommes frites.

Dennoch hat die R-Regel einen Sinn. Zum einen laichen die Tiere in den warmen Monaten und sind ziemlich abgemagert. Das wirkt sich auf den Geschmack aus. Zum anderen filtern Muscheln unzählige Liter Wasser. Schadstoffe, Schwermetalle und natürliche, in Algen abgelagerte Giftstoffe sind in dieser Zeit besonders konzentriert. Und das wirkt sich nicht nur auf den Geschmack aus, sondern ist auch ungesund.

Frische Muscheln erkennen Sie an einem angenehmen Meergeruch. Ihre Schale sollte immer geschlossen sein. Wenn sich eine Muschelschale trotz mehrmaligen Berührens nicht mehr schließt, ist die Muschel tot und darf nicht mehr verwendet werden. Ich habe in den Kapiteln über Wassergetier immer auf die Notwendigkeit von frischer Ware hingewiesen. Bei Muscheln möchte ich es erneut und mit Nachdruck tun. Schalentiere haben einen enorm hohen Eiweißanteil und sind daher leicht verderblich. Ganz besonders trifft dies auf Austern zu, die im Allgemeinen roh verzehrt werden.

Auch wenn man bei einem Strandspaziergang die unterschiedlichsten Muschelformen findet, haben sie doch alle die gleiche Anatomie. Die beiden kalkhaltigen Außenschalen sind durch ein Gelenk verbunden, das man als Schloss bezeichnet und das mit Hilfe eines Muskels geöffnet wird. Über die Kiemen, die man Bärtchen nennt, filtern die Muscheln tierische und pflanzliche Organismen aus dem Wasser, von denen sie sich ernähren. Da sie das Meerwasser filtern, um an ihre Nahrung zu gelangen, ist die Wasserqualität auch ausschlaggebend für ihren Geschmack. Sammeln Sie also niemals Muscheln aus einem Hafenbecken!

Muscheln lassen sich auf so genannten Muschelbänken recht gut züchten. Vor allem in Holland, Frankreich, Belgien und Italien findet man zahlreiche Muschelfarmen, wo die Schalentiere an Pfählen oder dicken Seilen im Meer kultiviert werden. Gezüchtete Miesmuscheln haben nach acht bis neun Monaten ihre handelsübliche Größe von circa 7 Zentimetern erreicht.

Da sich Muscheln ungeheuer stark vermehren (drei- bis fünfmal im Jahr eine Eiablage von mehreren Millionen), gibt es bei der Zucht keine Probleme. Sie können daher immer abwechselnd gepflückt werden. Ob gezüchtet oder aus der freien Natur – geschmacklich lassen sich hier in der Regel keine Unterschiede ausmachen.

Neben Miesmuscheln gibt es natürlich noch viele andere Sorten wie etwa die Clams – damit sind vor allem die Sandklaff- oder Venusmuscheln der amerikanischen Atlantikküste gemeint –, die delikaten Jakobsmuscheln, die berühmten Schwertmuscheln oder die Exoten Abalone oder Conch. Haben Sie keine frischen Muscheln zur Hand, können Sie auch zu tiefgefrorenen oder eingelegten greifen. Ein echter Muschelfreund, der seine Lieblinge am liebsten roh oder höchsten kurz gegart und nur mit ein paar Zitronenspritzern verzehrt, wird sich zwar mit Schaudern abwenden und sich am kühlen Weißwein oder Champagner schadlos halten, aber richtig zubereitet können sie schon eine wohlschmeckende Alternative zur Frischware sein. Sie sollten möglichst kurz zubereitet werden. Ein langes Warmhalten ist in jedem Fall zu vermeiden.

Muscheln werden sortiert und geputzt, indem man den Büschel, der aus dem Muschelspalt hängt, mit einem Ruck herauszieht. Es handelt sich hier meist um Gras oder Algen, die manchmal auch zusammen mit kleineren Muscheln an der Außenhaut der Muschel sitzen. Sie lassen sich leicht mit einer Bürste oder einem Messer abkratzen. Danach sollten Sie die Muscheln in kaltem Wasser schwenken und abtropfen lassen.

Meistens werden Muscheln in einem Sud gekocht. Sie schwitzen Wurzelgemüse (Karotten, Zwiebeln, Sellerie und etwas Lauch) kurz in Olivenöl an, geben die gewaschenen Muscheln hinzu und schwitzen sie ebenfalls unter Rühren an. Danach würzen Sie mit Lorbeerblättern, Piment, Meersalz und zerdrückten Wacholderbeeren, Senf- und Pfefferkörnern. Mit einem guten trockenen Weißwein und wenig Wasser ablöschen, so dass der Topfboden circa 2 bis 3 Zentimeter mit Flüssigkeit bedeckt ist. Decken Sie den Topf mit einem Deckel ab, und lassen Sie den Sud einmal kräftig aufkochen. Nach mehrmaligem Rühren und nochmaligem Aufkochen haben sich die Muscheln geöffnet und sind gar. Die Muscheln, die sich nicht von selbst geöffnet haben, sind ungenießbar.

Puristen werden den so entstandenen Sud möglichst wenig durch weitere Zugaben verdünnen. Das ist auch nicht notwendig, denn der Muschelfond ist immer vorzüglich und geschmacklich hervorragend – auch ohne viele Gewürze. Beim Muschelkochen kann man eigentlich gar nichts falsch machen, wenn Sie zwei Dinge beachten. Erstens: Schütten Sie nicht zu viel Flüssigkeit hinzu, da die Muscheln selbst beim Garen noch Feuchtigkeit abgeben. Zweitens: Seien Sie sehr vorsichtig mit dem Salz!

Selbstverständlich lässt sich der Sud auch noch verfeinern, indem Sie die Muscheln herausnehmen und den Sud durch ein sehr engmaschiges Sieb gießen, damit der Sand und etwaige Schalenreste herausgefiltert werden. Etwas gehackte frische Kräuter wie Petersilie oder Dill sowie fein geschnittener Fenchel oder sogar etwas Knoblauch runden den Geschmack ab. Auch können Sie diesem Fond Tomatenwürfel, Sahne oder Crème fraîche beigeben. Übrigens passen Miesmuscheln auch gut zu einer Sauce mit leichtem Safran- oder Currygeschmack.

Manche sehr feine Muscheln wie Herz- oder Venusmuscheln haben eine äußerst kurze Garzeit, so dass man sie behutsam dämpfen oder lediglich mit kochendem Wasser übergießen muss. Besonders beliebt in der Topgastronomie ist die Jakobs- oder Pilgermuschel, Logo des Ölkonzerns Shell und früher Kennzeichen der Jakobspilger auf dem Weg nach Santiago de Compostela in Spanien. Die besten sollen aus Irland und Schottland stammen. Jakobsmuscheln bekommt man frisch in der Schale, ausgelöst oder tiefgefroren. Am einfachsten lassen sie sich mit einem flachen, stumpfen Messer (Brot- oder Austernmesser) öffnen – vom Schloss ausgehend nach vorne zur Rundung.

Zum Verzehr sind nur der Muskelstrang und das „Corail" geeignet (frz. Koralle; hier der orangefarbene Rogensack, der sich beim Erhitzen korallenrot färbt). Bart und Innereien müssen entfernt werden. Die Jakobsmuschel hat weißes, süßliches, nussartiges Fleisch, und das schmackhafte Corail lässt sich dünsten und braten. Einfach Muskelfleisch und Rogen in schäumender Butter anbraten, etwas Salz dazu und mit ein paar Pernodtropfen ablöschen. Kurz ziehen lassen – fertig! Jetzt müssen sie nur noch in der Muschelschale drapiert werden. Weniger puristische Muschelliebhaber machen aus der Jakobsmuschel feinste Terrinen.

Das Muschelfleisch schmeckt roh in dünne Scheiben geschnitten und mit Olivenöl und Zitrone mariniert ebenso vorzüglich wie gegrillt oder in Butter gebraten. Sehr häufig wird es auch in einer leichten Sahnesauce mit Weißwein zu frischer Pasta serviert.

24

Die Auster ist die Königin unter den Muscheln. Sie kann gegart oder gratiniert werden, doch Kenner essen sie am liebsten ganz frisch und lebendig. Mehr als 50 Arten gibt es, doch der Einfachheit halber werden Austern vor allem nach Herkunft und Form unterschieden. Flache Austern, die „Huîtres plates", sind teurer als die gewölbten „Huîtres creuses". Die flachen Austern sind europäische Austern, die gewölbten pazifische. In den Siebzigerjahren wurden die natürlichen flachen Austernbestände durch grassierende Muschelkrankheiten in Europa fast ganz vernichtet.

Heute machen sie nur noch bis zu 4 Prozent der gesamten Austernproduktion Frankreichs aus. Die *Belon*, benannt nach dem Fluss in der Südbretagne, in dem sie gezogen wird, ist wohl die berühmteste flache Auster. Sie hat einen klaren, strengen Geschmack mit einer arteigenen, leicht metallischen Note und eine etwas grünliche Farbe. Holland liefert die *Imperial*, Dänemark ist für die *Limfjord*-Auster bekannt, aus England kommen die feste und fette *Whitestable*- und die *Colchester*-Auster.

Die pazifische Auster wurde auch in Europa heimisch. Aus Frankreich kommen zum Beispiel die *Arcachons* oder *Marennes*. Aus Deutschland stammt die hochwertige *Sylter Royal*. Auch in den USA werden Austern gezüchtet, beispielsweise die *Apalachicola* in Florida. Sie hat einen leicht süßlichen, milden Geschmack. Von der Ostküste kommen die *Chincoteague*, *Blue Point* oder die wohlschmeckend milden *Chesapeakes*, benannt nach der ehemals bedeutendsten Austernbucht Amerikas. Die *Olympias* von der Westküste haben hingegen einen eher metallischen Geschmack.

Der berühmte Austername *Fines Claires* bezeichnet keinen Ort, sondern eine französische Zuchtmethode. „Claires" sind geschützte Wasserbassins, in denen die Austern kurz vor dem Verkauf und Versand zur Verfeinerung ausgesetzt werden. In diesen speziellen Becken können sie sich selbst reinigen und Sand, Schlamm und Algen ausstoßen. Normalerweise werden in Becken von einem Quadratmeter 20 Austern zwei Monate gehalten, bei der „Spéciale de Claire" teilen sich fünf Austern ein solches Becken über sechs Monate.

Bevor eine Auster in den Verkauf gelangt, wird sie von allen An- und Auswüchsen gereinigt, ein Prozess den man „Détroquage" nennt. Dann durchläuft sie die Kalibrierung, also die Sortierung nach Größen. Die Größeneinteilung ist etwas verwirrend und international nicht einheitlich. So ist das Bewertungsschema für die europäische flache Auster ein anderes als für die gewölbte pazifische. Während man in Europa die Huîtres plates und die Huîtres creuses nach Gewicht klassifiziert, sortiert man in den USA nach Größe.

Kenner bevorzugen bei pazifischen Austern die Größe 2, die zwischen 85 und 110 Gramm liegt. Sie ist ideal zum Essen oder, besser gesagt, zum Schlürfen geeignet. Schließlich will man ja bei einer Auster nicht abbeißen, sie sollte aber doch so groß sein, dass ihr würziges und nach Jod schmeckendes Meeresaroma die Mundhöhle ausfüllt. Wenn man unbedingt Austern garen will – was Sie aber besser einem Profi überlassen sollten –, dann verwendet man am besten die Nr. 2; kleinere würden zu sehr schrumpfen.

In den USA werden die Austern nach Größe kalibriert. Die beliebteste Größe ist *extra small*. Eine solche Auster ist 5 bis 7,5 Zentimeter lang und eignet sich hervorragend zum Schlürfen. *Small* ist eine Auster mit 7,5 bis 10 Zentimetern Länge und auch für den rohen Verzehr geeignet. Eine *Medium*-Auster ist nicht unbedingt länger als eine kleine, aber wuchtiger. *Large* ist eine Muschel bis zu 16 Zentimeter, *extra large* sind alle Austern, die mehr als 16 Zentimeter Länge haben. Zum rohen Verzehr sind sie nicht besonders geeignet, geschmacklich stehen sie aber hinter den kleineren Kalibern nicht zurück.

Die extragroßen Austern lassen sich hervorragend als „Austern Rockefeller" zubereiten. In New Orleans bewies man mit diesem Rezept Anfang des 19. Jahrhunderts seinen teuren Geschmack: Die Austern werden mit einer Kräuterbutter aus vielen frischen Kräutern und Spinat, einem Spritzer Tabasco, etwas Pernod und Brotbröseln überbacken. Ebenfalls für Riesenaustern gedacht: „Angel on a Horse Back", eine ausgelöste Auster im Speckmantel gebraten. Hin und wieder begegnet man einer Monster-Auster mit einem Gewicht zwischen 300 Gramm und 1 Kilogramm. Diese Giganten sind heiß begehrt und extrem teuer. Man nennt sie auch „Pied de Cheval" (zu deutsch Pferdefuß).

Achten Sie beim Austernkauf darauf, dass die Schalen nicht beschädigt sind. Austern müssen geschlossen sein, sonst trocknen sie aus. Sie werden in Holz- oder Bastkörbe eng zusammengelegt und manchmal sogar mit einem Gewicht beschwert, damit sie sich nicht öffnen können und dabei ihr würziges Meerwasser verlieren. Gesunde Austern leben etwa sieben bis acht Tage in der Kühlung. Beim Öffnen der Auster sollten Sie aufpassen, dass Sie das Tier nicht mit dem Austern- oder Brotmesser töten und sich selbst nicht die Klinge in den Handballen stechen. Seien Sie vorsichtig! Austernöffnen ist eine raffinierte Angelegenheit. Nicht umsonst gibt es den Beruf des „Ecaillers", des professionellen Austernöffners.

Wählen Sie in den Sommermonaten die richtige Austernart. In den berühmten Monaten ohne „R", also in der Laichsaison, verändert sich die Fleischkonsistenz der Auster. Das Fleisch wird weißlich geschwollen und bekommt einen milchigen Geschmack, der die Güte der Auster beeinträchtigt. Dies trifft vor allem auf Austern aus südlichen Gewässern zu. Austern aus Kultivierungsgebieten mit niedriger Wassertemperatur unterliegen kaum solchen Geschmacksschwankungen, da das Wasser ohnehin meistens zu kalt zum Laichen ist. Um das ganze Jahr über geschmacklich einwandfreie Austern anbieten zu können, züchtet man in südlicheren Regionen triploide Austern heran. Das sind Muscheln, die einen dreifachen Chromosomensatz haben; sie sind vermehrungsunfähig und wachsen schneller heran als diploide Austern. Geschmacklich sind sie mit einem etwas süßlichen Aroma ihrer diploiden Verwandtschaft überlegen.

Auch wenn die Auster meistens roh und mit einem trockenen Weißwein kredenzt wird – mit der Meermolluske können Sie alles anstellen. Briten trinken zum Austernessen gerne Guinness, Ale oder Sherry. Franzosen bevorzugen einen Chablis und gebutterten Toast. Mir wurden an der Ostküste der USA Delaware-Austern frittiert und zu rohem Muschelfleisch ein würziger Cranberry-Dip angeboten. Austern in Paniermehl gewendet und in heißer Butter geschwenkt, gereicht mit einer Sauce Rémoulade, ist ein kulinarisches Gedicht. Auf der ganzen Welt beträufelt man die Auster gerne mit Zitronensaft, was bei manchen Kennern wiederum verpönt ist.

Übrigens: Die Austernzucht ist eine langwierige Angelegenheit. Zwei bis fünf Jahre braucht es, bis die edle Muschel verköstigt werden kann. Das Alter erkennt man an den Jahresringen auf der gewölbten Oberschal. Zwei sollten es also mindestens sein.

25 Kaviar

Unter Kaviar versteht man den behandelten Rogen von weiblichen Stören. Das sind fast urzeitlich aussehende Knorpelfische, die im Meer und an Flussmündungen leben. Ihr Fleisch ist im Idealfall fett und weiß, in ihrer Bauchhöhle befinden sich große Mengen Eier. Früher war der Stör ein Massenfisch. Allein in der Elbe schwammen derartig viele Störe, dass man auf dem Hamburger Fischmarkt eine eigene Störhalle baute.

Das hat sich geändert. Alle 27 Varietäten des Störs sind vom Aussterben bedroht. Das bedeutet, dass Kaviar von Wildstören nicht nur in kulinarischer Hinsicht ein Inbegriff des Luxus ist. Mit Kaviarhandel kann man auch viel Geld machen. Und die Kaviarnachfrage boomt. Spitzenkaviar kostet etwa 3 bis 5 Euro pro Gramm, allerdings sind die Preise natürlich abhängig von Herkunft, Saison, Angebot und Nachfrage.

Kein Wunder, dass da der Schmuggel floriert, die Vereinten Nationen aus Artenschutzgründen Ausfuhrquoten einführen und ein Exportverbot für Wildkaviar durchsetzen möchten. Aufgrund der bedrohten Störbestände versuchen Aquafarmer auch in Deutschland Störe zu züchten. Aber das ist sehr aufwändig und wie bei Fischzucht so häufig mit einem hohen Investitionsrisiko verbunden. Zwischen vier und 20 Jahre dauert es beim Beluga-Stör, bis sich die Entnahme des Rogens wirklich lohnt.

In der Fachsprache bezeichnet man die einzelnen Eier des Kaviars als Korn, manchmal auch als Perle. Der Rogen wird dann entfettet, gewaschen und leicht gesalzen. Dabei dunkeln die ursprünglich hellen und glasigen Eier nach. So mancher hochwertige Kaviar trägt die Zusatzbezeichnung Malossol. Das bedeutet, dass der Kaviar nur so schwach gesalzen wurde, dass es gerade für eine begrenzte Haltbarkeit ausreicht. Der Salzgehalt eines mit Malossol gekennzeichneten Kaviars darf nur zwischen 2,8 bis 4 Prozent betragen. Aufgrund der schwachen Salzung ist dieser Kaviar selten tiefschwarz, besitzt aber weitestgehend sein natürliches Aroma.

Auch wenn Sie sich nie für Kaviar interessiert haben, müsste jetzt sehr deutlich geworden sein, dass das, was in den Supermärkten als

Kaviar in Glasdosen angeboten wird, nichts, aber auch wirklich rein gar nichts mit dem echten Kaviar zu tun hat. Bei diesen Kügelchen handelt es sich um den schwarzen deutschen oder dänischen Kaviarersatz aus salzigem, künstlich gefärbtem Seehasenrogen, der zu Dekorationszwecken verwendet wird. Die rote, etwas dickere Sorte ist der Keta-Kaviar aus dem Rogen von Seeforellen. Er ist etwas feiner im Geschmack.

So wie es verschiedene Störarten gibt, gibt es auch verschiedene Kaviarsorten. Der feinste und teuerste Kaviar ist der vom Beluga-Stör aus dem Kaspischen Meer. Das anthrazitfarbene pralle Korn des *Beluga* ist mit 3,5 Millimeter Durchmesser größer als das anderer Sorten, aber auch empfindlicher. Beluga-Kaviar wird immer in Dosen mit blauem Deckel verkauft. Beluga-Malossol-Kaviar ist geschmacklich und preislich nicht zu toppen.

Der Kaviar, den Sie in Dosen mit gelbem Deckel bekommen, ist der *Ossietra*-Kaviar. Das silbergraue bis schwarze Korn ist etwas kleiner, dafür unempfindlicher, hat einen leicht goldenen Schimmer und ein nussartiges Aroma.

Sevruga-Kaviar besteht aus kleinen dunkelgrauen Eiern mit dünner Schale und einem ausgesprochen würzigen Aroma. Er wird in roter oder orangefarbener Verpackung angeboten.

Neben diesen drei Hauptarten aus den GUS-Ländern (Russland, Aserbaidschan, Kasachstan und Turkmenistan) und dem Iran gibt es noch Spezialselektionen. So trennt man zum Beispiel den tiefschwarzen Ossietra-Kaviar vom goldbraunen und verkauft den einen als *Royal Black Caviar*, den anderen als *Imperial-* (oder *Schah-*) Kaviar.

Die Frischware in den Blechdosen ist bei höchstens 2 Grad für etwa sechs Wochen haltbar. Kaufen Sie den Kaviar zum Privatgebrauch nur an dem Tag, an dem Sie ihn auch verzehren wollen, da eine optimale Lagerung zu Hause meistens nicht möglich ist. Oder Sie greifen – aber das ist wirklich nur ein Kompromiss – zu pasteurisiertem Kaviar mit einem Mindesthaltbarkeitsdatum von einem Jahr, der selbst bei geöffneter Verpackung noch acht bis 14 Tage haltbar ist.

Hochwertiger Kaviar ist immer schimmernd und glänzend. Er hat eine feine Perligkeit, dünne Haut und einen ganz frischen Geruch. Sollte Ihr Kaviar säuerlich schmecken oder riechen, essen Sie ihn nicht mehr. Verdorbener Kaviar ist der Gesundheit äußerst abträglich.

Kaviar isst man kühl, aber auf keinen Fall eiskalt. Nehmen Sie den Kaviar einfach eine Viertelstunde vor dem Verzehr aus dem Kühlschrank, und servieren Sie ihn entweder in seiner eigenen Dose oder in einer Glaskristallschale, die Sie auf zerstoßenes Eis platzieren.

Neben der Investition in die Delikatesse müssen Sie noch eine weitere tätigen. Um Kaviar formvollendet zu genießen, brauchen Sie ein besonderes Kaviarbesteck aus Perlmutt, Gold, Schildpatt oder Horn. Normales Metallbesteck oder Silberlöffel sollten Sie nie verwenden, da es oxidiert und den metallischen Geschmack weitergibt.

Am besten schmeckt Kaviar „nature" auf einem Eissockel angerichtet. Man reicht gerne Schwarzbrot oder Toast dazu. Aber auch kleine, hell gebackene Kartoffelplätzchen oder Buchweizenpfannkuchen schmecken sehr gut. In gar keinem Fall dürfen die gereichten Beilagen über einen allzu starken Eigengeschmack verfügen, der die Delikatesse geschmacklich überlagert. Zwiebelscheibchen haben aus meiner Sicht in der Nähe des Kaviars ganz und gar nichts zu suchen. Eine Kaviargarnitur kann aber durchaus aus kleinen Schälchen mit gehacktem Eiweiß, durch ein Sieb gedrücktes Eigelb, Zwiebeln, Petersilie, Zitrone und Crème fraîche bestehen. Wegen des hohen Fettgehaltes kann gerade Crème fraîche den Geschmack des Kaviars hervorragend abrunden und steigern.

Als passendes Getränk eignet sich ein trockener Weißwein oder, in der russischen Variante, Wodka. Ein gut gekühlter Champagner ist nicht zu ersetzen.

26 Sushi

„Roher Fisch! Nein, das esse ich in keinem Fall!" Solch apodiktische Urteile bekam ich früher oft zu hören, wenn ich Freunden und Bekannten Sushi anbot. Mittlerweile hat sich das etwas geändert. Gerade in den Großstädten boomt diese kulinarische Köstlichkeit. War Sushi früher entweder nur „Igitt!" oder dekadent, so reist das japanische, handgemachte Fast Food heute auf bunten Tellerchen fein dekoriert unzählige Kilometer über Fließbänder in Sushirestaurants. Auch in zahlreichen Lebensmittelabteilungen großer Kaufhäuser befindet sich immer häufiger eine Sushibar, meist in unmittelbarer Nähe zur gut sortierten Fischabteilung. Und das hat seinen Grund. Denn Sushi ist eine absolute Topdelikatesse, vorausgesetzt, es wird fachgerecht und mit den allerfrischesten Zutaten hergestellt.

Was aber ist eigentlich Sushi? Nun, böse Zungen werden behaupten, dass es sich um eine Art Lebensmittel-Origami handelt. Für andere hingegen ist Sushi ein Festival der Frische, bei dem Reis, Meeresfrüchte und Fisch die Hauptrollen spielen. Und das ist kein Wunder, denn Japan ist meerumschlungen, und die Ackerflächen wiederum werden vielfach für den Reisanbau genutzt.

Sushi gibt es in recht unterschiedlichen Formen. Da wäre zunächst das *Nigiri Sushi*. Diese klassische Art des Sushi besteht aus erstklassigem, fachmännisch gekochtem Reis, der mit einer Essiglösung gesäuert wird. Es handelt sich hierbei um einen speziellen Rundkornreis, der in den Geschäften zumeist als Sushireis ausgewiesen wird. Der geschmacklich beste Reis ist hier der „Nishiki U. S. 1 Extra Fancy Premium Grade Rice".

Dieser Reis wird dann mit viel Geschick zu einem ovalen, mundgerechten Bällchen geformt und mit ein wenig (Achtung!) scharfem, japanischem grünem Meerrettich (Wasabi) bestrichen. Auf diese Paste legt man ein fachmännisch geschnittenes Stück rohen Fisch, sei es nun Lachs, Thunfisch, Seebarsch, Oktopus, Seeschnecke oder Tintenfisch. Alternativ drapiert man auch eine gegarte Garnele, ausgelöstes Muschelfleisch, roten Kaviar oder Omelettescheiben. Süßwasserfische, wie zum Beispiel Aal, finden ebenfalls Verwendung, allerdings nicht in rohem Zustand, da sie leicht Parasiten enthalten können. Die kleinen Reisbällchen werden vom Sushimeister von Hand mit äußerster Präzision in stets gleicher Größe geformt. Nicht selten wird das Sushi zusätzlich mit kleinen Algenstreifen garniert.

Eine andere bekannte Form ist *Maki* (Hoso Maki). Hierbei handelt es sich um ein in geröstetem Algenblatt (Nori) gerolltes Sushi. Im Inneren findet man verschiedenste Zutaten. Meistens sind die Röllchen mit Reis und einer oder auch mehreren Fischsorten gefüllt, aber auch Gurke, japanische Pilze oder Avocado sind äußerst wohlschmeckend. Natürlich darf auch hier der scharfe Wasabi nicht fehlen.

Ura Maki ist eine Art umgestülpter Maki, also eine Sushirolle, bei der das Algenblatt innen liegt und der Reis die Außenschicht bildet, an der dann gerösteter Sesam oder roter Fischrogen haftet. Nicht umsonst nennt man dieses Sushi auch Inside-Out-Rolle. Ura Maki sind meist etwas teurer als Hoso Maki, aber man wird auch durch eine reichhaltigere Füllung und eine etwas größere Rolle entschädigt.

Temaki Sushi wiederum ist eine weitere kunsthandwerkliche Form der Speisezubereitung. Eine Norialge wird zu einer Tüte gefaltet und mit Reis, Fisch, Gemüsestäbchen und anderen frischen Leckereien aus der Fischtheke gefüllt.

Alle Sushibars bieten auch *Sashimi* an. Das sind exquisite Köstlichkeiten, die nur aus rohem Fisch bestehen – ohne Reis. Sashimi wird ausschließlich von den edelsten und allerbesten frischen Fischfilets kunstvoll und vor allem hauchdünn, ähnlich wie Carpaccio, geschnitten. Aber auch 0,5 Zentimeter dicke kurze Stücke werden angeboten und dann meist mit Stäbchen gegessen. Mein favorisierter Fisch für Sashimi ist Thunfisch (Maguro). Er schmeckt bei guter Qualität kein bisschen nach Fisch, sondern eher wie zartes Rinderfilet und zergeht auf der Zunge wie Butter. Zu Sashimi reicht man ebenfalls Sojasauce und Wasabi.

Wenn Sie selbst Sushi machen wollen, kaufen Sie den Fisch nur beim Fischhändler Ihres Vertrauens und sagen Sie ihm, wozu Sie den Fisch verwenden wollen. Ärgern Sie sich nicht, wenn er Ihnen in diesem Fall vom Kauf abrät. Ein seriöser Fischhändler wird Ihnen im Zweifelsfall lieber keinen Fisch für Sushi verkaufen, wenn er Ihnen keine Topware bieten kann.

Sushi wird meistens auf Holzplatten angerichtet kalt gegessen und immer mit *Kikkoman* Sojasauce serviert, in die man es mit den Stäbchen vorsichtig dippt. Bei Nigiri Sushi tunkt man nur die Oberseite, nicht aber den Reis in die Sauce. Das erfordert etwas Fingerfertigkeit mit den Stäbchen, ist aber notwendig, damit das Reisbällchen nicht auseinander fällt. Dazu wird eingelegter süß-saurer Ingwer (Gari) gereicht, der den Geschmack zwischen den einzelnen Stücken neutralisiert und die Zunge nach dem Genuss eines Sushihappens wieder bereit macht für neue Geschmackserlebnisse. Außerdem bekommt man stets ein kleines Bällchen grüner Meerrettichpaste extra, die man mit den Stäbchen auf das Sushi verteilt.

Zu Sushi passt sehr gut der japanische grüne Senchatee, Jasmintee oder japanischer Reiswein (Sake), für dessen Herstellung übrigens auch fermentierter Reis verwendet wird. Man kann Sake kalt und warm trinken.

Alle Zutaten – wie Reisessig oder sogar fertig gewürzten Sushi-Essig, Wasabi, Norialgen und eingelegten Ingwer –, die Sie zur Herstellung von Sushi benötigen, erhalten Sie in jedem gut sortierten Asialaden oder auch in der Feinkost- bzw. Asia-Abteilung einer guten Lebensmittelabteilung.

Würzzubereitung: 125 ml Sushi-Essig mit einem Teelöffel Meer- oder Steinsalz und zwei Teelöffeln feinen Zucker verrühren. Zum Auflösen von Zucker und Salz ist es einfacher, wenn der Essig kurz erwärmt wird.

Wer Angst hat, dass sein europäischer Magen rohen Fisch nüchtern nicht verträgt oder dass ihm der kalte Reis nicht bekommt, sollte vorher eine Miso-Suppe essen. Das ist eine klare aromatische Brühe aus Sojabohnenpaste und Tofu mit den unterschiedlichsten Gemüsestreifen oder auch Shiitakepilzen. Sie ist leicht, sehr aromatisch und äußerst bekömmlich (Rezept siehe Seite 178).

Übrigens: Fisch und Algen sind stark jodhaltig. Der menschliche Körper braucht Jod für die Funktion der Schilddrüse, deren Hormone den Stoffwechsel beeinflussen. Nimmt man zu wenig Jod auf, gleicht die Schilddrüse den Mangel durch übermäßiges Wachstum aus, und es entsteht ein Kropf. Die Seefische, die für Sushi verwendet werden und besonders die Seetangblätter (Nori), mit denen die Rollen umwickelt sind, enthalten ausreichend Jod, um dem vorzubeugen. Im Falle der Seetangblätter wird auf der Verpackung sogar vor zu viel Jod gewarnt. Aber keine Sorge: Für eine Überdosis müsste man Unmengen von Noriblättern essen. Der durchschnittliche Sushikonsument hingegen kann ohne Reue genießen, denn selbst bei den Japanern hat sich die erhöhte Jodaufnahme noch nicht durch schädliche Überproduktion von Schilddrüsenhormonen bemerkbar gemacht.

Wussten Sie schon? Sushi war früher eine probate Methode, den frischen Fisch zu konservieren. Man legte den rohen, gesalzenen Fisch in Lagen von Essigreis und presste ihn, um ihn mit Hilfe der Gärung haltbar zu machen. Wollte man den Fisch nach Wochen essen, warf man den Reis einfach fort.

Gemüse und Salate

27 Salate

Das ganze Jahr über ist das Angebot an Blattsalaten vielfältig und vor allem preisgünstig. Insbesondere im Frühling und Sommer ist das heimische Angebot an Blattsalaten ausgesprochen abwechslungsreich. Neben dieser Variationsbreite haben sie noch weitere entscheidende Vorteile. Salate schmecken nicht nur frisch, sie sind auch gesund und haben wenig Kalorien. Aber sie haben einen hohen Nitratanteil, ganz egal ob sie nun aus konventionellem oder kontrolliertem Anbau stammen. Nitrat ist für das Wachsen der Pflanzen unerlässlich und an und für sich kein Gift. Es kann sich aber mit körpereigenen Stoffen verbinden und zu Nitrit umwandeln, das in hohen Dosen krebserregend ist. Vor allem im Winter, wenn die Pflanzen nicht genug Sonne bekommen, speichern sie Nitrat, anstatt es zu verbrauchen. Da sich das Nitrat vorzugsweise in den Stielen, großen Blattrispen und äußeren Blättern sammelt, sollten Sie diese bei Wintersalaten besser wegschneiden.

Grundsätzlich unterscheidet man zwischen Pflück- und Schnittsalat. *Pflücksalate* sind Pflanzen, die man mehrmals ernten kann, da man nur die äußeren Blätter wegschneidet. Darunter fallen der Eichblattsalat und der Lollo Rosso. *Schnittsalate* sind Salate, bei denen man den ganzen Kopf abschneidet, also die ganze Pflanze erntet wie beim grünen Kopfsalat.

Kopfsalat: Der Kopfsalat ist bestimmt einer der populärsten Blattsalate. Er ist verhältnismäßig preiswert und sowohl wegen seiner Vitamine aus der B-Gruppe als auch seines hohen Anteils an Kalium, Kalzium und Eisen sehr gesund. Wenn Sie Kopfsalat zubereiten, denken Sie daran, dass die äußeren Blätter mehr Vitamine enthalten als die hellen Innenblätter. Ich esse ihn gerne mit einem Balsamico-Öl-Dressing oder einem Joghurt-Dressing mit Zitronensaft, etwas Öl, Salz und Pfeffer und vor allem frischen Salatkräutern.

Romanasalat: Der römische Salat hat dünne, längliche Blätter mit einem starken Stiel, die sich zu einem lockeren, länglichen Kopf zusammenfügen. Die Außenblätter sind zumeist kräftig grün, die Innenblätter hell bis gelblich. Römersalat schmeckt herzhafter als Kopfsalat. Der berühmte Cesar Salad hat als Grundlage den Römersalat – vermischt mit in Knoblauch und Olivenöl knusprig gerösteten Croutons: mein Lieblingssalat!

Eisbergsalat: Der ursprünglich aus Amerika stammende Eisbergsalat erfreut sich wegen seines erfrischenden, leicht nussigen und herzhaften Geschmacks immer größerer Beliebtheit. Seine Ernährungswerte sind ähnlich denen des Kopfsalats. Er ist robuster und haltbarer als der Kopfsalat. Im Kühlschrank können Sie ihn bis zu zwei Wochen aufbewahren. Der Eisbergsalat ist im Inneren wegen seines geschlossenen Kopfes „natursauber". Es ist daher nicht unbedingt nötig, die Innenblätter genauso sorgfältig zu waschen wie die des Kopfsalats. Besonders geeignet sind Joghurt- oder Cesar-Dressings. Käseliebhabern rate ich zu einer Sauce aus Joghurt, ein wenig Mayonnaise und geriebenem Roquefort, Salz, Pfeffer, Zitronensaft.

Endiviensalat: Endiviensalat ist ganzjährig im Angebot. Er ist von einem leicht bitteren, würzig-herzhaften Geschmack und hat appetitanregende Wirkung. Gute Endivien erkennt man daran, dass die äußeren Spitzen keine braune Färbung aufweisen. Die Blätter sollten trocken und der Kopf fest sein. Verarbeiten Sie den Endiviensalat am besten am Tag, an dem Sie ihn gekauft haben. Für einen Salat sollten Sie nur die inneren Blätter nutzen. Die äußeren eignen sich besser, um sie als Gemüse zu dünsten. Als Sauce ist sowohl eine pikante Joghurt-Kräutersauce zu empfehlen als auch eine mit Ei und gehackten Sardellenfilets.

Feldsalat: Erst seit Beginn des 20. Jahrhunderts wird der Feldsalat, auch Rapunzelsalat oder Vogerlsalat genannt, angebaut und roh als Salat serviert. Er ist frostunempfindlich und daher auch in den Wintermonaten frisch erhältlich. Allerdings ist er einer der teuersten Salatsorten, was an dem extensiven Flächenbedarf liegt. Achten Sie beim Einkauf darauf, dass Sie Freilandpflanzen mit kleinen Blättern kaufen, da deren nussig-samtiger Geschmack stärker ausgeprägt ist. Die Blätter sollten nicht lose sein, sondern kleine Rosetten bilden, die beim Putzen erhalten bleiben.

Für das Dressing empfehlen sich kräftige Essigsorten wie Balsamico-, Himbeer- oder Rotweinessig, gerne auch kombiniert mit einem Schuss Walnussöl. Auch isst man Feldsalat gerne mit gekochten Kartoffeln, Salz, Essig und Kürbiskernöl.

Chicorée: Chicorée ist vor allem in Frankreich, den Niederlanden und Belgien bekannt. Der Anbau ist sehr aufwändig. Auch wenn er ganzjährig erhältlich ist, liegt seine Hauptangebotszeit zwischen Oktober und Mai. Diese Salatsorte zeichnet sich durch hohen Vitamingehalt bei gleichzeitig sehr geringem Kalorien- und Natriumgehalt aus, ist harntreibend und fördert die Verdauung. Die festanliegenden Blätter bilden einen kompakten hellen Kolben mit bleich-gelblichen Spitzen. Schon bei der geringsten Sonneneinstrahlung verfärben sich die Blätter innerhalb von wenigen Stunden grün und später braun. Je stärker die Verfärbung, umso stärker die Bitterstoffe. Im Strunk der Pflanze stecken die meisten Bitterstoffe, die appetitanregend und harntreibend wirken. Wer sie nicht mag, kann den Kern herausschneiden oder die Blätter mit Zitronensaft beträufeln. Das neutralisiert den bitteren Geschmack ein wenig.

Chicoréesalat schmeckt gut in der Kombination mit Nüssen und Orangen. Auch eine Mischung mit Rauke und Löwenzahn ist nicht zu verachten. Als Dressing passt eine Joghurtsauce. Experimentieren Sie auch einmal mit Curry, Ingwer und Kardamom!

Lollo Rosso/Lollo Bionda: Der braune bis dunkelrote Lollo Rosso und der hellgrüne Lollo Bionda wird von Mai bis Anfang November geerntet. Er bildet eine kompakte Blattrosette, aber keinen geschlossenen Kopf. Seine Blätter sind am Rand gekraust. Beide Sorten schmecken knackig-frisch, leicht herb bis mild-nussig. Aufgrund seiner attraktiven Farbgebung ist er beliebt als Bouquet zur Garnitur eines Salates. Wegen seines nussigen Geschmacks mischt man ihn auch gerne mit anderen Salatsorten.

Radicchio: Radicchio wird ganzjährig angeboten. Die kleinen, relativ festen Köpfe sind weinrot und mit weißen Adern durchzogen. Radicchio schmeckt leicht bitter, weshalb er, will man ihn als Gemüse essen, häufig vor dem Verzehr gedünstet wird. Insbesondere der eher längliche Radicchio di Treviso ist Geschmackssache und eignet sich nicht so sehr zum reinen Rohverzehr. Mischen Sie ihn mit milden Salaten. Schmeckt Ihnen der Radicchio zu intensiv, schneiden Sie die weißen Rippen heraus. Achten Sie beim Einkauf darauf, dass der Kopf keine welken oder braunen Blätter aufweist. Verfärbte oder gar faulige Blätter sind ein Indiz für feuchte Überlagerung. In Italien wird der Radicchio ähnlich wie der Chicorée geschmort oder in Streifen unter Nudelgerichte gegeben. Er schmeckt aber auch sehr gut, wenn man ihn mit anderen Blattsalaten kombiniert und ihn als Salat mit Nüssen oder Früchten zubereitet. In diesem Fall sollten Sie ihn aber mit Zitronensaft beträufeln, damit er nicht braun wird.

Rucola: Vor einigen Jahren wurde die Rauke wiederentdeckt und trat, geadelt als Rucola, ihren Siegeszug durch die italienische Küche an. Die Blätter der Rauke sind sehr aromatisch. Junge Pflanzen haben einen kräftig bis scharfen Geschmack, ältere einen eher bitteren. Rauke schmeckt gut als Salat, beispielsweise mit geraspeltem Parmesan und Balsamico-Essig und Walnussöl. Aber auch als Pesto mit gerösteten Pinienkernen und etwas Parmesan ist Rucola ein Genuss zu knusprigem warmem Brot. Essen Sie aber im Winter nicht übermäßig viel Rucola, da die Pflanze besonders in der kalten Jahreszeit sehr nitrathaltig ist.

Löwenzahn: Seit einiger Zeit wird auch bei uns das Wildgemüse Löwenzahn wieder für die Küche entdeckt. Die Blätter haben eine feste Struktur und schmecken fein-herb und würzig. Mit in Olivenöl gebratenen Zwiebeln, Essig, Salz, Pfeffer und gehobeltem Parmesan angemacht, ist der Salat eine Delikatesse. Aber auch mit einem Kartoffel-Speck-Dressing wird aus dem Wiesengewächs ein Genuss.

Spinat: In den USA ist der Spinatsalat alltäglich, bei uns jedoch hat er noch nicht die Verbreitung gefunden. Zu Unrecht! Nutzen Sie für einen Spinatsalat die jungen, zarten Pflanzen, und kombinieren Sie sie mit gebratenen Speckwürfeln (Bacon) und Champignonscheiben.

Außergewöhnlicher sind die Salatsorten bzw. -mischungen *Mesclun* und *Portula*. Mesclun ist eine Gourmetmischung aus unterschiedlichen Salatsprossen. Sehr junge und zarte Blätter von Lollo-Arten, Endivien, Feld- und Friséesalat werden mit Löwenzahn, Kerbel, Eichblattsalat und Portulak vermischt, was einen erstklassigen frischen und leicht bitteren Salat ergibt.

Liebhaber besonders würziger und kräftig schmeckender Salate empfehle ich Portulak. Dieser Salat besitzt ein erfrischend salziges und leicht säuerliches Aroma. Ich mische ihn gerne unter andere

131

Blattsalate und Spinat. Ein hervorragender Salat zeichnet sich nicht nur durch außerordentliche Frische aus, sondern auch durch ein exzellentes Dressing. Das muss gar nicht aufwändig sein. In den Mittelmeerländern wie Spanien und Griechenland werden Blattsalate ohne aufwändiges Dressing gegessen. In die Schüssel mit gewaschenem Salat kommen Olivenöl, Salz und Zitronensaft, allenfalls noch Zwiebeln und Tomaten. Das ist ein Genuss – sofern die Zutaten von bester Qualität sind.

Meine Standardvinaigrette besteht aus zwei Teilen Öl, ein Teil Essig, eine kleine feingeschnittene Zwiebel, etwas mittelscharfem Senf, einer Prise Zucker, Salz und Pfeffer aus der Mühle. Bei gutem Öl und Essig gelingt dieses Dressing immer. Die Zutaten vermischen sich besonders gut, wenn sie alle die gleiche Temperatur haben. Wer will, kann den Essig auch durch frisch gepressten Zitronensaft ersetzen und die Sauce natürlich mit frischen Kräutern verfeinern.

Zu herzhaften Salaten wie Rucola oder Romana passt das Cesar-Dressing. Hierbei handelt es sich um ein emulgiertes Dressing mit etwas Mayonnaise, pürierten Anchovis und frischem Knoblauch, geriebenem Parmesankäse, Olivenöl und Zitronensaft, Salz und Pfeffer.

French Dressing ist eine Emulsion aus Eigelb und Öl, mit Essig, Senf, Salz und Pfeffer abgeschmeckt. Italian Dressing wiederum ist eine Essig-Öl-Marinade mit feinsten Zwiebel- und Paprikawürfeln und typisch italienischen Kräutern.

Dann gibt es noch das American Dressing, auch „Thousand Island Dressing" genannt. Hierbei handelt es sich um ein tomatisiertes Rahmdressing auf Mayonnaisebasis, mit Ananassaft und roten Paprikawürfeln fruchtig-exotisch abgeschmeckt. Es passt besonders gut zu bitteren Salaten oder Eisbergsalat.

Wenn Sie selbst Salat zubereiten wollen, kaufen Sie den Salat erst an dem Tag, an dem Sie ihn auch verzehren wollen. Je länger der Salat lagert, desto mehr wertvolle Vitamine und Mineralstoffe gehen verloren. Wenn Sie die zarten Pflanzen nicht sofort verarbeiten, dann lagern Sie sie kühl, dunkel und bei relativ hoher Luftfeuchtigkeit. Salat bleibt länger knackig, wenn Sie ihn mit einem feuchten Tuch abdecken, damit er nicht vertrocknet.

Vor dem Verzehr muss der Salat gründlich gewaschen werden, um sowohl Erde und Steinchen als auch Rückstände von Pflanzenschutzmitteln zu entfernen. Blattsalate werden immer nur kurz in kaltem Wasser gewaschen, niemals aber über längere Zeit gewässert. Schleudern Sie den Salat trocken, und zerkleinern Sie ihn erst kurz vor dem Verzehr. Machen Sie ihn mit Dressing in einer Schüssel an, und geben Sie ihn dann gleich auf einen Teller. Blattsalat darf immer nur kurz mariniert werden, sonst fällt er in sich zusammen. In Toprestaurants werden einzelne Blätter durch ein Dressing gezogen und dann zu einem Bouquet zusammengefügt.

Gemüse 28

Als Gemüse bezeichnet man überwiegend einjährige Pflanzen oder Pflanzenteile, die roh oder zubereitet verzehrt werden können. Je nachdem, welcher Teil einer Pflanze als Gemüse verwendet wird, unterscheidet man:

- *Blattgemüse* oder *Salatgemüse*: sämtliche Salate, Spinat und Mangold usw.
- *Fruchtgemüse*: Paprika, Tomaten, Kürbis, Salatgurken usw.
- *Kohlgemüse*: Blumenkohl, Wirsing, Rot- und Weißkohl usw.
- *Wurzelgemüse*: Möhren, Sellerie, Schwarzwurzeln usw.
- *Zwiebelgemüse*: Zwiebeln und Lauch usw.
- *Hülsenfrüchte*: Linsen, Bohnen usw.

Darüber hinaus wird differenziert zwischen Wildgemüse und Kulturgemüse oder, je nach Zellstruktur der Gemüsearten, zwischen Grob-, Fein- oder Edelgemüse und, je nach Art des Anbaus, zwischen Freiland- und Treibhausgemüse. Daneben gibt es natürlich allerhand exotisches Gemüse – wobei der Begriff inzwischen problematisch ist. Artischocken, Auberginen, Fenchel? Was in den Fünfzigerjahren exotisch war, erscheint heute eher gewöhnlich. Kochbananen, Okraschoten und vor allem unzählige asiatische Gemüse wie Thai-Auberginen, Lotuswurzeln oder Bambussprossen wiederum sind noch nicht überall frisch zu haben. Konserven sind kaum eine Alternative, meist ist hier Tiefkühlgemüse vorzuziehen.

Lagerung

Grundsätzlich sollte nur frisches, makelloses Gemüse am besten kühl und dunkel im Kühlschrank bzw. Kühlhaus gelagert werden. Aber nicht zusammen mit Obst. Viele Obstarten sondern das gasförmige Pflanzenhormon Ethylen aus, das den Reifeprozess von Gemüse beschleunigen und damit die Haltbarkeit beeinträchtigen kann. Schaffen Sie in Ihrem Kühlschrank Ordnung. Legen Sie das Gemüse in das eine, das Obst in das andere Fach. Wie lange Gemüse gelagert werden kann, hängt im Wesentlichen vom Erntezeitpunkt, den Lagerbedingungen und der Gemüseart ab. Während einige Blattgemüsearten wie Spinat nur wenige Tage aufbewahrt werden sollten, können bestimmte Knollengemüsearten wie beispielsweise Rote Bete oder Karotten bis zu mehreren Wochen gelagert werden.

Ganz wichtig: Bei der Lagerung kommt es je nach Gemüsearten zu Vitaminverlusten. Es ist darum immer sinnvoll, frisches Gemüse nur für den kurzfristigen Bedarf zu kaufen. Auch aus diesem Grund sollte das Gemüse daher im Idealfall aus der Region kommen. Immerhin wird erntefrisches Gemüse von einigen Erzeugerbetrieben direkt verkauft.

Inhaltsstoffe

Wurde Gemüse früher vor allem als Beilage serviert, sollte es heute in einer gesunden und ausgewogenen Ernährung eher einen größeren Teil der Mahlzeit ausmachen. Die besonders hohe Nährstoffdichte von Gemüse ist ernährungsphysiologisch von einiger Bedeutung. Zwar hat Gemüse aufgrund seines relativ hohen Wasseranteils nur einen geringen Energiegehalt, dafür ist es aber reich an Vitaminen, Mineral- und Ballaststoffen sowie sekundären Pflanzenstoffen wie Carotinoide, Flavonoide, Phenolsäure, Isothiozyanate oder Allicin. Auch Geschmacks- und Duftstoffe zählen dazu. Gemüse hat zahlreiche gesundheitsfördernde Wirkungen. Es beugt Krankheiten vor, schützt die Zellen vor schädlichen freien Radikalen, wirkt gegen Bakterien, senkt den Cholesterinspiegel und stärkt das Immunsystem.

Das einzige Problem: Die menschliche Verdauung kann die im Gemüse enthaltenen Mineralstoffe nicht vollständig ausnutzen, weil sie fest in die Zellstruktur der Gemüse eingebettet sind. Durch mechanische Zerkleinerung allerdings werden die Zellen aufgebrochen und die Bioverfügbarkeit der Mineralstoffe erheblich verbessert. Geben Sie zum Beispiel bei frisch gepresstem Karottensaft immer einen Schuss Öl hinzu. Nehmen Sie bei Rohkosttellern immer auch etwas Fett zu sich und verwenden Sie beim Dünsten Butter.

Schadstoffe

Vielfach sind im Gemüse Rückstände von Pestiziden oder Schwermetallen enthalten. Weniger Schaden nimmt, wer auf Biogemüse aus kontrolliertem Anbau zurückgreift. Einige Gemüsearten weisen auch natürliche Schadstoffe auf, die aber meist durch Kochen zerstört werden. Um nur einige zu nennen:

Solanin: In den Früchten von Nachtschattengewächsen wie Kartoffeln oder Tomaten ist das schwach bitter schmeckende Alkaloid Solanin enthalten. Bei Kartoffeln ist diese Stickstoffverbindung hauptsächlich in der Pflanze und den Früchten, weniger aber in der eigentlichen Knolle zu finden. Wenn Sie aber Kartoffeln falsch lagern, steigt der Gehalt an Solanin. Bewahren Sie die Kartoffeln im Dunkeln auf, und schneiden Sie grüne Stellen heraus, da diese an Solanin reich sind. In höheren Konzentrationen wirkt Solanin durchaus toxisch (siehe Seite 158).

Nitrate: Viele Gemüsearten weisen in Folge übermäßiger Düngung einen erhöhten Nitratgehalt auf. Aus Nitraten können sich im menschlichen Organismus giftige Nitrite und Nitrosamine bilden. Das gilt insbesondere bei Gemüse wie Kopfsalat, Rote Bete, Rettich, allen Kohlsorten, Spinat und Mangold. Entfernen Sie Stiele, Strünke und die äußeren, großen Blätter, um den Nitritgehalt zu senken.

Oxalsäure: Spinat, Mangold und Rhabarber enthalten die so genannte Oxalsäure. Sie ist verantwortlich für den stumpfen Geschmack und das nicht weniger stumpfe Gefühl an den Zähnen. Oxalsäure verursacht Nierensteine. Zwar wird der größte Teil durch das Kochen zerstört, dennoch sollte Kindern nicht übermäßig viel oxalsäurehaltiges Gemüse serviert werden.

Verarbeitung

Schon bei der Vorbereitung, beispielsweise beim Waschen und Zerkleinern, gehen viele Vitamine verloren. Zusammen mit den Verlusten, die bei der Zubereitung entstehen, kann der Vitaminverlust bei bis zu 50 Prozent liegen. Um die Vitamine möglichst weitgehend zu erhalten, sollten Sie Gemüse zwar gründlich, aber nur kurz waschen und vor allem nicht zu lange im Wasser liegen lassen — gerade wasserlösliche Vitamine werden es Ihnen danken. Für zartes Gemüse empfehlen sich schonende Garmethoden wie Dünsten oder Dämpfen. Gemüsearten, die wie diverse Kohlsorten zum Grobgemüse zählen, können aber durchaus auch länger gegart werden.

Es gibt unzählige Gemüsearten, und es ist unmöglich, auch nur einen kleinen Überblick zu geben, deshalb möchte ich mich hier zum einen auf fast vergessene Gemüsearten beschränken und zum anderen auf Gemüse eingehen, das zu Unrecht einen nicht ganz so guten Leumund hat – Kohl zum Beispiel.

Lange Zeit wurde *Kohl* als Arme-Leute-Essen verschmäht. Wenig förderlich für seine Beliebtheit war vermutlich auch sein durchdringender Geruch. Heute jedoch wird Kohl als kalorienarme und wohlschmeckende Speise immer beliebter. Und das zu Recht, denn alle Kohlsorten enthalten eine Vielzahl von Vitaminen, Mineralien und Ballaststoffen. Als vielseitiges, sortenreiches und preiswertes Gemüse verbindet Kohl wie kaum ein anderes Gemüse Geschmack mit gesunden Inhaltsstoffen.

Der *Weißkohl* hat im Laufe der langen Züchtungsgeschichte verschiedenste Kopfformen hervorgebracht. Platt, rund, spitz – Weißkohl gibt es in allen Formen und Größen. Außerdem unterscheidet man ihn hinsichtlich seiner unterschiedlichen Entwicklungszeiten in frühe, mittelfrühe sowie Herbst- und Spätsorten. Das im Elsass und Deutschland so beliebte Sauerkraut entsteht, indem man rohen feingeschnittenen Weißkohl mit Salz würzt und ihn mindestens acht Tage an einem dunklen, kühlen Ort ziehen lässt. Bereits wenige Stunden nach dem Einsalzen beginnt der Kohl zu gären. Und je länger das Kraut zieht, desto kräftiger wird es im Geschmack.

Ähnlich wie der Weißkohl wird auch sein roter Bruder in vier Reifegruppen unterteilt. Frischen *Rotkohl* erkennen Sie übrigens daran, dass die Köpfe glänzen. Sie müssen nicht immer nur Rotkohl mit Apfel oder Zimt essen. Versuchen Sie sich doch mal an einer pürierten Rotkohlsuppe mit Bündnerfleisch und halbierten kernlosen grünen Trauben als Einlage.

Ob weiß oder rot – der Kohl ist eine echte Vitaminbombe mit vielen Ballaststoffen. Ich persönlich bevorzuge ja besonders den *Spitzkohl*, weil er zarter im Geschmack ist. Der gerunzelte, grüne *Wirsing* ist im Sommer feiner im Geschmack als der Herbst- und Winterwirsing. Leider wird er meistens totgekocht. Garen Sie den Wirsing in Streifen geschnitten nur fünf bis acht Minuten in wenig Salzwasser. Wirsing harmoniert gut mit Curry oder einer leichten Rahmsauce mit geröstetem magerem Speck oder einfach nur mit Butter.

Bis vor wenigen Jahren wurde ausschließlich der weiße *Blumenkohl* angeboten. Heute findet man auf den Märkten auch die in Frankreich und Italien beliebten bunten Blumenkohlsorten, die nährstoffreicher als der weiße sind. Achten Sie beim Kauf darauf, dass der Kohl keine dunklen Flecken hat. Sie sind ein Zeichen von Überlagerung. Die Blätter sollten grün und nicht gelb sein. Ob die Röschen gleichmäßig oder unterschiedlich gewachsen sind, macht allerdings nur einen optischen Unterschied. Blumenkohl schmeckt als Rohkost oder aber kurz gegart als Salat, gerne auch mit einer Roquefortsauce. Damit der Blumenkohl beim Kochen weiß bleibt, geben Sie einfach Zitronensaft ins Wasser. Und verwenden Sie keine Aluminiumtöpfe, da sich der Kohl sonst grau verfärbt.

Viel mehr Nährstoffe als im Blumenkohl stecken allerdings im *Brokkoli*. Er ist ein wohlschmeckender Lieferant des für Vegetarier so wichtigen Eisens und Eiweißes. Die Blätter des Brokkolis sollten auf keinen Fall weich und gelb sein. Die winzigen Blütenknospen sollten geschlossen und blaugrün sein. Brokkoli sollte nicht überwürzt werden. Gehen Sie sparsam mit der Muskatnuss um.

Ein typisch deutsches Gemüse ist *Kohlrabi*. Beim Kauf sollte man unbedingt auf frische Blätter und unversehrte Knollen achten. Hat er keine Blätter mehr, wird er sehr schnell holzig. Kohlrabi verträgt feine Würzung. Kombinieren Sie ihn doch einmal mit Zitronensaft, Dill, Kerbel und einer Muskatnussprise. Ich dünste ihn auch gerne mit ein wenig Butter an und bereite ihn mit etwas Gemüsefond zu. Die kleinen Blättchen auf der Mitte des Kohlrabis werden in feine Streifen geschnitten, kurz vor dem Servieren untergehoben und nochmals kurz aufgekocht.

Rosenkohl wird besser und nussiger im Geschmack, wenn er schon mal einen leichten Frost abbekommen hat, da sich dabei Stärke in Zucker umwandelt. Auch wird dadurch die Zellulose, die in den Blättern steckt, leicht verdaulich. Üblicherweise isst man Rosenkohl mit Muskatnuss gewürzt. Ich esse ihn aber am liebsten kurz blanchiert, in kaltem Wasser abgeschreckt und in Butter mit geröstetem Speck und Zwiebeln angeschwenkt. Eine italienische Note erhält Rosenkohl, wenn man ihn mit frischem Thymian und geriebenem Parmesan anrichtet. Rosenkohl auf flämische Art erhält man, wenn man den Kohl mit frischem Majoran und einer hellen Sauce zubereitet. Möchte man eine ganz besonders feine Beilage servieren, schwenkt man ganz kurz die einzelnen Blätter in etwas Gemüsebrühe und Butter.

Wenn Sie den ganzen Rosenkohl zubereiten, schneiden Sie den Strunk kreuzweise ein. Dadurch werden die Röschen gleichmäßig gar. Ist Ihnen der Rosenkohl geschmacklich zu dumpf, können Sie ihn mit Weißwein oder einem Spritzer Zitronensaft auffrischen.

Grünkohl ist insbesondere im Norden Deutschlands das traditionelle Winteressen. In Bremen und Niedersachsen wird Grünkohl mit Schmalz, Fleisch und Pinkel gegessen. Pinkel ist eine fette, grobkörnige und kräftig gewürzte Wurst, die in südlicheren Teilen Deutschlands überhaupt nicht erhältlich ist. Grünkohl und Pinkel – regionaler kann ein Essen nicht sein. Übrigens: Grünkohl bezeichnet man auch als ostfriesische Palme.

Zu den vergessenen Gemüsesorten gehört auch *Stielmus*, der auch Rübstiel genannt wird. Im Rheinland wird dieses Gemüse kurz in möglichst wenig Wasser blanchiert und in Butter angeschwenkt. Ob die gesamten Blätter mit verwendet werden, ist Geschmackssache, die Stiele benötigen aber beim Garen wenige Minuten länger, weshalb sie zuerst gegart werden sollten, um später dann die geschnittenen Blätter dazuzugeben. Auch in einer leichten Béchamelsauce mit geröstetem Speck und Zwiebeln oder aber im Wok mit etwas Sojasauce ist Stielmus eine Delikatesse.

Der Spargel der Armen – das ist die *Schwarzwurzel*. Sie kann geschmacklich durchaus mit richtigem Spargel konkurrieren, ist aber relativ aufwändig zuzubereiten. Das Fleisch ist herzhaft und würzig mit einem erdigen, leicht nussigen Aroma. Hauptgeschmacksträger ist allerdings der milchig-klebrige Saft der Wurzel, der hartnäckige Flecken auf der Haut hinterlässt. Außerdem empfiehlt es sich, die sandigen Wurzeln mehrmals gründlich unter fließendem Wasser zu waschen und dann zu schälen. Damit sich die Wurzeln nach dem Schälen nicht braun verfärben, sollten diese sofort in Essigwasser oder Milch eingelegt werden.

Spargel 29

Die Saison für heimischen Spargel reicht je nach Wetterlage von Ende April bis zum 24. Juni, dem Johannistag. Am besten schmeckt der Spargel aber im Mai, wenn konstante Temperaturen und hin und wieder auch ein warmer Regen dafür sorgen, dass der Spargel schnell und gleichmäßig wächst. Eine zu kühle Erdtemperatur oder frostige Nächte, zu viel Regen oder Trockenheit behindern das gleichmäßige Wachstum und führen zu schlechter Qualität. Der Spargel ist verholzt, er hat Flecken, Risse oder sogar hohle Stellen. Achten Sie also durchaus mal genauer aufs Wetter.

Frühspargel, der vor Ende April angeboten wird, kommt aus dem mediterranen Raum, wo die Felder teilweise mit Folie abgedeckt werden, oder aus dem Treibhaus. Dieser Spargel schmeckt aber ganz anders als unser heimischer Spargel zur Spargelsaison, sein Aroma ist weniger intensiv, weniger spargeltypisch. Das ist kaum erstaunlich: Deutscher Spargel ist weltweit als Topprodukt anerkannt, der dunkle, humusreiche Boden bietet dem Edelgemüse mehr als die eher sandig-mediterrane Erde oder der Nährboden im Treibhaus. Schon wegen der Transportwege kann der Import lange nicht so frisch angeboten werden wie hiesiger Spargel aus der Region.

Deutscher Spargel kommt vor allem aus dem süddeutschen Raum (Badischer Spargel), er wird aber inzwischen auch im Norden der Republik vermehrt angebaut. Während die zarten Stangen in Deutschland ganz in weiß am begehrtesten sind, schätzt man anderswo den würzigen, leicht nussig schmeckenden grünen Spargel. Gleichwohl findet grüner Spargel auch in Deutschland immer mehr Liebhaber. Da er nur im unteren Drittel geschält wird, ist er bequemer vorzubereiten als weißer Spargel. Zudem fehlt ihm das arteigene Spargelaroma, geschmacklich erinnert er eher an Gemüse, mit Nuancen von Kohlrabi und Brokkolistielen. Was für viele ein klarer Nachteil ist, erfreut diejenigen, die den leicht herben und etwas bitteren Geschmack des weißen Spargels nicht mögen. Bestens geeignet ist der grüne Spargel jedoch frisch zubereitet für einen Salat mit Olivenöl und Zitronensaft.

Ob grün oder weiß, der Unterschied in der Farbgebung liegt allein im Anbau: Weißer Spargel wächst lichtgeschützt unter der Erde in aufgeschütteten Erdhügeln, der grüne wächst bei Sonnenlicht auf der Erde. Auch gibt es rosa bis purpurfarbenen Spargel aus den USA und Frankreich, der ebenfalls mit Lichteinfluss wächst: Er enthält den Farbstoff Anthocyan und schmeckt leicht bitter, deutlich bitterer als weißer deutscher Spargel. Spargelköpfe, die eine leicht violette bis grünliche Verfärbung haben, waren kurzzeitig der Sonne ausgesetzt. Eine weitere besondere Delikatesse ist Wildspargel. Er ist sehr zierlich, ähnelt einem dünnen Getreidehalm und wird ungeschält nur ganz kurze Zeit gegart. Auch Miniatur-Grünspargel ist hierzulande immer häufiger ganzjährig zu kaufen.

Spargelkauf

Spargel wird wie jedes Gemüse nach Größe und Aussehen in Handelsklassen eingeteilt. Spargel können Sie im Allgemeinen nach Augenschein kaufen. Gleichmäßige und lange, gerade und nicht zu dicke Stangen sind innen selten hohl oder verholzt, eine seidige Oberfläche verspricht eine dünne Schale. Geschlossene feste Köpfe, feste Konsistenz und gleiche Stärke garantieren Ihnen ein perfektes, gleichzeitiges Garwerden des Edelgemüses. Frisch gestochenen Spargel erkennen Sie vor allem an der frischen Schnittfläche. Sie sollten ruhig einmal mit dem Fingernagel in die Schnittkante drücken. Tritt sofort Flüssigkeit aus, ist der Spargel besonders frisch. Ein weiterer Trick: Reibt man mehrere Stangen in einer Hand aneinander, sollte der mit Flüssigkeit prall gefüllte Spargel quietschen. Zumindest, wenn er frisch ist.

Wenn der Spargel nicht sofort verarbeitet wird: In ein feuchtes Tuch eingeschlagen hält er sich im Kühlschrank zwei bis drei Tage frisch.

Spargel richtig zubereiten

Die Stangen werden auf dem Unterarm oder auf der Arbeitsfläche liegend mit einem Sparschäler zwei Zentimeter unterhalb der Spitze gleichmäßig und vor allem genau geschält. Dazu sollte man mit zwei Fingern den Spargelkopf halten und langsam drehen. Grüner Spargel wird nur im unteren Drittel geschält. Schlecht geschälter Spargel schmeckt eine Spur zu bitter, ist holzig und lässt sich schlecht beim Essen schneiden. Da Spargel reich an Vitaminen ist, sollte er in möglichst wenig Flüssigkeit nur kurz garen. Am besten nur so viel Flüssigkeit oder sogar Fond von ausgekochten Spargelschalen verwenden, dass die Stangen gerade bedeckt sind. Natürlich kann Spargel auch in so genannten Spargeltöpfen stehend gekocht werden. Hierbei sollten die Köpfe ruhig aus der Flüssigkeit schauen. Sie garen auch im Wasserdampf. Auf einen Liter Wasser gebe ich 1 Teelöffel Salz, ½ bis 1 Teelöffel Zucker, gut 30 Gramm Butter und einige Spritzer Zitronensaft. Der Zucker mindert den leicht bitteren Geschmack, der Zitronensaft hellt den weißen Spargel etwas auf.

Es ist unmöglich, eine exakte Kochzeit für Spargel anzugeben. Eines aber ist sicher: Eine zu lange Kochzeit zerstört nicht nur viele Vitamine, auch der Geschmack und vor allem der Biss leiden darunter. Das bestimmt schonendste Garverfahren ist das Dämpfen. Achten Sie darauf, dass der Spargel nicht mit dem Wasser in Berührung kommt. Ein geschmacklich hervorragendes Ergebnis erzielen Sie übrigens auch, wenn Sie den Spargel in einer feuerfesten Form mit Alufolie gut verschlossen, mit 2 bis 3 Esslöffel Wasser und etwas trockenem Weißwein, Butter, Zucker und einer Prise Salz in den Backofen geben (35 bis 45 Minuten bei 140 bis 160 Grad oder länger). Auch ein Genuss: In Butterschmalz oder Olivenöl hellbraun gebratener Spargel.

Wie Sie den Spargel auch immer zubereiten: Gefrorener Spargel oder sogar Spargel aus dem Glas sind keine Alternativen!

Eine frisch zubereitete Sauce hollandaise ist neben flüssiger Butter das Beste, was zu einem Spargel gereicht werden kann. Wenn Sie die Butter etwas länger erhitzen, bekommen Sie eine mit dem Spargel wunderbar harmonierende hellbraune Nussbutter. Aber Vorsicht: Zu lange erhitzt, wird die Butter ungenießbar. Für die Sauce hollandaise geben Sie 2 bis 3 Esslöffel Weißwein und drei rohe Eigelb mit etwas Salz und weißem Pfeffer in eine Schüssel, schlagen die Masse im Wasserbad (60 bis 70 Grad) cremig und geben danach langsam 250 Gramm warme, geschmolzene Butter hinzu. Mit Zitronensaft abschmecken. Für diese Sauce benötigt man allerdings schon ein wenig Routine und Kochpraxis.

Der Küchenprofi verwendet anstelle von reinem Weißwein eine Gewürzreduktion: Hierfür werden 1 bis 2 Schalotten in wenig Pflanzenöl angeschwitzt, mit 0,2 Liter trockenem Weißwein aufgefüllt und mit Gewürzen wie Lorbeerblatt und grob zerstoßenen Pfefferkörnern aufgekocht und zur gewünschten Geschmacksstärke eingekocht. Dieser Extrakt wird dann mit dem Eigelb im Wasserbad heiß aufgeschlagen, und dann wird die warme Butter langsam und vorsichtig mit dem Schneebesen untergerührt, so dass eine Emulsion in cremiger Konsistenz entsteht.

Übrigens: Viele Restaurants machen die Sauce hollandaise heute nicht mehr selbst. Der Grund liegt auf der Hand: Wegen des rohen Eigelbs herrscht Salmonellengefahr. Dennoch, der Aufwand lohnt: In der Regel ist eine Conveniencesauce aus der Tüte mit einer frisch zubereiteten und geschmacklich vollendeten Hollandaise nicht zu vergleichen. Nur teure und qualitativ hochwertige Fertigsaucen können unter Beigabe von frischer Butter, etwas frisch gepresstem Zitronensaft und einem Schuss hochwertigen Weißwein ein einigermaßen akzeptabler Ersatz für selbstgemachte Saucen sein, vor allem auch, wenn sie zu einer der klassischen Variationen weiterverarbeitet werden, zum Beispiel zur Sauce Maltaise (mit Blutorangensaft) oder zur Sauce Mousseline (mit geschlagener Sahne). Fragen Sie doch bei Ihrer nächsten Bestellung im Restaurant ruhig einmal nach, ob es sich um eine hausgemachte Sauce handelt.

Pilze werden in Speise-, Gift- und Schimmelpilze eingeteilt. Der Pilz ist der überirdisch wachsende Fruchtkörper mit der typischen Pilzform, bestehend aus Stiel und Hut; an der Unterseite des Hutes befinden sich unzählige Lamellen. Nur Trüffel bilden einen völlig anderen Fruchtkörper aus. Der unterirdische Teil der meisten Speisepilze besteht aus einem dichten Geflecht, dem Myzel. Es kann den Boden im Umkreis von mehreren Metern durchwachsen.

Pilze enthalten kein Chlorophyll, sie sind also blattgrünfrei und können daher auch keine Photosynthese betreiben. Der Stoffwechsel aller Pilze ist generell auf organische Substanzen anderer Lebewesen angewiesen. Der ernährungsphysiologische Wert der Speisepilze variiert je nach Pilzart. Durchschnittlich enthält der Fruchtkörper etwa 90 Prozent Wasser, zwischen 1,5 und 3 Prozent Eiweiß und 3 bis 5 Prozent Kohlenhydrate. Dafür sind Speisepilze reich an Mineralstoffen wie Kalium und Phosphorsäure, und sie enthalten viel Vitamin D, das in den meisten Gemüsesorten nur selten zu finden ist.

Frische Speisepilze verderben rasch und müssen möglichst bald verzehrt werden. Speisepilze sollten Sie nicht in Klarsichtfolie lagern, besser ist es, sie ausgepackt nebeneinander in den Kühlschrank zu legen. Mit einem leicht angefeuchteten Küchentuch abgedeckt, so dass noch eine ausreichende Belüftung stattfindet. Makellose, gesunde und madenfreie Pilze lassen sich so einige Tage im Kühlschrank aufbewahren. Getrocknete Pilze sollten dunkel, trocken und bei niedriger Luftfeuchtigkeit gelagert werden – am besten lose und locker im Vakuumbeutel. Durch die Trocknung verlängert sich die Haltbarkeit erheblich. Im Allgemeinen sollten getrocknete Pilze allerdings auch bei idealer Lagerung nicht länger als bis zur nächsten Pilzsaison aufbewahrt werden.

Spätestens dann heißt es für den Pilzsammler einmal mehr: Giftig oder nicht? Geschmack, Farbe oder Geruch sagen nur wenig über die Giftigkeit von Pilzen. Auch manchem Tipp aus Omas Trickkiste sollten Sie nicht vertrauen. Schließlich verfärben sich weder Silbergabeln noch Zwiebeln bei Kontakt mit giftigen Pilzen. Es hilft nichts: Wer Pilze sammeln will, braucht genaue Kenntnisse. Und sollte auf den Genuss eines Zweifelsfalles unbedingt verzichten. Übrigens kann auch ein unverdächtiger Speisepilz giftig werden, wenn er zu lange lagert. Das Eiweiß der Pilze wird zersetzt, und es bilden sich toxische Stoffe. Pilzvergiftungen äußern sich meist erst nach mehreren Stunden. Die Symptome: Übelkeit, Erbrechen, Angstzustände, Krämpfe, Ohnmacht. Rufen Sie unbedingt einen Arzt!

Verwendung und Zubereitung

Frische Speisepilze sollten vor der weiteren Verarbeitung geputzt werden – und nie gewaschen! Denn wenn Pilze gewaschen werden, verfärben sie sich dunkel, bekommen schnell Druckstellen, werden weich, matschig, mit anderen Worten: schlicht unappetitlich. Und: Pilze werden in der Regel in heißem Fett kurz angebraten – mit nassen Exemplaren ist das kaum möglich. Befreien Sie die Pilze also mit einem Pinsel von ihrem Schmutz, hartnäckige Verschmutzungen und Bodenrückstände kratzen Sie mit einem kleinen Messer ab. Danach wird je nach Pilzart und Verwendung der Stiel abgeschnitten und der Fruchtkörper weiter zerkleinert.

Pilze stehen wegen ihres intensiven Aromas bei Feinschmeckern und Köchen hoch im Kurs, gerade auch feinen Saucen geben sie einen besonderen Geschmack. Manche Pilze können roh gegessen werden, die meisten aber sollten eigentlich gut durchgaren. Dass Pilze nicht wieder aufgewärmt werden, ist ein Thema für sich. Sicher ist: Ein zweites Mal erwärmt, müssen sie vollständig durchgekocht werden. Angebratene Pilze können übrigens problemlos in Öl oder Essig konserviert und später zu Antipasti verarbeitet werden.

Pilze sollten möglichst trocken in heißem Fett, zum Beispiel in etwas Öl oder Butterschmalz, angebraten werden. Geben Sie nicht zu viele Pilze auf einmal in die Pfanne, da sie bei einem Flüssigkeitsanteil von wohlgemerkt gut 90 Prozent leicht Wasser ziehen. Braten Sie die Pilze lieber in mehreren Touren an, um sie wirklich gut zu rösten. Gerade Pfifferlinge schmecken sonst gummiartig und schwammig. Danach können sie allesamt in Butter oder Olivenöl nachgebraten oder angeschwenkt werden. Frisch gehackte Petersilie, frisch gemahlener Pfeffer und Salz reichen für ein wirklich gutes Pilzgericht eigentlich schon aus. Fein geschnittener, edler Speck, Zwiebeln oder Schalotten unterstreichen das

Aroma ebenso wie Rotwein, Weißwein oder ein guter Essig. Was auch immer Sie ausprobieren: Alle Zutaten sollten so kombiniert werden, dass der feine Eigengeschmack der Pilze nicht auf der Strecke bleibt.

Tipp für einen Champignonsalat: Kleine Zwiebelwürfel, in feine Röllchen geschnittener Schnittlauch und wenig gehackte Petersilie mit Scheiben von weißen Champignons vermischen, mit Zitronensaft, Olivenöl, frisch gemahlenem Pfeffer und Fleur de Sel abschmecken. Dazu frisch geröstetes Brot.

Wussten Sie schon? Pilze werden frisch, als Konserve, tiefgekühlt oder getrocknet im Handel angeboten. Gefrorene Pilze verlieren beim Auftauen sehr viel Flüssigkeit. Diese Flüssigkeit muss der Sauce später zugeben werden, da sonst fast gar kein Pilzgeschmack mehr übrig bleibt. Pilze aus der Dose sind nicht mit frischen Pilzen vergleichbar, der feine und frische Geschmack bleibt hier genauso auf der Strecke wie die Konsistenz und der Biss frischer Pilze.

Unter der breiten Rubrik der Speisepilze verbergen sich einige besonders beliebte Arten. Steinpilze gehören hierzu ebenso wie Pfifferlinge und Morcheln. Hier ein paar Anmerkungen zu diesen Köstlichkeiten der etwas gehobeneren Küche.

Steinpilze

In den hiesigen Wäldern wächst der Steinpilz zwischen Juli und Oktober. Aufgrund seines ausgezeichneten, nussartigen Geschmacks ist er einer der bekanntesten und am häufigsten gesuchten Pilze. Kaum ein anderer Speisepilz hat in unseren Breiten ein ähnlich intensives Aroma. Und nach dem Trüffel hat kaum ein Pilz ähnlich viele Kalorien. Besonders für Vegetarier sind Steinpilzgerichte damit gute Lieferanten von pflanzlichem Eiweiß.

Beim Einkauf frischer Steinpilze sollten Sie eher jüngere Pilze auswählen, sie sind fester und schmackhafter. Optimal sind 6 bis 7 Zentimeter große Pilze mit geschlossener Kappe. Die Hutfarbe changiert von hell- bis haselnuss- oder rotbraun; ganz junge Exemplare, die kaum Licht bekommen haben, sind beinahe weißlich. Die Oberfläche der Kappe ist mattiert, oft uneben runzelig, bei lang anhaltendem Regenwetter klebrig und schmierend – und genau dann von eher schlechter Qualität!. Die Größe älterer Steinpilze sollte bei maximal 15 Zentimetern liegen, die Stiele sind teils weißlich und später dann grüngelblich bis olivgrün, immer aber schlank und keulenförmig. Das Fleisch sollte weißlich und fest sein, der Geruch angenehm und neutral.

Der edle Steinpilz ist reich an Selen, Eisen, Kalium – und oft leider auch an Würmern. Beim Putzen also auf Wurmbefall achten und entsprechend schadhafte Stellen entfernen!

Steinpilze sollten wie alle anderen Pilze möglichst bald verzehrt werden. Im Gemüsefach des Kühlschranks halten sie sich nur wenige Tage. Zum Trocknen sind sie besonders gut geeignet. Allerdings sind Geschmack und Aroma nicht mit den frischen Steinpilzen zu vergleichen. Zum Tiefgefrieren eignen sich nur ganz frische Steinpilze.

Zubereitung: Steinpilze schmecken roh und in ganz dünne Scheiben geschnitten im Salat ebenso wie gebraten. Wie auch immer Sie Steinpilze zubereiten: Sie sollten nur dezent gewürzt werden, andernfalls wird das zarte Aroma schnell überdeckt. Besonders fein schmecken sie mit Schalottenwürfeln gebraten, wenig Knoblauch und Petersilie, abgelöscht mit einem guten, trockenen Weißwein. In der italienischen Küche werden sie gerne mit Nudeln oder für gefüllte Pasta wie Ravioli verwendet.

Pfifferlinge

Der Pfifferling, regional auch als Dotterpilz oder Eierschwammerl bekannt, wächst von Juli bis November in großen Mengen in Laub- und Nadelwäldern. Da aber viele leidenschaftliche Pilzsammler sogar kleinste Exemplare dieser trichterförmigen Pilze pflücken, ist der Pfifferling in manchen Regionen inzwischen selten geworden. Interessant für Vegetarier: Pfifferlinge enthalten verhältnismäßig viel Eisen, sie können in ausreichender Menge durchaus den Tagesbedarf decken.

Kühl und dunkel sind Pfifferlinge maximal zwei Tage lagerfähig. Wie Steinpilze werden sie nur kurz angebraten. Am besten mit Schalotten- und feinen Speckwürfeln, gehackten Kräutern, Pfeffer und Salz. Ein Genuss! Als Beilage schmecken sie besonders zu Wildgerichten oder mit Salat.

Morcheln

Frische Morcheln werden leider nur selten angeboten und dann meist zu sehr hohen Preisen. Sollten Sie welche entdecken, greifen Sie dennoch zu: Frisch schmecken sie einfach köstlich!

Es gibt zwei Arten von Morcheln: Speisemorcheln, die bis zu 15 Zentimeter groß werden, und die etwas kleineren Spitzmorcheln. Wofür Sie sich auch immer entscheiden: Verwechseln Sie echte Morcheln nicht mit den Black-Fungus-Pilzen, die auch als asiatische Morcheln angeboten werden. Der Geschmack ist in keiner Weise vergleichbar. Die echte Morchel ist innen hohl und hat einen rundlichen bis eiförmigen Hut, der wabenartig gefächert und gefaltet ist. Der Hut sollte hellbraun sein. Der Stiel von jungen Morcheln ist eher hell und verfärbt sich erst bei älteren Exemplaren. Morcheln wachsen von April bis Juni.

Wie Sie sich sicher denken können: Auch Morcheln müssen vor dem Verzehr gründlich geputzt werden. Am besten schmecken frische Morcheln mit Spargel, Kalbfleisch oder auch „nature", nur einige Minuten in Butter oder einer leichten Sahnesauce angeschwenkt. Die Speisemorchel zählt zu den allerbesten Speisepilzen überhaupt. Im Gegensatz zu den meisten anderen Pilzen hat sie vor allem im Frühling Hochsaison.

Auch getrocknete Morcheln lassen sich mit Gewinn in der Küche einsetzen, für feine Saucen mit (wenig) frischer Sahne etwa. Getrocknet können sie sehr sandig sein und müssen daher mehrmals gewässert werden.

Trüffel

31

Der König aller Pilze ist – gastronomisch gesehen – der Trüffel, vom großen französischen Gourmet Jean-Anthelme Brillat-Savarin auch als „schwarzer Diamant" bezeichnet. Es gibt wohl keinen Pilz, der so magisch ist wie der Trüffel. In allen Epochen der Kochkunst haben führende Köche diesen Pilz besonders gewürdigt. Es gibt kein klassisches Kochbuch, in dem Trüffel nicht zur Vollendung einer besonderen Speise verwendet werden. Toprestaurants der ganzen Welt servieren von Oktober bis März frischen Trüffel.

Von den vielen unterschiedlichen Trüffelsorten werden etwa zehn gehandelt, aber wenn Gourmets von Trüffel schwärmen, dann denken sie an zwei oder drei ganz bestimmte: an den schwarzen Wintertrüffel aus dem südwestfranzösischen Périgord oder, inzwischen immer bedeutender, aus dem südostfranzösischen Vaucluse, der von Oktober bis März auf dem Markt ist, und an den weißen Trüffel aus der Gegend um Alba in Italien. Sie gehören zur absoluten Weltklasse – und die Chance, dass Sie einen dieser Trüffel serviert bekommen, ist entsprechend gering.

Denn immer wieder werden billige Trüffel wie der Chinatrüffel als exquisite Sorten verkauft oder hochwertigen italienischen Trüffeln die weitaus weniger intensiven kroatischen Trüffel beigemischt. Um Verwechslungen zu vermeiden, braucht es leider ein fachmännisches Auge. Als Laie ist man oft erst in der häuslichen Küche schlauer. Wenn Ihr erster Trüffel also kein herausragendes Erlebnis ist, dann mag es vielleicht am Trüffel liegen. Der echte weiße Trüffel hat ein gelbweißliches Fruchtfleisch und wird botanisch auch als Tuber magnatum bezeichnet, das Fruchtfleisch des schwarzen Trüffels ist schwarzgrau, er wird als Tuber melanosporum gehandelt. Diese zwei Sorten sind die kulinarisch wertvollsten und zugleich die teuersten.

Trüffel sind auf eine Lebensgemeinschaft mit anderen Pflanzen wie Kastanien, Eichen und Weiden angewiesen. Sie haben keine Wurzeln und wachsen nur unterirdisch. Der weiße Trüffel gleicht einer kleinen, missratenen Kartoffel, der schwarze einem feinporigen Stück Koks. Beide werden von speziell abgerichteten Trüffelhunden oder, inzwischen seltener, Trüffelschweinen bis zu einem Meter tief in der Erde aufgespürt. Der Duft des Trüffels, der in seiner chemischen Zusammensetzung dem Sexualhormon eines Ebers oder Rüden ähnelt, wird vorwiegend von weiblichen Tieren wahrgenommen. Man sagt dem Trüffel übrigens auch für Menschen eine aphrodisierende Wirkung nach.

Die Grundvoraussetzung schlechthin für den Genuss von frischen Trüffeln ist die richtige Jahreszeit. Weiße Trüffel sind nur von Oktober bis Dezember auf dem Markt. Sie bestechen durch ihren unverwechselbaren Duft und einen einzigartigen Geschmack – ein Fest für alle Sinne! Weißer Trüffel darf nur leicht erwärmt, niemals aber erhitzt oder sogar gekocht werden. Denn sonst gehen Geschmack und Duft größtenteils verloren. Weißer Trüffel wird am besten mit einem scharfen Trüffelhobel wie Parmesan über die Speisen, insbesondere über Nudeln oder Risotto, gehobelt. Ein Gericht mit weißem Trüffel ist in der Regel immer recht einfach zuzubereiten. Denn hier garantiert allein der Trüffel Hochgenuss. Allerdings sollten Sie diesen feinen Pilz nur mit hochwertigen Zutaten kombinieren. Ein Klassiker, bei dem sich das Trüffelaroma voll entfalten kann: Frische Pasta mit Butter, einem guten Olivenöl und einer Prise Fleur de Sel abgeschmeckt, darüber frisch gehobelter Trüffel.

Will man auf den Edelpilz auch von Januar bis März nicht verzichten, kommt nur schwarzer Trüffel in Frage. Auch der schwarze Trüffel hat einen herausragenden Geschmack, er duftet aber viel weniger als der weiße. Auch in seinen Kocheigenschaften unterscheidet er sich: Er wird häufig mitgegart, zum Beispiel in Pasteten, gefüllter Poulardenbrust oder in klaren oder cremigen Suppen und natürlich in den feinsten Saucen zum Wild. Während weißer Trüffel der Philosophie einer Produktküche gehorcht (Gutes mit Gutem kombiniert kann nur gute Ergebnisse bringen), verlangt der schwarze Edelpilz schon eine gewisse Kochkunst.

Wichtige Erkenntnis zum Schluss: Zu wenig Genuss von Trüffeln ist verschenktes Geld. Genießen Sie Trüffel eher selten, aber dafür richtig. Kalkulieren Sie bei einem weißen Trüffel mit circa 10 Gramm oder mehr und bei einem schwarzen Trüffel mit 20 Gramm und mehr pro Person. Trüffelpreise sind immer Tagespreise und richten sich nach Angebot und Nachfrage. So kann er pro Gramm zwischen 3 und 5 Euro im Restaurant liegen. Natürlich gibt es Ausnahmen nach oben und unten.

Trüffel müssen richtig und einigermaßen aromaversiegelt gelagert werden, auf jeden Fall muss er aber auch atmen können. Deshalb niemals in Klarsichtfolie einwickeln! Am besten legen Sie den Trüffel auf rohem Reis gebettet oder mit Küchenkrepp umwickelt in eine ausreichend große, verschließbare Dose. Ein besonderer Tipp: Nehmen Sie reichlich Risottoreis, da der Reis das Aroma des Trüffels aufnimmt. Eine ähnliche Strategie besteht darin, Trüffel in einem verschlossenen Glas oder einer Dose auf rohen Eiern zu lagern – hier geht der Trüffelgeschmack durch die Schale ins Ei (siehe auch Seite 43).

Trüffel sind wie andere Pilze nicht länger haltbar. Trotzdem werden sie häufig weit über ihre Genussgrenze gelagert und verkauft. Trüffelkauf ist damit absolute Vertrauenssache!

Selbstverständlich sind auch Trüffelkonserven und eingekochte Trüffel eine Delikatesse. Mit frischen Trüffeln aber sind sie kaum zu vergleichen. Schwarzen Trüffel findet man sehr häufig konserviert. Die Konservierung erfolgt durch eine Vollsterilisation in einem geschlossenen Glas. Bei 100 Grad wird der Trüffel für circa 2½ Stunden in Dampf oder im Wasserbad mit wenig Wasser (auf 1 kg Trüffel kommen 150 ml Wasser und 10 g Salz) sterilisiert. „Première Cuisson" bezeichnet die edelste Trüffelkonserve, gefolgt von der preiswerteren Variante „Deuxième Cuisson", der Trüffel wurde hier zweimal gekocht und der erste Sud für Trüffelfond extra vermarktet. Auch an der auf der Verpackung kenntlich gemachten Nettoangabe erkennt man die preiswertere Variante.

Trüffelpastete, Trüffelbutter oder Trüffelöle können, wenn sie nicht künstlich angereichert sind, nur einen Hauch von dem Trüffelaroma vermitteln, das dem frischen Edelpilz eigen ist. Es gibt hier nur wenige Ausnahmen.

32 Hülsenfrüchte

Erbsen, Bohnen, Linsen, kurz: Hülsenfrüchte, galten einst als Arme-Leute-Essen. Der Eintopf, sättigend und nahrhaft, war besonders in Krisenzeiten angesagt. In industrialisierten Ländern waren Hülsenfrüchte seit den Fünfzigerjahren weitgehend vom Speiseplan verdrängt, wohingegen sie in Entwicklungsländern oftmals die einzige Nahrung waren. Heute haben sie das Image des Arme-Leute-Essens verloren. Vielmehr liegen die ballaststoff-, vitamin- und eiweißreichen Früchte voll im Trend – sei es im Salat, Risotto oder als Gemüse. Die Vollwertkost und vegetarische Küche hat ihre Bedeutung für die menschliche Ernährung wiederentdeckt Und das Beste ist: Obwohl Hülsenfrüchte wirklich en vogue sind, sind sie immer noch extrem preiswert.

Eigentlich haben Hülsenfrüchte nur zwei kleine Nachteile. *Erstens*: Man kann sie nicht roh verzehren. Rohe Hülsenfrüchte enthalten zum Teil giftige oder schwer verdauliche Substanzen. Vor allem Bohnen enthalten die Stickstoffverbindung Phasin, die in größeren Mengen lebenswichtige Aminosäuren blockiert. Sobald Sie die Früchte garen, sind die schädlichen Stoffe zerstört. Bei Keimlingen können Sie immer unbesorgt sein, denn die sind auch roh gut verträglich. *Zweitens*: Hülsenfrüchte befördern die Gasbildung im Darm. Aber auch das lässt sich leicht verhindern, indem man einfach Gewürze wie Kreuzkümmel, Koriander, Rosmarin, Bohnenkraut oder Senfkörner mitgart.

Achten Sie beim Einkauf auf eine gleichmäßige Farbe. Die Schalen sollten keine angetrockneten Stellen und schwarzen Flecken aufweisen, denn das sind Anzeichen von Pilzen und Schimmel. Auch sollten die Früchte eine einheitliche Größe haben, damit sie alle gleichzeitig gar werden. Sind in der Verpackung dagegen kleine und große Hülsenfrüchte, haben sie nicht den gleichen Reifestatus. Hülsenfrüchte lieben die Dunkelheit. Kaufen Sie sie, vor allem wenn sie geschält sind, nur in blickdichten Verpackungen. Die verhindern nämlich, dass wertvolle Vitamine durch den Lichteinfluss verloren gehen und sich die Eiweißstrukturen verändern, was zu erheblichen Geschmacksverlusten führt. Außerdem sollten keine Mehlspuren auf dem Verpackungsboden sein. Mehlspuren sind ein Indikator dafür, dass die Hülsenfrüchte von Parasiten befallen sind. Finger weg!

Bewahren Sie getrocknete Hülsenfrüchte immer in einem verschlossenen Behälter an einem kühlen, trockenen und lichtgeschützten Ort auf. Ungeschälte Hülsenfrüchte sind so mindestens über ein Jahr haltbar, geschälte Hülsenfrüchte etwa sechs Monate. Gegarte Hülsenfrüchte bleiben in verschlossenen Behältern im Kühlschrank einige Tage frisch. Tiefgefroren sind gegarte Hülsenfrüchte nur wenige Monate haltbar, da sie sehr schnell an Geschmack verlieren.

Die eiweißreichste Hülsenfrucht ist die *Sojabohne*. Sie enthält circa 35 Prozent mehr Eiweiß und 18 Prozent mehr Fett als andere Hülsenfrüchte. Ganze Sojabohnen haben praktisch keine Marktbedeutung, in verarbeitetem Zustand aber umso mehr. Mit zu den bekanntesten Produkten gehört das hellgelbe Sojaöl. Es ist von neutralem Geschmack und die Basis der Margarineerzeugung. Dann hat der Tofu immer mehr Freunde gefunden. Die quarkähnliche Masse besteht aus der geronnenen Sojabohnenmilch.

Die Verwandtschaft der *Bohne* ist weit verzweigt. Insgesamt gibt über hundert verschiedene Sorten. Stangenbohnen haben neben ihrem hohen Eiweißgehalt relativ viel Vitamin C und Kalzium. Wie die fleischigen Buschbohnen oder Brechbohnen verwendet man sie vor allem für Eintöpfe. Prinzess-, Delikatess-, Nadelbohnen oder Haricots verts sind die zartesten Bohnensorten. Am besten schmecken sie kurz blanchiert und nur in wenig guter Butter geschwenkt. Wer will, kann etwas fein gewürfelten Speck hinzugeben oder sie auch mit Speck umwickeln.

Dann gibt es natürlich noch die Bohnen, die man bestenfalls von „Fagioli nel fiasco" (weiße Bohnen in der Flasche) oder schlimmstenfalls von der Konserve mit dem Namen „Baked Beans" her kennt. Der Oberbegriff für diese Hülsenfrüchte, die getrocknet und frisch angeboten werden, lautet weiße Bohnen, auch wenn sie nicht immer weiß sein müssen. Sie kochen sämig bis cremig und sind recht weich. Eine besondere Spezialität sind die Canellini-Bohnen aus Italien.

Rote Kidney-Bohnen besitzen eine kräftige Schale und einen mehligen Kern. Sie passen vor allem zu traditionell scharfen Fleischgerichten. Braune Bohnen kommen aus den Niederlanden und werden im ostfriesischen Raum gerne für Suppen und Salate verwendet. Wachtelbohnen oder bunte Bohnen sind braungesprenkelt. Sie sind festkochend und eignen sich gut für Salate.

Schwarze Bohnen schmecken leicht süßlich und behalten nach dem Kochen ihre Form. Sie gehören in Lateinamerika zu den Grundnahrungsmitteln. Adzuki-Bohnen sind kernige kleine rote Bohnen aus Japan, die leicht süßlich schmecken.

Mungobohnen oder grüne Sojabohnen sind erbsengroß, olivgrün und aromatisch. Sie kommen aus China und Indien. Bei uns werden sie oft als Saatgut für Keimlinge verwendet.

Dicke grüne Bohnen oder auch Saubohnen kennt man als eine besondere Spezialität aus dem Rheinland. Sie werden gekocht und mit einer leichten Rahmsauce aus Speck, Zwiebeln und – nicht zu vergessen – Bohnenkraut zubereitet. Besonders gut passt dazu Mettwurst, geräucherter gekochter Speck und Kassler sowie gekochte Kartoffeln.

Erbsen gehören zu den ältesten Nutzpflanzen unter den Hülsenfrüchten. Die bekanntesten Erbsen sind die Pal-, Mark- und Zuckererbsen. Palerbsen schmecken leicht mehlig. Sie eignen sich gut für gebundene Eintöpfe und sind die einzigen Erbsen, die getrocknet angeboten werden. Markerbsen schmecken süßlich, während Zuckererbsen sehr zart sind. Frische Erbsen sind nur begrenzt lagerfähig. Am besten ist es, sie in der Schote aufzubewahren, sonst verlieren sie schnell an Geschmack und Farbe. Blanchiert und tiefgekühlt sind sie etwa ein Jahr lagerfähig.

Sicherlich ist Ihnen schon aufgefallen, dass Erbsen auch in der Größe differieren. Große Erbsen haben einen höheren Stärkegehalt und sind daher besonders weichkochend. Im Handel sind unterschiedliche Größen erhältlich. Extra dicke Erbsen haben einen Durchmesser von 7,5 Millimeter, normalkörnige von 6 Millimeter und kleine Erbsen von 4 bis 5 Millimeter. Achten Sie beim Einkauf darauf, geschälte Erbsen zu erwerben. Da die zellulosereiche Schale entfernt ist, sind sie nämlich leichter verdaulich. Außerdem werden die Erbsen geschliffen und poliert. Das Schälen und Polieren verkürzen die Zubereitungszeit, allerdings ist die Haltbarkeit von Schälerbsen begrenzt. Beim Schälen und Polieren entsteht unter den Erbsen viel Bruch. Dieser wird als Splittererbsen angeboten. Die Erbsenhälften sind qualitativ nicht schlechter als geschälte Erbsen, sind aber, weil sie weniger schön sind, erheblich günstiger.

Die *Kichererbse* ist größer als andere Erbsen, von gelblich bis hellrötlicher Farbe, und sie besitzt eine kantige, unregelmäßige Form. Kichererbsen enthalten wertvolle Nährwerte und werden daher besonders in der vegetarischen Küche und im Rahmen der Vollwerternährung empfohlen.

Wie viele andere Hülsenfrüchte sind Kichererbsen in rohem Zustand unverdaulich. Daher sollten Sie sie nur in gekochtem Zustand oder als gekeimte und anschließend blanchierte Sprossen verwenden. Allerdings sind die im gekochten Zustand nussig schmeckenden Erbsen vielseitig einsetzbar. Sie lassen sich frittiert zu der beliebten Falafel verarbeiten, die gerne mit Joghurtsauce in einer Fladenbrottasche mit Salat gereicht wird. Aber auch im oder als Salat oder in Reisgerichten und Couscous sind Kichererbsen immer beliebt. Der Klassiker der orientalischen Küche ist Hummus. Das ist eine wunderbare Paste aus gekochten und pürierten Kichererbsen, Sesampüree, Zitronensaft, Knoblauch, Öl und Minze, die im Vorderen Orient mit Fladenbrot gegessen wird.

Linsen werden nach Größe und Farbe unterschieden. Aus Italien kommt die braune Berglinse und aus Frankreich die grünlich-schwarze

Le-Puy-Linse. Aus Indien stammen die orangefarbenen und roten Linsen, die sich beim Kochen in Brei verwandeln. Diese Linsen werden gerne gemahlen und mit allerlei Gewürzen wie grobem Pfeffer, Chili, Kreuzkümmel, Knoblauch oder auch anderen Kräutern zu dem Brot „Papadam" verarbeitet, das in Öl beidseitig frittiert und in der indischen Küche als Beilage zu Currygerichten oder als Snack angeboten wird.

Frisch geerntete Linsen sind grünlich. Nach längerer Lagerung verfärben sie sich gelbbraun bis braun. Natürlich haben verschiedene Linsenarten unterschiedliche Größen. Dennoch gilt: Je kleiner die Linsen, desto besser der Geschmack. Das liegt daran, dass sie einen größeren Schalenanteil besitzen. Und gerade die Schale liefert den typischen Geschmack. Wie die Erbsen werden Linsen nach dem Durchmesser sortiert angeboten. Riesenlinsen haben einen Durchmesser von 7 Millimeter, Tellerlinsen 6 bis 7 Millimeter, Mittellinsen 4 bis 6 Millimeter. Rote Linsen sind noch viel kleiner und sind daher besonders schnell gar. Im Gegensatz zu Erbsen und Bohnen gilt bei Linsen die Kochfähigkeit nicht als Beurteilungsmerkmal, da es praktisch keine Linsen gibt, die nicht weich kochen. Es ist eben alles eine Frage der Zeit. Kochen Sie Linsen immer in wenig Wasser oder in Brühe.

Linsen sind ganz vielseitige Hülsenfrüchte. Man richtet sie gerne süß-säuerlich an, sei es mit einem Schuss Essig oder Dörrobst oder Äpfeln, und mit kräftigen Kräutern wie Salbei, Majoran, Koriander, Rosmarin oder Liebstöckel. Aus Westfalen stammt der lauwarme Linsensalat mit Entenbrustscheiben, aus Schwaben die Linsen mit Spätzle und aus Thüringen der Linseneintopf mit Rotwurst. In Italien isst man gerne Linsensuppe mit Maronen. Gerne erinnere ich mich auch an die einfache Pasta mit Linsen, italienischem Lardo (also Speck) und Miesmuscheln.

Reis, Kartoffeln und mehr

Kartoffeln

In Deutschland liegt der jährliche Verbrauch pro Kopf bei circa 70 bis 80 Kilogramm, allerdings stammen davon nur rund 10 Prozent aus heimischer Ernte. Die Importkartoffeln kommen unter anderem aus Frankreich und Holland, von Januar bis Mai werden insbesondere Frühkartoffeln aus Ländern rund ums Mittelmeer (Marokko und Zypern etwa) angeboten. Die deutsche Ernte beginnt erst im Juni und endet im Oktober. Kartoffeln haben damit das ganze Jahr Saison.

Als Kartoffeln werden die unterirdischen Wurzelverdickungen der Kartoffelpflanze bezeichnet. Unter einer Kartoffelpflanze wachsen circa 10 bis 20 Kartoffeln heran. Größe und Form variieren stark, die Schale ist mal weißlich, mal hellgelb, es gibt ockergelbe, bräunliche, hellrote und violette Sorten. Auch die Farbe des Kartoffelfleisches ist sortenabhängig weißlich, gelb, rot oder sogar violett.

Über die für den Verkauf in Deutschland zugelassenen Sorten entscheidet das Bundessortenamt, das rund 110 verschiedene Speisekartoffeln nach Qualität und Geschmack klassifiziert. Je nach Erntezeit werden die Kartoffeln in sehr frühe, frühe, mittelfrühe und mittelspäte bis sehr späte Sorten unterteilt. Nach der Handelsklassenverordnung für Speisekartoffeln werden die Erdäpfel mit ihrem Sortennamen und den Buchstaben „f" für festkochende, „vf" für vorwiegend festkochende und „m" für mehlig kochende Eigenschaft ausgezeichnet. Die EU wiederum hat für verschiedene Kochtypen die international geltende Buchstabenkennung „A", „B", „C" und „D" festgelegt. Aber genug der Bürokratie. Für die Küche bedeutet diese Einteilung:

- „A", „A-B", „f", *festkochend*: Festkochende Kartoffeln sind fest mit einem kernigen und feucht-feinkörnigen Fleisch, ihr Stärkegehalt liegt bei niedrigen 14 Prozent. Sie behalten beim Kochen ihre feste Struktur und eignen sich besonders für die Zubereitung von Bratkartoffeln, Kartoffelgratin und Kartoffelsalat.

- *„B-A"*, *„B"*, *„vf"*, *vorwiegend festkochend*: Vorwiegend festkochende Kartoffeln zeigen beim Kochen eine mittlere Festigkeit. Ihr Fleisch ist ziemlich feinkörnig und nur schwach mehlig, der Stärkegehalt liegt bei 14 bis 16 Prozent. Vorwiegend festkochende Kartoffeln platzen selten auf und eignen sich daher besonders für Pellkartoffeln sowie als Bratkartoffeln und Beilage für Gerichte mit Sauce.
- *„B-C"*, *„C"*, *„m"*, *mehlig kochend*: Mehlig kochende Kartoffeln sind meist später reifende Kartoffeln, die einen höheren Stärkegehalt (über 16 Prozent) haben. Ihr Fleisch ist mehlig, ziemlich trocken und grobkörnig. Beim Kochen platzt die Schale von mehlig kochenden Kartoffeln schnell auf, sie eignen sich besonders für die Zubereitung von Kartoffelpüree, Kartoffelsuppen, Eintöpfen, Kartoffelknödeln, Reibekuchen und Kroketten.
- *„C-D"*, *„D"*: Hier handelt es sich nicht um Kochtypen im Sinne der Handelsklassenverordnung. „C-D" und „D" stehen für stark mehlig kochende und trockene Kartoffelsorten. Sie sind besonders locker und zerfallend.

In Deutschland angebaute Kartoffeln sind unter anderem die sehr frühe Sorte *Christa* (vf), eine halbmehlige, feine Kartoffel, bestens geeignet für Pellkartoffeln oder Gratin, und die *Sieglinde* (vf), die sicher zu den beliebtesten Kartoffeln in Deutschland gehört. Sie schmeckt fein-speckig und gibt optimale Bratkartoffeln. Frühe Sorten aus heimischem Anbau sind die *Cilena* (f), mit feinem, mildem Geschmack eine echte Delikatesskartoffel, und die festkochende Variante der Sieglinde, eine altbewährte Knolle mit edlem, feinmildem Geschmack, die als Beilage anspruchsvoller Gerichte insbesondere in der Gastronomie beliebt ist.

Zu den mittelfrühen Sorten gehören die vor allem in Süddeutschland verbreitete *Désirée* (vf), besonders lecker als herzhafte Bratkartoffel, sowie die milde *Granola* (vf) und die hochwertige *Grata* (vf) mit ausgeprägtem Aroma. Die Sorte *Linda* (f) ist ideal für Salz- und Pellkartoffeln, *Nicola* (f) ist mit ihrem feinen Geschmack perfekt geeignet für Kartoffelsalat, die kräftig-aromatische und meist groß gewachsene *Quarta* (vf) wird bevorzugt als Ofenkartoffel verwendet.

Zu den mittelspäten bis sehr späten Sorten zählen *Aula* (m) und *Saturna* (m), die mit ihrem ausgeprägten Geschmack eine gute Basis für Kartoffelpüree geben. In Butter angeschwenkt, gedämpft oder als Salatkartoffel gelten die mittelfrühe *La Ratte* und das *Bamberger Hörnchen* als besonders wohlschmeckend. Die violette Trüffelkartoffel, auch *Vitelotte noir* genannt, hat einen leichten Nussgeschmack und wird mit Vorliebe als Pellkartoffel gegart und in Butter geschwenkt.

Auf der Verpackung müssen die Handelsklasse, der Name der Sorte, der Kochtyp bzw. die Kocheigenschaften, das Einfüllgewicht in Kilogramm, die Erzeugeranschrift bzw. der Abfüller sowie die Bezeichnung „Speisekartoffeln" oder „Speisefrühkartoffeln" stehen. Die gesetzlich definierten Handelsklassen sind „Klasse I" und „Extra". Die Kartoffeln der Klasse „Extra" müssen besonders sauber sein, die Schale hat fest zu sein, sie muss eine helle bis mittlere Färbung aufweisen. Diese Vorgabe gilt für mindestens 95 Prozent einer Verpackungseinheit. Daneben gibt es die so genannten Drillinge. Drillinge sind kleine Kartoffeln beider Handelsklassen mit einem Durchmesser von 25 bis 40 Millimeter.

Lagerung

Speisefrühkartoffel darf sich nur nennen, was vor dem 10. August geerntet wurde. In Deutschland werden die frühen Kartoffeln vor allem unter Folie angebaut. Die sehr frühen Sorten haben zwar eine gute Speisequalität, sollten aber nicht länger als zwei bis drei Wochen an einem dunklen und kühlen Ort aufbewahrt werden. Andernfalls verlieren sie schnell an Qualität und werden schrumpelig. Zur längeren Aufbewahrung eignen sich mittelfrühe und vor allem späte Sorten. Die sehr späten Sorten sind nur noch selten im Angebot und eigentlich zur Einkellerung bestimmt. Ob früh oder spät: Für alle Kartoffeln ist ein trockener, dunkler Ort mit ausreichender Luftzirkulation und Temperaturen zwischen 4 und 6 Grad erste Wahl. Bei hohen Temperaturen (Zimmertemperatur) keimen und schrumpeln die Erdäpfel schnell, bei zu niedrigen Lagertemperaturen (unter 4 Grad) wird ein Teil der Stärke in Zucker umgewandelt, die Kartoffeln schmecken dann unangenehm süß. Hier sorgt in der Regel ausgiebiges Wässern für Abhilfe.

Kartoffeln, die zu lange gelagert wurden, Triebe gebildet haben, ausgekeimt sind oder sich bereits grün färben, enthalten das giftige Alkaloid Solanin. Da ein übermäßiger Verzehr Bauchkrämpfe verursachen kann, bekam die Kartoffel daher in früheren Zeiten auch den Beinamen „Speichel des Teufels". Um den Teufel auszutreiben, müssen Triebe und grüne Stellen also großzügig entfernt werden.

Qualitätsmerkmale der Kartoffel

Kartoffeln sollten sortenrein, fest, völlig makellos – also gesund –, unbeschädigt, sauber bzw. frei von Erde und größensortiert sein. Die Mindestgröße liegt bei circa 3,5 Zentimeter, bei Frühkartoffeln dürfen es auch einmal 2,5 bis 3 Zentimeter sein. Grüne Flecken, Missgestaltungen und kleine Beschädigungen sind tabu. Achtung: Faule Kartoffeln riechen äußerst unangenehm! Kartoffeln sind minderwertig, wenn sie beim Kochen außen weich werden und innen hart bleiben. Beim Drücken auf eine angeschnittene Kartoffel darf kein Wasser austreten. Wenn Sie eine Kartoffel mit einem glatten Schnitt halbieren und beide Teile anschließend gegeneinander reiben, kleben die Hälften einer guten Kartoffel aneinander.

Von der Suppe über deftig-herzhaftes Brot bis hin zum Kuchen – während es wohl kein Gericht mit rohen Kartoffeln gibt, sind ansonsten den Zubereitungsmöglichkeiten keine Grenzen gesetzt. Und das nicht ohne Grund: Kartoffeln sind dank ihres ausgewogenen Verhältnisses zwischen Nähr- und Wirkstoffen und ihres relativ unaufdringlichen Eigengeschmacks, der je nach Zubereitungsart mit den unterschiedlichsten Gerichten harmoniert, eine abwechslungsreiche Sättigungsbeilage. Frei von Fetten ist die Kartoffel reich an Mineralstoffen wie Kalzium, Kalium, Magnesium und Phosphor sowie an Vitamin C und Vitaminen aus dem Vitamin-B-Komplex. Das Tolle: Die Knolle ist mit 75 Kalorien auf 100 Gramm kein Dickmacher.

Kartoffeln haben direkt unter der Schale die größte Dichte an Vitaminen und Mineralstoffen, es bietet sich also an, die Erdfrucht nur dünn zu schälen oder gleich mit Schale zu verzehren. Hierzu eignen sich insbesondere Speisefrühkartoffeln. Sie haben eine sehr dünne Schale, die vor der Zubereitung lediglich unter Wasser abgebürstet werden muss.

Gekocht werden Kartoffeln, gerade eben bedeckt, in gesalzenem Wasser. Pellkartoffeln schmecken am besten mit Butter und einem hochwertigen Salz. Probieren Sie doch mal ein Fleur de Sel. Aber auch mit Kräuterquark oder Crème fraîche werden sie zu einer Delikatesse. Wie so oft bei der Zubereitung gilt auch hier: Allein die schonende Behandlung der Lebensmittel bewahrt die wertvollen Inhaltsstoffe: Liegen Kartoffeln etwa zu lange im Wasser, gehen wertvolle wasserlösliche Vitamine und Mineralstoffe verloren. Bei geschnittenen oder geriebenen Kartoffeln entsteht durch Oxidation relativ schnell ein so genannter Melanin-Farbstoff, der die Vitamine angreift. Eile ist also geboten. Es sei denn, Sie haben den Vitamingehalt bereits durch großzügiges Schälen dramatisch minimiert.

Übrigens: Die *Süßkartoffel* oder *Batate* ist rundlich bis länglich, je nach Sorte kann die Schale mal hell, mal dunkelrot sein, das Innere ist mal weißlich, mal gelblich-rot. Immer aber hat das Fleisch der Süßkartoffel eine mehlige Konsistenz und, man ahnt es schon, einen intensiv süßlichen Geschmack, der leicht an das Aroma von Kürbissen erinnert. Süßkartoffeln unbedingt in der Schale garen, leicht abkühlen lassen und in Butter anschwenken oder sogar hellbraun braten.

Besonderer Tipp: Rezept für Papas arrugadas

2 Kilo gleichmäßig kleine Kartoffeln (bevorzugte Sorte papas bonitas oder papas negras) ungeschält, aber gewaschen und gebürstet in Wasser mit bis zu 500 Gramm Meersalz kochen. Sind die Kartoffeln gar, Wasser abschütten und die Kartoffeln bei 110 Grad auf ein Backblech legen. Die Kartoffeln trocknen ein und werden etwas runzelig, es bildet sich eine leichte Salzkruste. Dazu eine leckere Mojo (ausgesprochen Mocho = Sauce) aus Tomaten, Olivenöl, frischem Koriander, Zitronensaft, Salz und Chili nach Geschmack.

Pasta   34

Nudeln machen glücklich! Ob als Trockenware oder frisch – Nudeln gehören zu den Spitzenreitern auf unserem Speisezettel, nicht zuletzt weil sie sich in der Zubereitung unbegrenzt variieren lassen.

Nudeln bestehen aus Wasser, Mehl oder Grieß und Salz. Manchmal kommt auch noch Ei hinzu. Aus diesen Zutaten werden mit viel Technik und Aufwand in der Pastaindustrie unzählige Variationen hergestellt. Zahlreiche Nudelfabrikanten bringen ihre Teigwaren in unterschiedlichsten Formen auf den Markt. Doch so einfach die Zutaten auch sein mögen, es bestehen gleichwohl große Qualitätsunterschiede im Nudelsegment. Wirklich gute Qualitäten werden hauptsächlich aus Hartweizengrieß hergestellt, und zwar aus einer speziellen Weizenzüchtung, die weniger Stärke, aber mehr Eiweiß als normaler Weizen enthält. Dadurch bleiben die Nudeln nach dem Kochen besonders bissfest, also al dente.

Bei Trockenprodukten unterscheidet man zwischen vier verschiedenen Qualitätsstufen, deren Merkmale in der Teigwarenverordnung festgelegt sind. Eiernudeln enthalten auf 1 Kilogramm Weizenrohstoff 2½ Hühnereier. Eiernudeln mit hohem Eigehalt müssen mindestens vier Eier enthalten, Eiernudeln mit besonders hohem Eigehalt sogar sechs Eier. Eifreie Teigwaren gelten dann als eifrei, wenn sie ganz ohne Ei oder mit weniger als der vorgeschriebenen Mindestmenge von 2¼ Eier auf 1 Kilogramm Weizenrohstoff hergestellt werden. Zuverlässige Auskunft gibt hier jedoch das Zutatenverzeichnis, in dem das Hühnerei deklariert sein muss, auch wenn nur geringe Mengen an Ei verwendet wurden.

Frische Nudeln lassen sich gut zu Hause zubereiten. Für ein ganz einfaches Rezept rechnen Sie pro Person 100 g Mehl, ein ganzes Ei, 1 Teelöffel Olivenöl, wenig Wasser, so dass der Teig nicht klebt, und etwas Salz nach Geschmack. Nach Belieben können Sie auch Vollkornmehle beimischen oder Hartweizengrieß. Das ist eigentlich schon alles. Jetzt müssen Sie nur noch kneten, kneten, kneten. Bevor Sie dann den Teig mit einem Nudelholz – einfacher ist es mit einer Nudelmaschine – ausrollen, darf der Teig auf keinen Fall kleben, sondern sollte glatt, geschmeidig und glänzend sein. Durch gelegentliches Bemehlen kann schlimmstes Kleben verhindert werden – aber eben nur bis zu einer gewissen Grenze. Der Teig kann nämlich leider nur eine bestimmte Menge an Mehl aufnehmen. Bevor Sie den Teig ausrollen, sollten Sie ihn etwa eine halbe Stunde ruhen lassen, damit sich das Klebeeiweiß, also das Glutanin, entspannt. Andernfalls wird das Ausrollen extrem mühselig.

Natürlich lässt sich dieses Grundrezept auch variieren. Ob Hartweizen- oder Weichweizengrieß, ob mit oder ohne Ei, ob mit einem guten Schuss Olivenöl oder Vollkornmehl – alles ist erlaubt. Nur kleben darf der Teig nicht. Sie können auch die Farbe Ihrer Nudeln bestimmen. Ungefärbte Pasta weist, je nachdem ob sie mit oder ohne Eier zubereitet wurde, unterschiedliche Gelbtöne auf. Mit etwas Tomatenmark oder püriertem Spinat können Sie die Nudeln rot und grün färben. Sepiatinte macht ihre Pasta schwarz, wohingegen Sie mit Rote Betesaft ein sehr intensives Rot und mit Safran ein schönes sattes Gelb erhalten.

Kochen Sie Nudeln immer in einem großen offenen Topf mit sprudelndem gesalzenem Wasser, und rühren Sie häufiger mal um. Nudelteig kann beim Kochen – und besonders wenn die Wassertemperatur zu niedrig ist – leicht mehlig werden. Außerdem besteht die Gefahr, dass die Nudeln leicht zusammenkleben, wenn sie in zu wenig Wasser oder vor allem zu lange gekocht werden. Als Faustregel gilt: 100 Gramm Nudeln – mindestens 1 Liter kochendes Wasser.

Es gibt Leute, die gießen ein paar Tropfen Olivenöl in das Nudelwasser in der Annahme, die Pasta würde dadurch nicht kleben. Das ist völlig unsinnig und ohne jeden Effekt. Wenn Sie die Nudeln in dem Wasser ordentlich durchrühren, werden sie nicht kleben. Allerdings sollten Sie die Nudeln nach der Garzeit sofort abgießen und servieren – sonst kleben sie wirklich und werden weich. Unterlassen Sie tunlichst das Abschrecken. Es ist überflüssig und lässt Ihre Nudeln nur erkalten. Ob man die Pasta direkt nach dem Abgießen beölen soll, ist eine Geschmacksfrage. Ich finde, es hängt stark davon ab, was man dazu isst und mit welcher Sauce die Pasta serviert wird. An geölten Bandnudeln hält bestimmt keine Sauce mehr, die den Nudeln ja den Geschmack gibt. Und wenn Sie Nudeln mit Pesto essen, haben Sie ja bereits im Pesto genug Olivenöl. Auf was Sie vielmehr achten sollten ist, dass Sie Pasta mit Öffnungen oder Spiralnudeln nehmen, da an diesen die Sauce viel besser haftet.

Nudeln sollten immer bissfest (al dente) sein. Weichgekochte Pasta jagt dem echten Italiener und Nudelliebhaber einen Schauer über den Rücken. Eine Nudel ist dann al dente, wenn sie Biss hat, noch nicht weiß gekocht ist, sondern noch einen gelblichen Ton besitzt und innen eine helle Farbe hat. Frische Nudeln sind auch ohne viel Sauce ein ganz besonderer Genuss. Einfach Fleur de Sel, frisch geriebenen Hartkäse, etwas frische Kräuter und vor allem gutes Olivenöl geben diesen Nudeln den besonderen Geschmack.

Es gibt unendlich viele verschiedene Nudelsorten. Zu der bekanntesten Sorte gehören die *Spaghetti*, die in unterschiedlichen Längen und Stärken angeboten werden. *Spaghettini* sind sehr dünn. Je nach Durchmesser werden sie bis zu zehn Minuten gekocht.

Unter *Penne* versteht man die circa 6 Zentimeter langen und dicken Hohlnudeln, die an den Enden spitz zulaufen. Sie haben eine Kochzeit von circa neun bis zwölf Minuten und eignen sich besonders gut zu Gerichten mit Sauce. Da die Außenseite der Nudel geriffelt ist, bleibt viel Sauce haften. Sie passen sehr gut zu feurigen Saucen wie Arrabiata.

Makkaroni dagegen sind lange Hohlnudeln mit einem halben Zentimeter Durchmesser, mit einer Garzeit von circa acht bis zehn Minuten. Makkaroni sind optimale Nudeln für einen Auflauf.

Tagliatelle oder *Fettuccine* sind Bandnudeln. Sie gibt es in verschiedenen Längen und Breiten. Ihre Kochzeit liegt zwischen sieben und zehn Minuten. Sie eignen sich gut zu Gerichten mit Sahnesauce.

Nudeln in Schmetterlingsform heißen *Farfalle*. Sie werden circa acht Minuten gekocht und sind besonders für Nudelsalate zu empfehlen.

Orecchiette sehen dagegen aus wie Muscheln, und es gibt sie in verschiedenen Größen. In die Höhle dieser Öhrchen, wie Orecchiette übersetzt heißen, lagert sich gut Sauce an. Ich esse sie am liebsten zu groben oder gemüsigen Saucen mit Kräutern.

Die langen, breiten Teigplatten nennt man *Lasagne*. Sie werden aus praktischen und verarbeitungstechnischen Gründen meist vorgekocht angeboten und können dann zu geschichteten Aufläufen weiterverarbeitet werden.

Tortellini und *Ravioli* sind Teigtaschen in unterschiedlichsten Formen und Farben. Sie werden mit Fleisch, Fisch, Gemüse oder auch mit Käse gefüllt. Je nach Art und Größe haben sie eine Kochdauer von fünf bis zwölf Minuten. Je nach Füllung eignen sich Sahne- oder Buttersaucen zum Beispiel mit Salbei. Je feiner die Füllung, umso dezenter sollte die Sauce sein.

Neben den klassischen italienischen Nudeln gibt es auch hervorragende asiatische, vor allem japanische Nudeln und die berühmten deutschen Nudelspezialitäten. Damit ist eine besondere Nudelart gemeint, nämlich die *Spätzle*, die in manchen Regionen auch Spatzen genannt werden. Ursprünglich kommen sie aus dem Schwäbischen und werden entweder als Beilage oder mit weiteren Zutaten wie Zwiebeln, Pilzen oder Käse als eigenes Gericht serviert. Spätzle bestehen wie andere Nudeln auch aus einem Teig aus Mehl, Eiern, Salz und Wasser. Allerdings werden viel mehr Eier verwendet. Im Vergleich zu Nudelteig ist Spätzleteig feuchter, weich und reißend, so dass er nicht ausgerollt werden kann. Stattdessen wird der frische Teig auf einem feuchten Brett ausgestrichen und mit einem Messer in dünnen Streifen direkt in kochendes Salzwasser geschabt. Leichter geht es mit den heute üblichen Spätzlepressen. Wenn die Spätzle nach kurzer Zeit gar sind, steigen sie nach oben und werden mit einem Schaumlöffel entnommen.

Ganz anders die asiatischen Nudeln, die es auch in manchen Formen und Varianten gibt. Den italienischen Spaghetti am ähnlichsten sind die chinesischen *Mee*-Nudeln, die zu einem viereckigen Block geringelt werden, der beim Zubereiten in einzelne Nudeln zerfällt. *Reisnudeln* dagegen werden aus Reismehl hergestellt. Die Reisstärke macht die dünnen Nudeln sehr hell. Die auch für Salate so beliebten asiatischen *Glasnudeln* werden aus der Stärke der Mungobohnen hergestellt, deshalb auch die unterschiedliche Konsistenz im Vergleich zu Getreidenudeln. Japanische *Soba*-Nudeln bestehen aus Buchweizenmehl und japanische *Udon* aus Weizenmehl und Salz. *Somen* wiederum sind feine, lange Fadennudeln aus Weizenmehl.

Wussten Sie schon? Grieß ist ein Produkt aus der Getreidemühle, wo neben Mehl auch noch viele andere Produkte aus Getreide, hauptsächlich aus Weizen, hergestellt werden. Weichweizengrieß wird besonders für Backanwendungen hergestellt. Auch zum Kuchenbacken und für die Knödelherstellung verwendet man statt Mehl lieber einen feinen Grieß, der auch als doppelgriffiges Mehl bekannt ist. Daneben wird aus besonderem Hartweizen auch Hartweizengrieß für die Teigwarenproduktion, insbesondere Nudeln, gemahlen. Werden Hartweizenkörner nur grob gemahlen, so entsteht Grütze, die man zum Beispiel für die Herstellung von Couscous oder Bulgur verwendet.

35 Reis

Die Reiskultur ist uralt. Kein Wunder also, dass im Laufe der Jahrhunderte eine Vielzahl unterschiedlicher Sorten entwickelt wurde. Reis ist daher nicht gleich Reis, auch wenn bis auf den Wildreis alle relevanten Sorten zur gleichen Familie Oryza sativa gehören.

Reis ist eine Getreideart, die hauptsächlich aus Ländern mit tropischem Klima kommt. Dennoch ist Reis keine rein asiatische Angelegenheit: Auch in Spanien wird Reis angebaut, und besondere Spezialitäten sind der rote Carmargue-Reis aus Frankreich und der italienische Risottoreis. Reis enthält etwa 80 Prozent Kohlenhydrate in Form von Stärke, weniger Fett und Eiweiß als andere Getreidearten und ist zudem sehr bekömmlich. Aus einer kalorienbewussten Küche ist er kaum mehr wegzudenken.

Um zumindest ein bisschen Ordnung in die fast 8 000 Reissorten zu bringen, unterscheidet man das Getreide in Lang-, Mittel- und Rundkornreis. Langkornreis hat eine Länge von 6 bis 8 Millimeter, er bleibt auch nach dem Garen locker und körnig. Die bekanntesten Langkornreissorten sind der *Patna-*, *Carolina-* und indische *Basmatireis*. Der Rundkornreis ist nicht länger als 5 Millimeter und, wie der Name schon sagt, rundlich. Hier sind wohl die bekanntesten Sorten die italienischen *Arborio*, *Carnaroli* und *Vialone nanno*. Er benötigt beim Garen etwas mehr Flüssigkeit als der Langkornreis, wird weich und klebrig und eignet sich hervorragend für Risottogerichte.

Neben dieser mehr biologischen Einteilung gibt es eine andere, die vor allem nach der Bearbeitungsform unterscheidet. Der Naturreis ist zwar enthülst, aber nicht geschält und wird auch als ungeschälter oder Braunreis bezeichnet. Er enthält die meisten Vitamine, Mineralstoffe und Fett, ist aber gerade wegen des Fettgehalts nur begrenzt haltbar. Unser Standardreis ist in der Regel der geschliffene Weißreis: Er ist komplett geschält, enthält nur wenige Inhaltsstoffe und ist lange lagerfähig. Damit nicht alle guten Inhaltsstoffe mit der Schale verschwinden, wurde das Parboiled-Verfahren entwickelt. Hier werden dem Reis vor dem Schälen unter Druck wertvolle Inhaltsstoffe aus der Schale in den Kern gedrückt.

Das Angebot an Reissorten hat sich in den letzten Jahren verviel-
fältigt. Besonders edle Reissorten sind der Basmati, ein exotischer
und im Geschmack fein nussiger Reis mit grasartigem Duft aus der
Hochebene des Himalayas, oder thailändischer Duftreis wie zum Beispiel Jasminreis. Beim Duftreis hat jede Sorte ihren eigenen besonderen Geruch. Daher sollte er auch auf besondere Weise gekocht werden, nämlich im Absorptionsverfahren, das heißt, der Reis nimmt das
Kochwasser komplett auf und nur ein Teil verdampft; die Zubereitung
in einem Reiskocher ist sehr zu empfehlen.

Eine weitere besondere und sehr teure Reissorte ist der Nishiki-
Reis aus den USA, der bei uns als Sushireis bekannt und besonders
klebrig ist. In Japan aber wird er nicht nur zur Herstellung von Sushi
verwendet, sondern auch als Beilagenreis. Sie können ihn im Prinzip
wie Basmati- oder Duftreis zubereiten.

Zubereitung

Als Garmethode hat sich bewährt, den Reis zunächst so lange mit kaltem Wasser abzuspülen, bis das Wasser klar ist, also nicht mehr durch
die Reisstärke getrübt wird. Dann gießen Sie den Reis durch ein Sieb
und lassen das Wasser vollständig abtropfen. Danach geben Sie die
doppelte Menge an Wasser hinzu (bei Nishiki-Reis nur etwa 1,5-mal
so viel), kochen den Reis auf, geben anschließend den passenden Deckel auf den Topf und garen den Reis im vorgeheizten Backofen circa
25 bis 30 Minuten bei 120 Grad. Das Ergebnis sollte körnig und luftig
sein – und keineswegs kleben.

Auch für den ganz normalen Langkornreis gibt es einige lang
erprobte Garmethoden. Sicher können Sie den Langkornreis auf
normale Art und Weise in circa der dreifachen Menge Wasser kochen. Viel Wasser ist wichtig, damit sich die Reisstärke im Wasser
lösen kann und der Reis schön körnig bleibt. Ein wenig raffinierter
aber ist es, wenn Sie Schalotten- oder Zwiebelwürfel in Butter anschwitzen, den rohen Reis dazugeben und kurz mit anbraten, bis er
leicht glasig wird. Danach gießen Sie die doppelte Menge Gemüse-
oder Fleischbrühe hinzu und lassen alles kurz aufkochen. Verschließen Sie den Topf mit einem passenden Deckel, und garen Sie den

Reis im vorgeheizten Backofen bei gut 120 Grad circa 20 Minuten fertig.

Auch der Risottoreis wird zunächst mit Zwiebeln in Butter angeschwitzt, anschließend aber mit trockenem Weißwein abgelöscht und, auf dem Herd stehend, unter stetigem Rühren nach und nach mit heißer Brühe (Fleisch- oder Gemüsebrühe) aufgegossen. Ein Risottogericht braucht daher ein stets wachsames Auge. Wenn der Reis gar ist – ein guter Risotto ist immer noch leicht körnig –, geben Sie noch etwas Butter und frisch geriebenen Parmesankäse dazu.

Den Risotto sollten Sie immer frisch zubereiten und nie aufwärmen – darunter würde die Qualität stark leiden. Auch weitere Aromen wie Trüffel, Steinpilze, Kräuter oder Früchte, zum Beispiel Erdbeeren, können den Risotto zu einem ganz besonderen Erlebnis machen. Selbstverständlich verwenden Sie hier bitte einen speziellen Risottoreis und niemals Milchreis.

Die Qualität und natürlich der Preis einzelner Reissorten wird durch den Anteil an gebrochenen Reiskörnern nach der Verarbeitung bestimmt. Wir unterscheiden hier Spitzenreis mit einem Bruchanteil von maximal 5 Prozent, Standardreis mit einem Bruchanteil von bis zu 15 Prozent und Haushaltsreis, der einen Bruchanteil von bis zu 25 Prozent enthält. Am preiswertesten ist der Bruchreis mit über 50 Prozent Bruchanteil.

Übrigens: Wildreis ist eine besondere Art von Reis. Um genau zu sein: Eigentlich ist er gar kein Reis. Es handelt sich vielmehr um den gerösteten Samen eines Rispengrases aus Kanada mit einem besonders nussigen und exzellenten Geschmack. Wildreis wird entsprechend anders zubereitet als normaler Reis.

Mein Tipp: Nehmen Sie die dreifache Menge an Wasser, kochen Sie den Wildreis mit geschlossenem Deckel auf, und lassen Sie ihn schließlich circa 30 Minuten auf der ausgeschalteten Kochplatte ausquellen. Danach überprüfen Sie die Wassermenge, geben bei Bedarf noch circa eine Tasse Wasser hinzu und kochen den Reis noch einmal kurz auf. Nach Prüfung der Bissfestigkeit können Sie das überschüssige Wasser abschütten und den Reis mit wenig Butter abschmecken.

Brühen, Suppen, Saucen

Fonds und Brühen

36

Saucen sind das A und O einer guten Küche. An ihnen erkennt man schnell die Qualität des Kochs. Richtig gute Saucen geben einem Gericht Intensität und Tiefe. Nur wenn sie schlecht gemacht sind, überlagern sie den Eigengeschmack der Zutaten.

Der Fond – oder umgangssprachlich auch die Brühe – ist die beste Basis für eine Sauce und Ausgangspunkt hervorragender Suppen. Vorausgesetzt, er wurde fachgerecht mit frischen und qualitativ einwandfreien Zutaten zubereitet. In Konzentration, Farbe und Geschmack kann er höchst variabel sein.

Der Fond ist die Flüssigkeit, die beim Braten, Dünsten oder Kochen von jeder Art von Lebensmitteln entsteht. Neben den bekannten Fleisch-, Fisch-, Geflügel-, Wild- und Gemüsefonds kann man mühelos auch einen Obst- oder Champignonfond herstellen. Einzig entscheidend ist, dass mit dem Auskochen der entsprechenden Rohstoffe eine Flüssigkeit mit intensivem Aroma entsteht. Diese Fonds müssen sorgfältig angesetzt und weiterbehandelt werden, damit der Geschmack nicht nachteilig beeinflusst wird. Da der Fond viele Geschmacksstoffe der gegarten Lebensmittel enthält, verbindet er die Speisen mit ihren Saucen auf elegante Art. Eine Sauce, die auf Basis eines Kalbsfonds gemacht wird, unterstreicht den Geschmack des Kalbfleischs und verleiht ihm zusätzlichen Ausdruck.

Einfache Brühen, auch als Bouillon bezeichnet, entstehen durch das Ansetzen von Rinderknochen, Rindfleisch, Wurzelgemüse und Gewürzen. In ihrer Konzentration können Bouillons sehr unterschiedlich sein. Kräftige Brühen erhält man durch das Reduzieren (Einkochen) oder indem man einfach mehr Ausgangsprodukte verwendet. Durch das Verdoppeln der Zutaten und durch eine Extraportion Fleisch werden sie intensiver im Geschmack. Eine gute Rindfleischbrühe schmeckt eben erst, wenn ein großzügiges Stück Fleisch beige-

167

geben wird Dieses Fleisch sollte besonders frisch sein und braucht nicht so lange zu reifen wie zum Beispiel ein Filet. Eine Beinscheibe etwa macht sich sehr gut.

Es gibt helle und dunkle Brühen. Sie sind ein wichtiger Bestandteil einer jeden hervorragenden und „ehrlichen" Küche. Denn leider wird zum Teil auch mit künstlichen Industrieprodukten gearbeitet, deren Aroma oft auf der Zugabe von Geschmacksverstärkern basiert. Man erkennt sie vor allem daran, dass sie alle gleich schmecken.

Natürlich kennt die internationale Küche für die unterschiedlich zubereiteten Brühen und Fonds verschiedene Fachbegriffe. So bezeichnet man eine kräftige Bouillon, die einmal geklärt wurde, als Consommé. Wird sie mit extra viel Fleisch angesetzt, erhält man eine Consommé double. Auch sprechen Gourmets bei einigen Fonds von Essenzen, ein Begriff, der am besten mit „Auszug" übersetzt wird. Hier kommen hauptsächlich sehr edle Ausgangsprodukte wie zum Beispiel Trüffel, Steinpilze oder Wild zum Einsatz. Dabei entsteht eine kräftige hellbraune, aber klare Brühe, die in kleinen Suppentassen mit besonderen Einlagen serviert wird.

Essenzen sind immer klar, nie gebunden und dürfen – wie andere hochwertige Brühen auch – keine Trübstoffe oder Fettaugen haben. Ein besonderes Beispiel ist die Oxtail clear, eine klare, ungebundene Ochsenschwanzsuppe, die mit altem Sherry abgeschmeckt wird. Eine doppelte (also zweifach konzentrierte) Fischbrühe bezeichnet man in der Fachsprache als Fumet. Dunkle Fonds, die man für dunkle Saucen benötigt, erhält man, indem man die Zutaten – auch die Knochen und das Wurzelgemüse – vorher anröstet. Die Röststoffe geben Fond und Sauce ihre charakteristische Farbe.

Grundlegende Regeln zur Herstellung einer Brühe

Von der sorgfältigen Behandlung des Fonds hängen Qualität und Geschmack der daraus entstehenden Gerichte ab. Einwandfrei frische, gewaschene und geschälte Rohstoffe werden in einem entsprechend großen Kochgeschirr durch langsames Sieden (Köcheln) ausgekocht. Während der Zubereitung ist kein Deckel nötig. Dafür aber ein wachsames Auge. Entfernen Sie mit Hilfe einer Suppenkelle regelmäßig

Trübstoffe, Fett und den sich immer wieder bildenden Schaum, der aus Eiweiß besteht. Dies wird als Pflege einer Brühe bezeichnet.

Beginnen sollten Sie immer mit kaltem Wasser, Profis geben sogar einige Eiswürfel dazu. Das fördert das Auskochen und die Extraktion von Proteinen. Würzen Sie dezent, und geben Sie Salz und frische Kräuter erst zum Schluss dazu. Da Brühen beim Köcheln reduzieren, der Geschmack also immer konzentrierter wird, können sie schnell zu salzig werden. Kräuter benötigen je nach Sorte nur kurze Zeit, um ihr Aroma abzugeben. Kochen sie hingegen zu lange, verliert sich ihr Eigengeschmack. Ganz allgemein gilt: Was lange kocht, gibt ein intensives Grundaroma. Was zum Schluss hinzugefügt wird, setzt einen besonderen geschmacklichen Akzent. Soll Ihre Sauce also nach Zitrone schmecken, geben Sie ein paar Spritzer erst ganz am Ende hinzu.

Saucen

37

Wie stellen Sie nun aus einem erstklassigen Fond eine vorzügliche Sauce her? Wie überall im Leben führen auch hier viele Wege nach Rom. Ein besonders kurzer: Ein guter Schmorbraten muss bei der Zubereitung mehrmals mit Flüssigkeit übergossen werden. Benutzen Sie dazu guten Wein und Fleischbrühe. Das schmeckt viel raffinierter, als wenn Sie nur Wasser verwenden. Und überhaupt, auch eine Tomatensauce schmeckt viel gehaltvoller, wenn sie mit einer Gemüse- oder Fleischbrühe aufgefüllt wird. Dabei müssen Sie aber aufpassen, dass der Fond sich der Sauce anpasst und im Geschmack nicht zu kräftig ist. Es wäre schade, wenn Ihre Tomatensauce nicht an rote, reife und geschmacksintensive Tomaten erinnert, sondern an Gemüsebrühe.

Ein etwas längerer Weg, den es sich aber in jedem Fall zu gehen lohnt: Schwitzen Sie fein geschnittene Würfel von ein bis zwei Schalotten in einem Esslöffel Butter oder Butterschmalz bei mittlerer Temperatur farblos an. Geben Sie anschließend noch etwas Butter hinzu, und lassen Sie sie schmelzen, aber nicht braun werden. Nun rühren Sie mit einem Schneebesen einen Esslöffel Standard-Weizenmehl ein und löschen das Ganze mit circa 100 ml trockenem kaltem Weißwein unter Rühren ab. Danach sofort 250 bis 350 ml kalte Bouillon unterrühren. Die Sauce wird jetzt langsam, also bei mittlerer Temperatur und unter ständigem Rühren, aufgekocht. Passen Sie auf, dass sie nicht ansetzt oder anbrennt. Nun können Sie nach Belieben circa 150 ml süße Sahne oder Crème fraîche untermengen. Die Sauce sollte circa zehn Minuten leicht köcheln, damit eine gleichmäßige Bindung entsteht und auch der Mehlgeschmack verkocht.

Eine solche leichte Sahnesauce kann auch mit anderen Bindemitteln wie etwa Kartoffelstärke gebunden oder nachgebunden werden. Hierfür sollten Sie ein wenig Stärkepuder in Weißwein oder kaltem Fond anrühren, dann ohne Klümpchen mit einem Schneebesen einrühren und nochmals langsam aufkochen lassen. Nachdem eine sämige Bindung entstanden ist, wird eine Sauce grundsätzlich durch ein feines Sieb passiert. Auf diese Weise werden etwaige Klümpchen und die ausgekochten Schalottenwürfel entfernt. Und anschließend weggeworfen. Ihren Geschmack haben sie längst an die Sauce abgegeben. Was Sie nun in Ihrem Topf vorfinden, ist für viele Köche eigentlich nur eine Basissauce. Eine Rahmsauce mit Rindfleischgeschmack.

Verwenden Sie hingegen Fond von Fisch oder Geflügel, entsteht auf gleiche Art und Weise eine Basisrahmsauce für Fisch oder Geflügel. Der Fischsauce geben Sie nun mit frisch gehacktem Dill und etwas Zitronensaft eine besondere Note. Nach dem Abschmecken mit Salz und (wenig) weißem Pfeffer, mit etwas Pernod oder einem trockenen Vermouth erhalten Sie eine edle Dillsauce. Für eine typische Senfsauce geben Sie etwas Dijonsenf hinzu. Die Geflügelsauce verfeinern Sie mit ein wenig Ananassaft und Currypulver und schmecken das Ganze mit Salz und weißem Pfeffer ab. Fertig ist die Curryrahmsauce zu zartem Geflügel.

Aus der Rahmsauce des Rindfleischs bereiten Sie mit Hilfe von frisch geriebenem Meerrettich, Kapern oder fein gehackten Gartenkräutern eine Sauce für gekochtes Rindfleisch wie Tafelspitz zu. Beim Würzen von hellen Saucen sollte aus optischen Gründen immer weißer Pfeffer verwendet werden. Es wäre schade, wenn eine weiße Sauce unnötige und vermeidbare dunkle Punkte bekommt.

Besonders bei Saucen erkennt man die Qualität einer guten Küche und eines sorgfältigen Kochs. Aber woran erkennt man eine gute

Sauce? Eine gute Sauce hat einen appetitlichen Farbton und eine leichte Konsistenz. Es darf kein Fett sichtbar sein. Wenn sich das Fett hingegen deutlich absetzt, sitzen Sie im falschen Restaurant. Das Grundaroma einer guten Sauce muss klar hervortreten und darf nicht von Gewürzen überdeckt werden. Und natürlich muss die Sauce mit den Speisen harmonieren und ihren Geschmack akzentuieren, ohne aufdringlich zu sein.

Manchmal ist Aufdringlichkeit verdächtig: Sollten Sie einmal etwas Kurzgebratenes mit einer kräftigen und geschmacksdominanten Sauce serviert bekommen, hat der Koch unter Umständen etwas zu verbergen. Zum Beispiel ein qualitativ mäßiges Fleisch. Bei Kurzgebratenem serviert ein guter Koch die Sauce separat oder, korrekt ausgedrückt, à part.

Es gibt auch Saucen oder Suppen, deren Bestandteile in einem Mixer püriert werden und dadurch eine Bindung erhalten, ohne dass die Beigabe von Mehl oder Stärke nötig wäre. Nach dem Pürieren werden auch diese Saucen durch ein Sieb passiert. Wie überhaupt jede Sauce in einer guten Küche immer durch ein Sieb gestrichen wird.

Eine weitere Methode, erstklassige Saucen zu binden, besteht darin, eiskalte Butter in 0,5 Zentimeter große Würfel geschnitten mit einem Schneebesen in die kurz vorher aufgekochte Sauce einzurühren. Aber Vorsicht: Beim Einrühren und vor allem danach darf die Sauce nicht mehr aufkochen und sollte sofort serviert werden. Wird die Sauce hingegen aufgekocht, verliert sie ihre Bindung und das Fett kann sich absetzen. Eine Bindung mit Butter verleiht einer dunklen Sauce einen schönen Glanz und einen besonderen Schmelz, vor allem aber unterstreicht sie ihr Aroma.

Dunkle Saucen und Demi Glace

Wie aber stellt man eine dunkle Sauce her? Ob vom Kalb, Lamm oder Geflügel – eine dunkle Sauce wird von ihrem Ansatz her eigentlich immer gleich hergestellt, allein die Zutaten und Gewürze variieren. Eine braune Sauce zeichnet sich durch ein kräftiges Aroma aus, das vor allem auf die Röststoffe der Zutaten zurückzuführen ist. Wichtig ist, dass die Zutaten wirklich nur geröstet werden und nicht etwa verbrennen und schwarz werden. Andernfalls wird jede Sauce bitter. Und Sie können machen, was Sie wollen, diese Bitterstoffe sind mit nichts wieder herauszubekommen. Sollten Sie frühzeitig erkennen, dass sich auf dem Topfboden etwas angesetzt hat, hören Sie sofort auf zu rühren, denn sonst werden die Bitterstoffe erst richtig gelöst. Versuchen Sie vielmehr zu retten, was noch zu retten ist. Nehmen Sie den Topf von der Kochstelle, und füllen Sie die Zutaten vorsichtig in einen anderen Topf um, ohne den verbrannten Ansatz zu lösen.

Bei einer dunklen Sauce – zum Beispiel einer klassischen Kalbssauce – werden walnussgroße gesägte Kalbsknochen in wenig Pflanzenöl angebraten. Auch Fleischabschnitte und Sehnen können mit verwendet werden. Ob Sie das im Ofen oder auf dem Herd machen, bleibt sich gleich, wichtig allein ist, dass keine dicken Fettstücke mit angebraten werden. Fett gibt hier keinen guten Geschmack, es lässt eine Sauce nur tranig werden. Wenn nun die Zutaten gleichmäßig angeröstet sind, gibt man Wurzelgemüse dazu. Das Wurzelgemüse für eine Suppe nennt man „Bouquet garni", als Röstgemüse einer dunklen Sauce heißt es hingegen „Mire poix". Wie genau setzt sich das Röstgemüse zusammen?

Es besteht aus zwei Teilen Zwiebelwürfel, einem Teil Karottenwürfel und einem Teil Selleriewürfel. Lauch wird fälschlicherweise häufig dazugezählt. Ein fataler Irrtum. Denn Lauch kann zwar je nach Sauce zum Auskochen dazugegeben werden, sollte aber nicht mit angebraten werden. Schließlich brennt Lauch sehr schnell an und gibt der Sauce dann ein bitteres Aroma. Die Zwiebelwürfel gibt man zu den schon hell angerösteten Knochen und brät sie weiterhin mit an. Kurze Zeit später werden auch Karotten und Sellerie hinzugefügt und gleichmäßig braun geröstet. Dies erfordert von Ihnen viel Aufmerksamkeit. Es muss immer und immer wieder gerührt werden, damit die proteinhaltigen Fleisch- und Knochenteile sowie die Zuckerstoffe des Gemüses die Mischung nicht zu dunkel werden lassen.

Für eine bessere Farbgebung wird das Ganze zusätzlich mit 1 bis 2 Esslöffeln Tomatenmark tomatisiert, das auch mit angebraten wird. Und deshalb ist immer noch Vorsicht geboten: Es kann schnell passieren, dass die Sauce ansetzt. Ein guter trockener Weißwein zum gelegentlichen Ablöschen schafft hier Abhilfe. Aber vielleicht steht die

Flasche sowieso schon entkorkt neben dem Herd, weil Sie mit etwas Wein vermeiden wollten, dass die Röststoffe zu dunkel werden. Bei entsprechender Sorgfalt sind schließlich alle Zutaten gleichmäßig gebräunt.

Zum Schluss wird die Sauce mit einem ausreichenden Schuss Weißwein oder, je nach Geschmack und Gericht, auch Rotwein verfeinert. Mancher Hobbykoch greift hier gerne zu einem minderwertigen Wein. Ein teurer Tropfen wäre doch viel zu schade! Kenner jedoch verwenden den Wein zum Kochen, der später auch das Essen begleiten soll. So gibt es durchaus Spitzenköche, die sich für den letzten Schliff einer Sauce den Wein ihrer Gäste kommen lassen. Protestieren Sie also nicht, wenn der Kellner Ihre Flasche entführt.

Jetzt wird die Sauce mit einem kalten, leichten Kalbsfond aufgefüllt. Zur Not kann auch kaltes Wasser verwendet werden, ein Fond ist jedoch immer die bessere Wahl. Um möglichst viele Geschmacksstoffe zu erhalten, sollte die Sauce anschließend möglichst langsam und bei kleiner Flamme aufgekocht werden. Beim Aufkochen entstehen Trübstoffe; Fett und Eiweiß gelangen an die Oberfläche der Sauce. Hier ist es wie bei den Fonds und Brühen, alles wird mit einer Kelle abgeschöpft.

Wenn die Sauce richtig kocht, kann die Temperatur reduziert werden, die Sauce braucht nur noch leicht zu köcheln. Achten Sie darauf, dass die Zutaten immer mit Flüssigkeit bedeckt sind. Jetzt geben Sie zerdrückte Gewürze wie Pfefferkörner, Wacholderbeeren, Lorbeerblatt usw. dazu. Kräuter wie Rosmarin und Thymian kommen erst zehn Minuten vor Ende der Kochzeit dazu. Saucen, die mit kleinen Knochen angesetzt werden, benötigen nur zwei bis drei Stunden zum Auskochen. Danach wird die schon etwas dickflüssige Sauce durch ein feines Sieb passiert.

Nachdem Sie alle Zutaten herausgefiltert haben, ist die Grundsauce fast fertig. Diese Sauce nennt man „Demi Glace". Sie kann nach Belieben weiter reduziert – also geschmacklich konzentriert – werden und dient als kraftvoll-aromatische Basis von Saucen und vielem mehr. Eine so zubereitete Sauce ist durch eine fertige Industriesauce nicht zu ersetzen. Sie können die Sauce nun nach Geschmack verfeinern und bei Bedarf binden. Ganz zum Schluss geben Sie Salz, fein gehackte Kräuter und angebratene Champignons hinzu, oder Sie flambieren sie mit etwas Cognac. So nimmt die Sauce an Geschmack zu und wird für Sie zu einem besonderen Erlebnis.

Übrigens: Sahne, Butter oder? Eine gute Sahnesauce kann in Kombination mit einem guten Fond köstlich sein. Mit purer Sahne zu arbeiten ist hingegen ein recht langweiliges Rezept bequemer Köche. Überhaupt geht der Trend heute zu eher leichten Saucen ohne allzu viel Sahne oder Butter. Neben gesundheitlichen Erwägungen bringen die Gegner von Sahne und Butter auch ein anderes Argument ins Feld: Die indirekte Süße, die beiden eigen ist, kann den Eigengeschmack der Zutaten verwischen.

Die Alternativen zur herkömmlichen Sauce: Fleisch wird nach japanischer Art mit hochwertiger Soja- oder Teriyakisauce beträufelt oder auf gedünstetem Gemüse und gegebenenfalls mit etwas Gemüsesud und feinem Olivenöl serviert. Auch eine warme Vinaigrette passt hervorragend zu gebratenem Fleisch. Zum Binden traditioneller Saucen eignen sich als Alternative zu Butter auch Gemüse- oder Kartoffelpüree. Und natürlich kommt auch eine Demi Glace ohne Sahne aus.

38 Suppen

Die Suppe erlebt derzeit eine Renaissance sondergleichen. In fast allen Großstädten boomen nicht nur Sushibars, sondern auch trendige Suppenküchen, die dem kalorienreichen Fast Food Konkurrenz machen. Immerhin sind Suppen flüssige Mahlzeiten, die wertvolle Inhaltsstoffe enthalten, und wesentlich gesünder als Pizza, Hot Dog & Co. Die Suppe ist kein Dickmacher, sondern eine ernährungsphysiologisch wertvolle Speise, die stärkt und leicht verdaulich ist. Eine Gemüsesuppe aus frischen Zutaten kann eine kulinarische Offenbarung sein. Zudem sind Suppen in der Regel preiswert und – entgegen der landläufigen Meinung – recht einfach in der Zubereitung.

Man unterscheidet verschiedene Arten von Suppen. *Klare Suppen* sind kräftige Fonds oder Brühen, die unter Zugabe von Fleisch, Fisch, Geflügel, Wild und/oder Gemüse hergestellt und anschließend klarifiziert werden. Zu den klaren Suppen zählen die Bouillon ordinaire (einfache Brühe nur aus Gemüse und Knochen), die Bouillon (Brühe mit Suppenfleisch), Consommé (Kraftbrühe) oder Consommé double. Prinzipiell kann jede Suppe geklärt werden. Wie das geht, erläutere ich Ihnen später. Nur so viel: Auch Tomaten- oder Linsensuppen können klarifiziert werden. Eine geklärte Linsensuppe ist leicht, von äußerst intensivem Linsengeschmack und klar wie Tee. Um einen Gast aber auf eine solch außergewöhnliche Weise zu verblüffen, bedarf es langer Kocherfahrung und Geduld.

Gebundene Suppen, also Potages liés, sind hingegen unklare Suppen. Die Bindung kann auf mancherlei Weise geschehen, zum Beispiel indem man dem Fond Sahne und nach Bedarf noch etwas Stärke oder Mehl beifügt. Solche Rahm- oder Cremesuppen nennt man auch Potages crèmes.

Auch lassen sich Suppen binden, indem man Eigelb unterrührt wie bei der Spargelcremesuppe. Dabei ist jedoch zu beachten, dass die Suppe nur noch aufwallen und keinesfalls mehr kochen darf, um ihren besonders samtigen Charakter zu bekommen, der durch das Eigelb entsteht. Suppen, die in einem solchen Verfahren gebunden werden, bezeichnet man auch als Samtsuppen oder Potages veloutés. Natürlich gibt es auch braune gebundene Samtsuppen – Potages brun liés –, worunter die Ochsenschwanzsuppe fällt.

Auch pürierte Suppen zählen zu den gebundenen Suppen. Bei diesen Potages purées werden sämtliche Zutaten mit einem Mixer püriert und selbstverständlich durch ein Sieb passiert. In der Regel ist keine zusätzliche Stärke zur Bindung nötig. Zu dieser Suppenart gehören die Linsen-, Kartoffel- oder Kürbissuppe. Ganz egal welche Püreesuppe Sie zubereiten, füllen Sie sie immer mit einem erstklassigen Fond auf. Benutzen Sie in keinem Fall Wasser. Eine Suppe ist nur so gut wie ihr Fond.

Für eine hervorragende Selleriesuppe schwitzen Sie ein bis zwei feingehackte Schalotten in Butter an, geben circa 500 Gramm feingewürfelten weißen Sellerie dazu, der auch hell anschwitzen muss. Dann löschen Sie mit einem Liter Bouillon ab. Kochen Sie den Sellerie weich, pürieren Sie die Suppe, und verfeinern Sie sie mit 250 Milliliter Sahne, Crème fraîche, Salz, Pfeffer und einem guten Spritzer trockenen Weißwein oder Zitrone. Ein Profi würde die Suppe vor dem

Servieren immer noch einmal durch ein Sieb passieren. Gerne kann man auch unmittelbar vor dem Servieren ein gutes Stück Butter unterrühren, frisch gehackte leichte Kräuter einstreuen oder etwas grünen Sellerie als Einlage hinzufügen. Ist Ihnen Ihre Suppe zu dünn geworden, pressen Sie eine gekochte Kartoffel und rühren Sie sie unter.

Schließlich gibt es noch die Suppen, die man immer bekommen hat, wenn man krank war. Das waren Suppen, die mit Haferflocken, Milch, Reis und Grieß zubereitet wurden. Sie haben den weniger schön klingenden Namen *Schleimsuppen*.

Und es gibt außerdem die so genannten Spezialsuppen, die sowohl gebunden oder klar sein können. Da wären zum einen die Nationalsuppen wie die südfranzösische Bouillabaisse oder die italienische Minestrone, zum anderen die Regionalsuppen wie die Schlesische Kartoffel- oder die Bayrische Knödelsuppe. Nicht zu vergessen die Suppen, die nach Städten benannt wurden, wie die Hamburger Aalsuppe. Weiterhin gehören zu den Spezialsuppen die exotischen Suppen wie die cremige Currysuppe mit Sahne und Geflügelfond, auch Mulligatawny genannt, oder die Schwalbennestersuppe.

Ebenfalls zu den Suppen zählt man als vierte Kategorie die *Eintöpfe*, die regional und international unterschieden werden. Neben den internationalen Eintöpfen wie Borschtsch, Soljanka, Irish Stew und dem spanischen Eintopf Olla Podrida gibt es auch die regionalen Spezialitäten wie die Kölner Erbsensuppe, Badische Hochzeitssuppe oder den Gaisburger Marsch.

Auf keinen Fall sollte man die kalten Suppen unterschätzen. Neben der Gazpacho andaluz, der weltberühmten kalten Tomatensuppe mit Paprika, Gurkenwürfeln, ausgezeichnetem Olivenöl und Croutons, gehört die Cremesuppe Vichyssoise zu meiner bevorzugten Kaltsuppe. Pürieren Sie gegarte Kartoffeln, weißen Lauch und gegebenenfalls etwas Sellerie in einer guten und kräftigen Bouillon mit wenig Sahne und schmecken Sie diese mit Salz, Pfeffer und frisch gemahlenem Muskat ab. Achten Sie darauf, dass die Suppe nicht zu dickflüssig wird. Als Garnitur eignen sich frische Schnittlauchröllchen. Reichen Sie sie im Sommer eisgekühlt.

Kommen wir auf die klaren Suppen zurück. Eine gute klare Kraftbrühe zuzubereiten ist ganz einfach, wenn auch zeitintensiv. Ich erkläre Ihnen, wie das geht, und ich verspreche Ihnen, dass Sie danach niemals mehr zu irgendwelchen Fertig- oder gar Trockenprodukten im Supermarktregal greifen werden. Nehmen Sie zwei bis drei Liter erkaltete Bouillon. Wie leicht und schnell man Bouillon selbst zubereitet, habe ich in Kapitel 36 beschrieben. Überhaupt: Bouillon kann man immer gut auf Vorrat kochen und einfrieren.

Also, Sie nehmen 2 bis 3 Liter Bouillon und mindestens ein halbes Kilo Rinderhack aus der Hesse (beim Metzger bestellen). Das Hack aus dem fettarmen Beinfleisch ist besonders eiweißreich. Weiterhin brauchen Sie 3 bis 4 Eiklar und je 100 Gramm fein gewürfelte Karotten, Sellerie, feingeschnittenen weißen Lauch, etwas Petersilienwurzel und/oder Petersilienstiele. Nicht zu vergessen Gewürze wie Lorbeerblätter und zerdrückte Pfefferkörner und 350 Gramm geröstete Geflügelkarkassen (Geflügelknochen) ohne Fett und Haut.

Mischen Sie alle Zutaten der Bouillon – ausgenommen die Geflügelknochen – miteinander, geben Sie zusätzlich 0,2 Liter kaltes Wasser hinzu, und stellen Sie alles eine halbe Stunde abgedeckt kühl. In dieser Zeit verbindet sich Eiweiß mit Eiweiß. Nun gibt man diese Masse in einen ausreichend großen Topf, übergießt ihn mit der entfetteten kalten Bouillon und vermischt alles gut mit einem Schneebesen. Nun geben Sie die Geflügelknochen hinzu und lassen die Brühe möglichst langsam und ohne anzusetzen aufkochen. Je langsamer, desto besser, denn nur so können auch alle Geschmacksstoffe ausgekocht und durch das Eiweiß alle Trübstoffe und Schwebeteilchen herausgefiltert werden. Profis geben in dieser Phase gerne zusätzlich Eiswürfel hinzu, um den Erwärmungsprozess zu verlangsamen. Rühren Sie gelegentlich sehr leicht über dem Topfboden um, damit nichts ansetzen kann. Angebranntes Eiweiß gibt nämlich einen sehr unangenehmen Geschmack an die Brühe ab.

Nach circa 30 bis 40 Minuten darf der Ansatz langsam köcheln. Lassen Sie die Brühe dann ruhig einmal kurz aufkochen, reduzieren Sie dann die Temperatur auf unter 100 Grad, und lassen Sie sie dann noch 30 Minuten ziehen. Rühren Sie dabei nicht mehr im Ansatz. Bei circa 70 Grad fängt das Eiweiß an zu gerinnen. Es umschließt die Schwebeteilchen und zieht sich zusammen. Ist der Kochpunkt erreicht, steigt das geronnene Eiweiß mit den anderen Zutaten als dicke Schicht an die Oberfläche. Jetzt müssen Sie die Suppe pflegen. Das heißt, Sie müssen den sich bildenden Eiweißschaum und vor allem das Fett von oben vorsichtig entfernen. Eine solche Suppe darf auf keinen Fall Fettaugen haben. Seien Sie sehr behutsam und penibel.

Zum Schluss gießt man äußerst vorsichtig die Brühe durch ein sehr feines Sieb. Profis schöpfen mit einer Schöpfkelle die Brühe durch ein Passiertuch. Nun ist die Kraftbrühe fertig. Sie wird umso kräftiger, je mehr Fleisch Sie verwenden. Ein kleiner Schuss Sherry rundet nicht nur den Geschmack ab, er gibt auch zusätzlich Farbe. Mit hochwertigen Einlagen wie kleinen Teigtaschen, Pfannkuchenstreifen oder gewürfeltem gegartem Fleisch können Sie Ihre Suppe anreichern. Gehackte Petersilie ist allerdings hier definitiv fehl am Platz. Man hat sich ja schließlich vorher sehr viel Mühe gegeben, um die Suppe klar zu bekommen. Ganz wichtig: Salzen Sie bitte immer zum Schluss.

Übrigens: Eine Miso-Suppe ist schnell und einfach zubereitet und trotzdem ein idealer Start in das Sushi-Vergnügen (siehe Kapitel 26). Würfeln Sie 160 Gramm Tofu, und schneiden Sie zwei Frühlingszwiebeln in feine Ringe oder verwenden Sie feine Gemüsestreifen und erwärmen Sie sie in einem Liter Dashi-Brühe. (Das Rezept für diese japanische Grundbrühe: Erwärmen Sie in einem Liter Wasser langsam eine 5 mal 10 Zentimeter große Konbualge für zehn bis 15 Minuten und kochen sie kurz auf. Dann geben Sie nach Geschmack circa 20 Gramm Bonitoflocken [Thunfischflocken aus dem Asia-Geschäft] hinzu und köcheln bei kleiner Stufe für weitere fünf Minuten, bis die Bonitoflocken auf den Boden des Topfes sinken. Entfernen Sie den sich bildenden Schaum mit einer Schöpfkelle, und passieren Sie die Brühe durch ein feines Tuch.)

Auch kann zusätzlich Misopaste (Sojabohnenpaste) zugegeben werden. In diesem Fall drücken Sie circa 50 bis 80 Gramm Misopaste durch ein Sieb und rühren sie mit einem Schneebesen in einen Liter Dashi-Brühe. Geben Sie den Tofu, fünf feingeschnittene Shiitakepilze und zwei Drittel von den Frühlingszwiebeln hinzu, und lassen Sie die Suppe gut durchziehen. Vor dem Servieren mit den restlichen Frühlingszwiebeln bestreuen und nach Geschmack mit etwas frischem Pfeffer oder besser sogar mit japanischem Sanchopfeffer aus der Mühle nach Geschmack würzen. Nach Belieben können Sie auch einige japanische Nudeln mit in die Miso-Suppe geben.

Vor- und Nachspeisen

Die Vorspeise

39

Ein *Amuse-bouche* oder *Amuse-gueule*, ins Deutsche allgemein mit Gaumenfreude, eigentlich aber besser mit Mund- oder Maulfreude übersetzt, ist ein appetitanregendes kleines Häppchen. Häufig auch als „Gruß aus der Küche" bezeichnet, wird es vom Service unaufgefordert vor der Vorspeise serviert. Achtung: Brot und Butter sind hier nicht gemeint. Vielmehr geht es um eine kleine, aber feine und vor allem selbstgemachte und nett angerichtete Aufmerksamkeit.

Ob warm oder kalt: Am Gruß aus der Küche erkennt man sofort die Handschrift des Profikochs. Frittierte Convenience wäre hier ebenso fehl am Platz wie eine Scheibe Räucherlachs und zwei Krabben mit Cocktailsauce. Wenn schon Räucherlachs, dann sollte er zumindest auf einem kleinen Reibekuchen serviert werden. Eine hausgemachte Sülze, Terrine oder Pastete, vielleicht ein frisch gebratenes kleines Stück Fleisch oder Fisch an fein angemachten Salatblättern lassen auf einen selbstbewussten und vor allem guten Koch schließen und ein bisschen Vorfreude auf all das entstehen, was im weiteren Verlauf des Essens noch kommen mag. Sicher ist ein raffinierter Gruß aus der Küche nicht immer und vor allem nicht im großen Stil umzusetzen – aber genau hier unterscheiden sich eben Sternehäuser von der Alltagsgastronomie.

Der Begriff Vorspeise kommt aus der klassischen Speisenfolge. Man unterscheidet grob zwischen warmen und kalten Vorspeisen. Im klassischen Menü wird die kalte Vorspeise als erster Gang serviert, die warme Vorspeise wird nach der Suppe gereicht und stellt das Bindeglied zwischen Suppe und Hauptgang dar.

Als Vorspeise werden leichte, appetitanregende Gerichte angeboten. Häufig ein kleiner Salat, aber auch Terrinen und Pasteten. Eine Suppe zählt eigentlich nicht zu den Vorspeisen, sie stellt sowohl im klassischen als auch im modernen Menü einen eigenen Gang dar.

179

Vorspeisen haben in den verschiedenen internationalen Küchen einen recht unterschiedlichen Stellenwert. Die gleichzeitige Verabreichung einer großen Anzahl von Vorspeisen – Antipasti (ital.) oder Mezédez (griech.), Meze (türk.) – reicht durchaus zur Sättigung auch ohne ein darauf folgendes Hauptgericht. Tritt ein Antipasto hingegen als Solist auf, verfehlt er oftmals seine Wirkung. Erst die harmonische Komposition unterschiedlicher Vorspeisen erfreut Augen und Gaumen gleichermaßen.

Mit „Hors d'œuvre" bezeichnet man in der klassischen französischen Küche eine Art Vorspeise, die in der Regel kalt und vor Beginn des eigentlichen Essens serviert wird, also auch vor Einnahme von Vorspeisen in unserem Sinne, die der Franzose als Entrée bezeichnet. Sinn und Zweck ist es, den Appetit anzuregen, den größten Hunger zu dämpfen oder die Wartezeit bis zum Essensbeginn zu überbrücken. Das Hors d'œuvre kann sowohl am Tisch als auch den stehenden Gästen serviert werden. Meist besteht es aus einem Canapé oder einem kleinen Snack.

Die wohl berühmteste französische Vorspeise ist eine Gänsestopfleber, am besten aus dem Elsass oder dem Südwesten Frankreichs, die gerne mit einem süßlichen Sauternes genossen wird. Weitere Klassiker aus der französischen Vorspeisenküche sind natürlich neben Austern auf crushed Eis oder Jakobsmuscheln in allen Darreichungsformen die allseits bekannten Weinbergschnecken in Kräuterbutter (Escargots de Bourgogne), Artischocken mit Vinaigrette oder Confit de Canard, in Entenschmalz eingemachtes Entenfleisch. Ebenfalls begehrt: Pasteten (eigentlich immer im Teigmantel) und Terrinen (ohne Teigmantel). Bei uns herrscht hier oft begriffliche Verwirrung.

Während die Vorspeise bei den Südländern ein absolutes Muss darstellt, ist sie in unseren Breiten zwar fester Bestandteil einer traditionellen Esskultur, aber dennoch von etwas geringerer Bedeutung. Gleichwohl geben viele Köche der klassischen Vorspeise neue Impulse. Immerhin ist sie Einstimmung auf ein ganzes Menü, sie gibt den Ton vor für alle kulinarischen Akkorde, die später gesetzt werden sollen.

Es gibt eine deutliche Tendenz, Vorspeisen vor allem international zu definieren. Tapas, Meze, Antipasti, Sushi, insbesondere auch Fingerfood sind auf mitteleuropäischen Vorspeisentellern keine Seltenheit mehr. Ein weiterer Wandel, der sich in den letzten Jahren vollzogen hat: Über die kalte Vorspeise hinaus werden vermehrt auch warme und kalt-warme Variationen angeboten. Zum Teil könnten sie in größerer Darreichungsform gut auch als Hauptgericht durchgehen.

Ein Frühjahrssalat mit Sprossen, gerösteten Pinienkernen, rosa gebratener Entenbrust und wenig Mango-Chutney; Feldsalat mit Granatapfeldressing und kleiner Galantine von der Wachtel, also ein entbeintes und mit Farce gefülltes Kleinstgeflügel; marinierter roher Thunfisch, leicht angefroren frittiert und mit einer Wasabi-Sabayon serviert: Klassische und moderne, heimische und internationale Akzente verschmelzen hier zu überzeugenden und durchweg neuen Kreationen.

Aber auch Terrinen, Pasteten, eine Vielzahl von Krustentiervariationen sowie geräucherte Fischspezialitäten sind fest gebuchte Vorspeisenbegleiter. Und natürlich Salate, die mit erlesenen Ölen und Essigen, raffinierten Dressings, Kräutern und exotischen Früchten in unzähligen Varianten angeboten werden.

Der Gast freut sich ohnehin. Es soll ja Leute geben, die im Restaurant nur Vorspeisen essen. Kein Wunder, denn die Starter können wahre Leckerbissen sein und einen mittelmäßigen Hauptgang leicht in den Schatten stellen. Wenn Sie sich also partout nicht zwischen der exquisiten Gänseleber-Mousse am Salatbouquet oder dem kleinen Salat mit gebratenem Lammfilet entscheiden können, probieren Sie einfach beides und verschieben Sie den Hauptgang aufs nächste Mal.

Übrigens: Ebenso einfach zuzubereiten wie raffiniert: Hühnchenspieße Yakitori. Sie brauchen:

2 bis 3 Hähnchenbrüste
4 bis 5 Esslöffel Sojasauce
2 bis 3 Esslöffel Honig
2 bis 3 Esslöffel Reiswein (Sake)
2 bis 3 Frühlingszwiebeln
Holzspieße

Reiswein, Sojasauce und Honig um die Hälfte einkochen lassen. Das Fleisch in 2 Zentimeter große Stücke schneiden und gut 30 Minuten in der Marinade ruhen lassen. Dann die Hähnchenbrust abwechselnd mit Stücken der Frühlingszwiebeln auf Holzspieße stecken. Die Spieße grillen oder in der Pfanne bei mittlerer Hitze braten und vor dem Servieren noch einmal mit der Marinade einpinseln.

Der oder das Sorbet, immer ohne „t" gesprochen, zum Teil aber auch mit „tt" geschrieben, ist eine halbgefrorene Eisspeise aus Fruchtsaft oder Fruchtpüree, Zucker oder Zuckersirup und Aromastoffen und eventuell auch Alkoholika. Hin und wieder wird zur Auflockerung noch etwas Eiweiß beigegeben. Im Unterschied zur Eiscreme enthält ein Sorbet keine Milchprodukte. Ein Veganer oder Lacto-Vegetarier sollte bei einem Sorbet immer fragen, ob Eiklar verwendet wurde. Beim Zubereiten eines Sorbets muss die Masse beim Gefriervorgang ständig umgerührt werden. Nur so erzielt man eine geschmeidige Konsistenz und verhindert die Bildung von großen Eiskristallen.

Sorbets spielen als kleiner Zwischengang bei einem mehrgängigen Menu eine große Rolle. Es senkt nämlich die Magentemperatur. Dadurch nimmt das Sättigungsgefühl ab, und die Verdauung wird angeregt. Das schafft Platz für alles, was noch kommen mag. Außerdem neutralisiert die Säure im Sorbet den Geschmack im Mund. Das Sorbet wird seit langer Zeit durch viele kreative Köche ständig weiter entwickelt, die Geschmacksrichtungen gehen inzwischen von süßlich und fruchtig bis hin zu pikant. Erst waren Gemüsesorbets mit Gurken, Spargel oder Tomaten der letzte Schrei, dann gab es Würzsorbets mit Rosmarin und Minze, heutzutage ist so ziemlich jede gefrorene Köstlichkeit vorstellbar. Auch ein Schokoladensorbet wird mit edler Schokolade und – und das ist das Entscheidende! – ganz ohne Milch und Sahne, dafür aber vielleicht mit Chili oder Balsamico-Essig zu einem echten Geschmackserlebnis.

Speiseeis

Speiseeis oder Glacé ist eine Süßspeise aus Milch und Sahne, Zucker, möglicherweise Eigelb und geschmackgebenden Zutaten wie Früchten, Vanille, Kakao und anderen. Die Masse wird unter Rühren aufgekocht, bis sich der Zucker löst, und nach Erkalten unter häufigem Rühren gefroren. Ständige Bewegung ist immens wichtig: Nur so gelangen feine Luftbläschen in die Masse, nur so wird die Bildung größerer Eiskristalle verhindert. Einen cremigen Schmelz hat Speiseeis nur, wenn die Kristalle so klein bleiben, dass sie im Mund nicht fühlbar sind und sich sofort auflösen. Generell gilt: Je höher der Fettgehalt und je gleichmäßiger die Rührgeschwindigkeit, desto feiner gelingt das Speiseeis. Bei der heute überwiegend industriellen Produktion wird grundsätzlich ähnlich verfahren – es werden jedoch häufig Hilfsstoffe wie Bindemittel, Emulgatoren, Stabilisatoren sowie Aroma- und Farbstoffe zugesetzt.

Die meisten Speiseeissorten stellen einen sehr guten Nährboden für Bakterien dar. Deshalb muss bei der Herstellung von Speiseeis strikt auf optimale Hygiene geachtet werden. In gefrorenem Zustand können sich die meisten Bakterien zwar nicht vermehren, sie sterben aber in der Regel auch nicht ab. In geschmolzenem Zustand vermehren sich dagegen manche Bakterien besonders schnell. Daher sollte man geschmolzenes Speiseeis nicht wieder einfrieren.

Granita: Granita ist eine italienische Spezialität. Man versteht darunter ein gehacktes Speiseeis aus Fruchtsaft oder Fruchtpüree und Alkoholika.

Sorbet und Granita haben ähnliche Zutaten. Eine Granita ist aber nicht cremig und kann auch nicht zu einer Eiskugel geformt werden. Auf einem flachen Blech lässt man Fruchtsaft gefrieren, hackt ihn dann und übergießt ihn schließlich auch gerne mit Sekt oder Champagner.

Parfait: Unter einem Eisparfait versteht man eine besonders gehaltvolle Creme. Es handelt sich dabei um eine Sorte Eis, die man auch zu Hause ohne Eisrührmaschine gut herstellen kann. In einem Wasserbad werden Eigelb und Zucker in warmem Wasser schaumig und später mit edelsten geschmackgebenden Zutaten wie etwas gröber gehacktem Krokant oder fein gemahlenem Kardamom oder Zimt kalt geschlagen. Dann kommen noch ein dezenter Schuss Likör oder alter Cognac dazu und selbstverständlich viel geschlagene Sahne, die vorsichtig untergehoben werden muss. Die Masse wird dann in eine Parfaitform gegeben und muss zügig gefrieren.

In Profiküchen zubereitete Parfaits werden in einem Schockgefrierer (minus 40 Grad) bei weitaus höheren Temperaturen gefroren als bei herkömmlichen Gefrierschränken. Der Vorteil: Es entstehen keine Gefrierkristalle.

Parfaits müssen nicht immer süß und vor allem nicht gefroren sein. Es gibt ähnlich zubereitet mit viel Sahne und Butter auch Gänseleber-, Stör- oder sogar Hummerparfait. Eins aber haben alle Parfaits gemeinsam: Es werden nur edelste und beste Zutaten mit viel Sahne verarbeitet.

41 Die Mousse

Früher bedeutete Dessert vor allem Eis in allen Variationen – vom hausgemachten Parfait über das berühmte Eis des Fürsten Pückler bis hin zur Eisbombenüberraschung, von einer Schar von Köchen mit Feuerzauber und Wunderkerzen serviert der Renner auf jeder großen Party. Heute kommt das Dessert eher klein portioniert daher und vor allem variantenreicher. Wie bei den Vorspeisen sind auch beim süßen Finale warm-kalte Kombinationen en vogue, Erdbeervariationen in Backteig frittiert oder, warum nicht, ein Erdbeersüppchen, eine Mousse von Erdbeeren, eine Creme oder eine Sauce. Das ganze reich dekoriert mit Zuckerspinnereien und Minzblättern.

Calvadosäpfel mit Mandel-Marzipan-Füllung und Vanille Parfait oder Variationen von dunkler und heller Mousse au Chocolat, das war gestern. Heute werden exquisite Kreationen im Duett präsentiert oder als Trilogie, als Quartett, als das Beste von etwas oder als Délice.

Mit viel Kreativität werden neue, zum Teil überraschende Zutaten einbezogen, internationale Standards neu interpretiert und kombiniert. Die italienische Panna Cotta, ein Dessertklassiker aus gekochter Milch, verfeinert man inzwischen mit asiatischem Zitronengras, Mascarpone wird mit Mango aromatisiert, selbst Tiramisu bekommt nicht mehr zwangsläufig mit Kaffee seine besondere Note. Dennoch: Kreativität findet zumeist auf Basis von klassischen Rezepten statt, Ausgangspunkt der meisten Neuerungen sind so altbekannte Rezepte wie Bayrisch Creme – oder eben eine Mousse. Fernab von der Mousse au Chocolat gibt es längst Mousse Stracciatella, Mousse Cappuccino, Erdbeer-Joghurt-Mousse und vieles mehr.

Auch in der Anrichtung hat sich einiges getan. Was früher die Birnen- und Aprikosenhälften waren, sind heute hauchdünne Schokoladenschälchen oder Biskuitförmchen, alles nett ausgarniert mit den feinsten Ornamenten. Schokostreusel? Von wegen, heute ist Zuckerziehen angesagt, Stäbchen von Orangenschokolade oder Blattgold zieren unsere Nachspeisen. Wissen Sie, was ein Hippendekor ist? Ein Ornament aus Buchstaben oder Palmenblatt, meist langgezogen und hoch angerichtet. Ein- oder verschiedenfarbige Teige werden hauchdünn gebacken (wenn es sein muss auch zweimal) und als Dekor in das Dessert integriert.

Mein Tipp: Tun Sie es den Profis gleich: Wandeln Sie Dessertklassiker doch einfach nach Ihren Wünschen ab – mit Fruchtpüree, Kaffeeextrakt oder Likör. Auch durch Schokostückchen, Fruchtwürfel, gemahlene Nüsse oder Rumrosinen erzielen Sie köstliche Geschmacksvariationen von gängigen Desserts. Und denken Sie daran: Erdbeeren mit grünem Pfeffer, das ist schon lange her. Heute wird Mandelsoufflé mit Kirsch-Balsamico-Sorbet kredenzt, Schokolade mit Chili kombiniert, Thymian mit Crème Brûlée.

Bei aller Dessertvielfalt und Nachspeisenherrlichkeit müssen wir uns hier beschränken – am besten auf Mousse und seine moderne, leichte Variante, die Espumas.

Bei Mousse denkt man gemeinhin an süße Nachspeisen, dabei gehören auch Vorspeisen aus püriertem Fleisch, in der Fachsprache auch Farce (von Geflügel, Wild oder Fisch) genannt, zu der großen Familie der Mousse. Eine vernünftige Mousse sollte eine leicht schaumige, zartschmelzende Konsistenz haben.

Die Mousse au Chocolat kann man getrost als den Klassiker unter den Desserts der französischen Küche bezeichnen. Sie wird aus Schokolade, Ei, Zucker und Sahne hergestellt. *Basisrezept Mousse au Chocolat*:

1 bis 2 Esslöffel Zucker
4 Eigelb von frischen Eiern
200 bis 300 ml geschlagene, frische Sahne (33 Prozent Fett, keine H-Sahne)
250 g dunkle, hochwertige Schokolade (mit 70 Prozent Kakaoanteil)
2 Esslöffel Cognac

Eigelb mit Zucker erst in warmem Wasser schaumig, dann (in kaltem Wasser) kalt schlagen. Die Schokolade im Wasserbad vorsichtig schmelzen. Sie darf keinesfalls zu warm werden, sonst wird sie klumpig und lässt sich später nur schwer unterrühren. Die geschmolzene Schokolade unter das Eigelb heben, vorsichtig verrühren. Die geschlagene Sahne behutsam unter die Schoko-Eigelb-Mischung heben. Mousse au Chocolat kann man von dunkler Schokolade, Vollmilchschokolade oder auch von weißer Schokolade herstellen. Bei der Zubereitung gibt es kaum Unterschiede, jedoch sollte die Zuckermenge auf die jeweilige Schokolade abgestimmt sein – es gibt unterschiedlich süße Schokolade. Dunkle Mousse benötigt etwas mehr Zucker, weiße dagegen weniger. Eine Mousse sollte nicht zu süß sein, da sie ja gerne mit marinierten Beeren, Himbeermark oder anderen leckeren Dessertkomponenten kombiniert wird.

Bei der originalen französischen Mousse wird flüssige bzw. weiche, im Mixer etwas schaumig geschlagene Butter und Sahne verwendet. Dadurch wird sie etwas schwerer, fester und gehaltvoller.

Wichtig: Eine Mousse kann erst nach einigen Stunden gleichmäßiger Kühlung serviert werden. Eine alte, überlagerte Mousse schmeckt übrigens trocken, klebrig und hinterlässt einen stumpfen Geschmack auf Zunge und Gaumen. Geschmacklich variieren lässt sich Mousse au Chocolat vor allem auch durch die Zugabe von edlen Spirituosen wie Rum, Cognac und Orangenlikör. Ein wenig Kaffeeextrakt gibt eine besondere, vor allem kräftige Note.

Übrigens: Schokolade ist nicht gleich Schokolade. Zu meiner Lehrzeit gab es für die Küche nur Blockschokolade, heute werden Schokoladenpalets (auch Callets genannt) angeboten, kleine Plättchen, die schon in der Hand schmelzen. Hoch geschätzt wird momentan Schokolade von Valrhona oder Callebaut. Callebaut reicht der Schweizer Schokoladenindustrie zur größten Ehre, Valrhona ist einer der besten Hersteller für Edelschokolade in Frankreich. Besonders beliebt ist die „Guanaja" Grand Cru mit 70 Prozent Kakaoanteil oder die „Manjari" mit Orange und einem Kakaoanteil von 64 Prozent. Die besten Restaurants in aller Welt beziehen ihre Schokolade von dort, darunter das Ducasse in Monte Carlo oder das Cirque in New York. Viele erstklassige kleine Chocolatiers verwenden diese Topkuvertüren für ihre eigenen Kreationen und sorgen so für den feinen Unterschied im Sinne einer hochwertigen Produktküche: hochfeine Schokolade mit frischer Sahne und etwas edlem Cognac – was passt besser zusammen?

Espumas

42

Espumas sind der leichte und vor allem fettreduzierte Genuss einer Mousse. Mit anderen Worten: Espumas werden deutlich weniger Sahne oder Eier zugesetzt als bei traditionellen Mousserezepten, mitunter wird sogar ganz darauf verzichtet.

Ermöglicht wird die kalorienarme Zubereitung durch eine technische Neuerung: den professionellen Sahnezubereiter *iSi Gourmet Whip*. Wohlgemerkt handelt es sich hier um mehr als eine simple Produktinnovation. Vielmehr machen Espumas die „Seele eines Lebensmittels" schmeckbar, wie Ferran Adrià es ausdrückt. Durch den Verzicht auf Sahne und Eier bleiben die natürlichen Aromen stärker und unverfälscht erhalten. Durch einfache Handhabung und raffinierte Anrichttechniken sind Espumas zudem auch optisch ein Genuss. Und natürlich garantieren sie größte Leichtigkeit.

Die köstlichen Schäume sind nicht nur aus Pürees, Cremes, Extrakten oder Säften zubereitet, neben Früchten werden auch frische Kräuter, Fisch, Gemüse und sogar Meeresfrüchte verarbeitet. Mein Rezept für eine exotische Mousse, zum Beispiel ein Mango Delight:

Zutaten für den 0,5-Liter-iSi-Gourmet-Whip:
250 g Mangopüree
100 ml Sahne
100 ml Biojoghurt
30 bis 60 g Zucker (nach Geschmack)
einige Spritzer Zitronensaft
2 bis 3 Blatt Gelatine
frische Minze und exotische Früchte zum Ausgarnieren

Zubereitung: Gelatine in kaltem Wasser einweichen, Mangopüree durch ein feines Sieb passieren. Mangopüree, Joghurt und die Hälfte der Sahne in einer Schüssel mit einem Schneebesen gut verrühren. Mit Zitronensaft abschmecken. Die restlichen 50 ml der Sahne erwärmen, den Zucker darin auflösen und dann die ausgedrückte Gelatine lösen. Nun die kalte Flüssigkeit in die warme Gelatinelösung mit einem Schneebesen einrühren. Alles in den Gourmet-Whip füllen. Gut verschließen und dann unter gelegentlichem Schütteln eine Sahnekapsel aufschrauben. Im Kühlschrank für mehrere Stunden kalt stellen. Vor der Entnahme nochmals kräftig mit dem Gerätekopf nach unten schütteln. Für den 1-Liter-Gourmet-Whip Zutaten verdoppeln und zwei Sahnekapseln verwenden.

Tipp: Anstelle von Sahne kann auch Kokosmilch verwendet werden. Bitte mit einigen Spritzern Rum oder Orangenlikör abschmecken. Und natürlich können Sie statt einer Mangomousse auch problemlos eine Himbeermousse herstellen. Oder … Ihrer Fantasie sind keine Grenzen gesetzt! Ein weiterer Tipp ist ein Milchprodukt auf Rahmbasis, als QimiQ bekannt (mit 15 Prozent Fett), welches den Einsatz von Gelatine und Sahne überflüssig macht.

Ich bin seit 2000 Botschafter für Espumas, schule Köche, Küchenmeister und Privatpersonen in der neuen Technik und weiß daher aus Erfahrung: Wo auch immer Espumas serviert werden, sorgen sie für ein echtes Aha-Erlebnis.

43 Käse

Käse gehörte schon in der Römerzeit zu den wichtigsten und vor allem edelsten aus Milch hergestellten Lebensmitteln. Er enthält alle Inhaltsstoffe der Milch in konzentrierter Form. Weltweit gibt es etwa 3 000 Sorten. Allein in Deutschland werden rund 600 verschiedene Käse hergestellt; auf den heimischen Markt kommen dazu noch unzählige Importe insbesondere aus Frankreich, den Niederlanden, der Schweiz, Italien sowie aus anderen, meist europäischen Ländern. Bei einer derart riesigen Warengruppe ist eine genaue Unterscheidung der einzelnen Sorten genauso notwendig wie schwierig, mit Hilfe einiger bestimmter Merkmale aber keinesfalls unmöglich.

Die Milchart: Hauptsächlich wird Käse aus Kuhmilch hergestellt. Einige Spezialitäten werden unter anderem auch aus Schafs-, Ziegen- und Büffelmilch oder Mischungen verschiedener Milchsorten produziert. Immerhin: Die Milch macht's. Sie ist von wesentlicher Bedeutung für das Aroma des späteren Käses – und selbst meist Spiegelbild dessen, was die Tiere gegessen haben. So gibt es einen französischen Ziegenkäse, der sehr stark nach Rosmarin schmeckt, aber ohne Zusatz von Rosmarin hergestellt wird. Die Ziegen weiden halt auf einer Hochebene mit vielen Kräutern. Frisches Sommerfutter von saftigen Wiesen und Auen gibt eben einen intensiven Geschmack – der mit Tieren in Stallhaltung nie erreicht werden kann.

Die Gerinnungsmethode: Um Milch gerinnen zu lassen (man spricht hier auch vom „Eindicken" der Milch), wird sie meist durch Lab, ein Enzym aus dem Kälbermagen, dickgelegt. So entsteht der so genannte Süßmilchkäse. Werden zur Gerinnung Milchsäurebakterien eingesetzt, haben wir stattdessen einen Sauermilchkäse. Oft aber werden beide Verfahren auch gleichzeitig angewendet.

Die Schimmelpilzkulturen: Hier werden dem Käse vor oder nach dem Gerinnen Weiß- oder Blauschimmel injiziert.

Die Reifung: Jeder Käse muss reifen, um sein typisches Aroma und Aussehen zu entfalten. Die Reifedauer ist von Sorte zu Sorte verschieden. Die einzige Ausnahme bilden die Frischkäse. Sie brauchen, wie der Name schon andeutet, keine Zeit zur Reifung und gehören frisch auf den Tisch.

Käseherstellung

Als Vorbereitung zur Käseherstellung wird die Milch meist gefiltert und pasteurisiert, also kurzzeitig bis maximal 120 Grad erhitzt, bevor sie dickgelegt wird. Für einige Käsesorten verwendet man allerdings keine pasteurisierte Milch, weil beim Erhitzen auch wertvolle Geschmacksstoffe verloren gehen. Diesen Käse bezeichnet man als Rohmilchkäse. Je nachdem welche Fettgehaltsstufe der Käse bekommen soll, wird die Milch mit Magermilch gemischt und dadurch entfettet oder mit Rahm gemischt und aufgefettet. Die Fettgehaltsstufe im

Käse wird als prozentuales Verhältnis zur Trockenmasse, als „Fett i. Tr." auf der Verpackung angegeben.

Je nach Methode dauert es zwischen einigen Minuten und einigen Stunden, bis die Gerinnung vollzogen ist. Dabei trennt sich die Molke von dem geronnenen Eiweiß der Milch, es entsteht der Käsebruch. Um die Molke besser abzutrennen wird der Käsebruch mit einer so genannten Käsharfe (einem Gerät mit feinen, parallel verlaufenden Drähten) in möglichst gleich große Stücke zerschnitten. Durch das Zerteilen des Bruchs löst sich die Molke besser. Je gleichmäßiger die Stücke geschnitten wurden, desto besser wird der Käse. Extra fein geschnitten, tritt besonders viel Molke aus, der Käse wird später fester. Nach dem Auspressen der Molke wird der Käse in Form gebracht. Die Formenvielfalt reicht von quadratisch, rechteckig bis rund in jeweils unterschiedlichen Größen – bis hin zur Wagenradgröße.

Nach der Formgebung werden die Käselaibe in ein Salzbad gegeben. Alleinige Ausnahme ist Frischkäse. Das Salz ist wichtig für die weitere Reifung. Es fördert die Festigung der Käselaibe und die Rindenbildung. Das Salz dient der späteren Haltbarkeit, indem es schädliche Bakterien fern hält, und es ist letztendlich ausschlaggebend für den arttypischen Geschmack der verschiedenen Sorten. Nun muss ein guter, geschmackvoller Käse in temperierten Lagerräumen reifen. In regelmäßigen Abständen wird der Käse dabei gewendet, gebürstet und abgerieben. Bei Käsesorten mit längeren Lagerzeiten werden die Laibe zusätzlich noch mehrmals mit einer Salzlösung von Hand abgerieben. Dadurch bekommt der Käse eine harte, trockene Rinde – und natürlich seinen Preis. Käsesorten mit weicher Rinde oder Rotschimmelkäse werden „geschmiert". Das bedeutet, sie werden je nach Sorte mit einer Flüssigkeit besprüht, die entweder mit Weißschimmel-, Rot- oder Gelbschmierebakterien angereichert ist.

Einige junge Käsesorten werden zum Schutz in Paraffin getaucht. Auch werden einige Schnittkäsesorten als rindenfreie Käse produziert. Dazu werden die Käselaiber in noch unreifem Stadium in Folie vakuumiert. In diesem Vakuum reift der Käse nun nach, ohne eine Rinde zu bilden.

Wie beurteilen Sie einen Käse richtig?

Nun, nach welchen Kriterien Sie einen Käse bewerten, hängt natürlich ganz wesentlich davon ab, was Sie von einem Käse erwarten. Der persönliche Geschmack zählt hier ebenso wie der Verwendungszweck und die bisherige Erfahrung mit unterschiedlichen Käsesorten. Ein junger Schnittkäse, sagen wir mal ein Gouda, hat eine Mindestreifezeit von sechs Wochen. Er hat dann einen eher unauffälligen leichten Geschmack und ist relativ preiswert zu haben. Nach einigen Monaten Reifezeit hat derselbe Käse einen schon deutlich ausgeprägteren Eigengeschmack, nach neun bis zwölf Monaten hat er so viel an Feuchtigkeit verdunstet, dass er kräftig und sehr aromatisch schmeckt. Für einen Käseliebhaber ist dieser alte Gouda ein Genuss – der dann auch zu einem ganz anderen Preis gehandelt wird.

Käse reifen unterschiedlich zu ihrem aromatischen Höhepunkt. Ein Gouda etwa reift von innen nach außen, ein Camembert hingegen von außen nach innen. Optimal gereifter Käse hat den höchsten Genusswert. Sie erkennen ihn an einer glatten Rinde ohne Risse und Falten. Die Käseoberfläche darf – von einigen Ausnahmen abgesehen – keinesfalls feucht, schmierig und von Schimmel befallen sein. Der Käse darf zwar seinen typischen Duft preisgeben, sollte aber keinen stechenden Geruch in der Nase hinterlassen. Im Geschmack sollte Ihnen der Käse glatt von der Zunge gehen und kein raues Gefühl provozieren. Beim Anschneiden des Käses können Sie sehr gut den Reifestatus erkennen.

Der Camembert wird beim Reifen glasig und hat bei optimalem Reifegrad in der Mitte einen noch kleinen weißen Kern. Für richtige Käsefans darf ein Camembert über diesen Punkt hinaus leicht fließen. Ein Hartkäse darf keine Risse bekommen, Risse sind ein Zeichen dafür, dass er zu trocken gelagert wurde. Eine Salzkristallbildung wiederum ist bei sehr altem Käse wie dem Parmesan mitunter typisch.

Die Lagerung von Käse

Über die Aufbewahrung von Käse gehen die Meinungen weit auseinander. Sicher wäre es ideal, wenn Camembert bei 8 Grad ungestört reifen könnte oder der Weichkäse nicht nur auf einem Lattenrost gelagert, sondern auch noch dreimal in der Woche gewendet würde. Solche Bedingungen kann allerdings nur ein Affineur, also Fachhändler für edelsten Käse, bieten.

Optimal lagern Sie Käse in luftdicht verschlossenen Plastikbehältern (Lock & Lock) oder unter der Käseglocke. Frischhaltefolien sollten unbedingt vermieden werden, denn sie verhindern die Atmung des Käses. Für den schnellen Verzehr sollten Sie Käse vielmehr in gewachstem Papier oder in einer Käsedose lagern. Ebenfalls problematisch sind übermäßige Kälte und Hitze. Während die natürliche Reifung bei Temperaturen unter 8 Grad gehemmt wird, bewirken zu hohe Temperaturen eine zu schnelle Käsereifung. Weil Franzosen Käse dann besonders lieben, wenn er sehr reif und würzig ist, legen sie ihn oft gar nicht in den Kühlschrank. Hochwertige Käse einfrieren geht übrigens gar nicht. Der Käse verliert so einen großen Teil seines Geschmacks, der natürliche Reifeprozess wird unterbrochen und die Struktur der Käsemasse durch die sich bildenden Eiskristalle verändert.

Käse am Stück und mit Rinde hält sich besser als aufgeschnittener; frisch geriebener Käse sollte am besten gar nicht länger aufbewahrt werden. Und was ist mit Schimmel? Gerade bei Käsesorten, die man noch nicht so genau kennt, stellt sich manchmal die Frage, ob der Schimmel zum Käse gehört. Denn gerade bei Rohmilchkäsen und manchen Ziegenkäsespezialitäten verändert sich die Oberfläche im Verlauf der Reifung. Schwarze dunkle Schimmelarten sind fast immer ein Zeichen für verdorbene Ware, mit wenigen delikaten Ausnahmen: „Tomme de Savoie" und andere Tomme-Arten sowie „Saint Nectaire". Bei diesen Käsen gehört die grau-schwarze Pilzoberfläche zum Produkt. Unerwünschten, „wilden" Schimmel bei Hartkäse sollte man großzügig abschneiden. Verschimmelter Frisch-, Weich- und Schnittkäse können die Gesundheit gefährden und sollten nicht mehr gegessen werden.

Serviertipps

Frischkäse wird im Gegensatz zu anderen Käsesorten direkt aus dem Kühlschrank gegessen. Alle anderen Sorten sollten „chambriert" (franz. chambre: Zimmer) serviert werden, sie sollten also eine Temperatur von 16 bis 18 Grad haben. Nur so kann ein Käse sein wertvolles Aroma entfalten. Diese Zimmertemperatur hat der Käse im Allgemeinen nach circa einer Stunde außerhalb des Kühlschranks erreicht.

Käse und Wein haben sich schon immer gut miteinander verstanden. Beides sind Naturprodukte, die nach sorgfältigster Herstellung lange gelagert werden, zumindest aber so lange, bis sie ihr volles Aroma entfaltet haben. Es sind damit Produkte, die einem Prinzip der ständigen Veränderung unterliegen – und bei falscher Handhabung kann diese Veränderung durchaus auch negativ sein. Immer wieder beliebt ist die Kombination von Käse und Rotwein. Dabei sind gute Rotweine und gute Käse oft viel zu eigenwillig – und bekommen dann beide nicht die Aufmerksamkeit, die ihnen gebührt. Probieren Sie doch mal einen trockenen Weißwein oder vielleicht sogar einen lieblichen Wein oder Portwein zu einem besonders kräftigen Käse.

Übrigens: Glückwunsch, wenn Ihr französischer Käse ein AOC-Siegel trägt, beste Qualität ist damit garantiert. Nur 42 der über 1 000 französischen Käsesorten dürfen die kontrollierte Herkunftsbezeichnung AOC „Appellation d'Origine Contrôlée" tragen. Die kontrollierte Herkunftsbezeichnung garantiert, dass die Milch aus einem geografisch genau festgelegten Gebiet kommt und auch die Herstellung sowie mindestens ein Teil der Reifung in diesem Gebiet erfolgt ist. Die AOC-Käse werden nach überlieferten, zum Teil jahrhundertealten Verfahren hergestellt, Größe, Gestalt der Rinde, Konsistenz und Mindestfettgehalt sind genau definiert und müssen strikt eingehalten werden. Alle AOC-Käse sind für den Käseliebhaber unmittelbar zu erkennen: Ein Vermerk auf der Rinde, der Verpackung oder dem Etikett macht es leicht, einen AOC-Käse zu identifizieren.

Eine weitere Spezialität der Franzosen: Ziegenkäse. Natürlich ist Frankreich nicht das einzige Land, in dem aus Ziegenmilch Käse hergestellt wird. Aber nirgendwo sonst findet sich eine derartige Vielfalt an Geschmacksrichtungen, Formen und Reifestadien. Schätzungsweise hundert verschiedene Ziegenkäsesorten gibt es in Frankreich, davon zählen elf zu den AOC-Käsen, viele werden aus Rohmilch hergestellt. Die meisten Sorten sind je nach Reifegrad mit einer feinen Edelschimmelrinde überzogen oder mit Asche bestäubt. Diese stammt von unterschiedlichen Holzarten wie Pappel-, Eichen- oder Tannenholz. Die Asche kompensiert die Feuchtigkeit auf der Käseoberfläche und begünstigt so die Rinden- und Edelpilzbildung.

44 Kaffee

Der Kaffeebaum stammt ursprünglich aus Äthiopien, von dort aus verbreitete sich der Kaffeegenuss über die arabischen Länder bis in die Türkei, und im 17. Jahrhundert gelangte er auch bis in die Mitte Europas – als nämlich die Türken Wien belagerten. Dort wurde im Jahr 1683 auch das erste europäische Kaffeehaus „Zur blauen Flasche" gegründet. Es wundert daher kaum, dass sich bei den Wienern seitdem eine besondere Kaffeekultur etabliert hat.

Im Orient zählt Kaffee seit Jahrhunderten zu den einschlägigen Symbolen des Müßiggangs und der Gastfreundschaft. Ganz wie bei der japanischen (oder englischen) Teezeremonie zählt nicht die Zeit, sondern das Ritual. Nicht, dass die Zubereitung eines guten Kaffees sehr zeitaufwändig wäre. Doch selbst die wenigen Minuten, die ein gut gemachter Kaffee braucht, sind vielen Menschen inzwischen zu viel: Sie kaufen sich lieber einen Kaffee für den Weg zur Arbeit oder zum Frühstück in der U-Bahn.

Für alle, die mehr wollen, sei hier angemerkt: Ein perfekter Kaffee ist Kultur, Lebensart und Leidenschaft. Die besten Kaffeemarken und Sorten gleichen – falsch zubereitet oder aufgewärmt – eher einer schwarzen Brühe als einem Genussmittel, das die Sinne erfrischt. Was aber zeichnet eine gute Kaffeemischung aus? Worauf muss man beim Kochen von Kaffee achten? Und was eigentlich passiert beim Aufbrühen von Kaffee?

Mit Hilfe von heißem Wasser werden Aroma-, Geschmacks- und Farbstoffe aus dem Kaffeemehl gelöst. Durch das heiße Wasser können auch schwer lösliche Kaffeeöle und Kaffeesäuren herausgelöst werden, die das Aroma des Kaffees voll zur Geltung bringen. Aber

Vorsicht mit der Temperatur: Das Wasser sollte nicht kochen, weil es dann Bitter- und Reizstoffe freisetzt. Ist das Wasser allerdings nicht warm genug, kann sich das Kaffeearoma nicht voll entfalten. Die Vollendung des Kaffeegenusses besteht sicher darin, jede Portion frisch zu mahlen. Dabei ist der Mahlgrad von großer Bedeutung. Ist das Pulver im Filter zu fein gemahlen, verlängert sich die Brühzeit und der Kaffee kann unangenehm bitter werden. Bei zu grober Mahlung ist die Brühzeit hingegen zu kurz, der Kaffee wird säuerlich und schwach.

Die perfekte Balance ist also entscheidend! Nur wer sich an die Regeln hält und ein Gespür für Nuancen hat, ist fähig, einen wirklich guten Kaffee zu produzieren. Ihre Kaffeemaschine hat dieses Gespür in der Regel nicht. Die meisten Kaffeemaschinen haben eine zu geringe Brühtemperatur und eine viel zu direkt heizende Bodenplatte. Eine hochwertige Kaffeemaschine lohnt sich also immer. Oder noch besser: Sie machen den Kaffee gleich per Hand und investieren das gesparte Geld lieber in besseren Kaffee.

Denn eines ist sicher: Eine billige Kaffeemaschine und Discountkaffee führen jeweils allein schon zu schlechten Resultaten, in der Kombination aber zu einer Katastrophe. Kaufen Sie bitte nur wirklich hochwertigen Kaffee, und geben Sie hierfür gern ein paar Euro mehr aus. Sie werden es schmecken!

Wie beim Wein sind auch beim Kaffee die Lage und Herkunft entscheidend für Qualität und Preis. Je höher die Kaffeeplantage gelegen ist, je wertvoller Bodenqualität und Lage, desto teurer der Kaffee. Spitzenkaffees kommen etwa aus dem Hochland von Kenia oder Mexiko, ein besonders edler Kaffee ist der „Blue Mountains" aus Jamaika. Das Kilo kostet gut 100 Euro und mehr.

Besondere Bedeutung für den internationalen Kaffeehandel haben die Sorten *Arabica* und *Robusta*. Die edle Arabica-Bohne wird vor allem im Hochland angebaut, sie hat ein mildes Aroma und eine feine Säure, sie verleiht einem guten Kaffee seinen dezenten, zitrusartigen Geschmack. Die Robusta-Bohne, die – abgesehen von einigen wenigen Ausnahmen – pur getrunken keinen wirklichen Genuss darstellt, wird wegen ihres intensiven, rauchigen Geschmacks, vor allem aber wegen des geringeren Preises, den diese Sorte auf den internationalen Kaffeebörsen erzielt, gerne beigemischt. Arabica und Robusta unterscheiden sich vor allem im Koffeinanteil. Botanisch gesehen dient das Koffein dazu, die Kaffeepflanze vor Schädlingen zu schützen. Da der Kaffeebaum in hohen Lagen diesen Schädlingen weniger stark ausgesetzt ist, ist der Koffeingehalt auch geringer. Die Robusta-Sorte hingegen ist, der Name sagt es, widerstandsfähiger – ihr Koffeingehalt ist mit etwa 4 Prozent fast doppelt so hoch wie die einer Arabica-Bohne, und daher kann sie auch in flachen Lagen kultiviert werden.

Ob man den kolumbianischen Kaffee mit seinem weichen runden Körper und einem feinen Aroma nimmt, den Kaffee aus Costa Rica mit seiner leichten Säure oder den mexikanischen Altura mit einer eher süßlichen Note: Die harmonische Zusammenstellung unterschiedlich milder und säurehaltiger Bohnen gibt den Ausschlag für eine gute Kaffeemischung. Was die Auswahl der Kaffeesorten betrifft, sind Röstmeister daher ziemlich verschwiegen. Und auch beim Rösten lassen sie sich nicht in die Karten schauen. So viel aber sei verraten: Von entscheidender Bedeutung ist die Röstzeit. In Italien und Frankreich werden die Bohnen insbesondere für Espresso etwa 12 bis 18 Minuten intensiv geröstet. Beim Rösten gehen Säure und Gerbstoffe verloren, die Aromen können sich voll entfalten.

Allerdings ist das Rösten teuer. In Deutschland wird Filterkaffee daher mit einer so genannten Turboröstung meist in wenigen Minuten geröstet. Die Säure ist hier noch nicht vollständig abgebaut. Was bei einem Filterkaffee wegen des doch recht verdünnten Aufgusses noch durchgehen mag, wäre bei einem Espresso kaum hinnehmbar: Durch das viel intensivere Brühverfahren wäre der Espresso kaum zu genießen.

Der Filterkaffee mit Papier oder Goldfilter: Der Kaffeefilter wurde 1908 von Melitta Bentz in Dresden erfunden. In Deutschland ist er trotz der wachsenden Bedeutung von Espressomaschinen nach wie vor stark verbreitet. Doch leider wird der Kaffee meist überall auf einer Wärmeplatte warm gehalten. Das Wasser verdunstet, Bitterstoffe werden freigesetzt. Brühen sie den Kaffee daher lieber jedes Mal frisch auf, und genießen Sie ihn ohne langes Warmhalten.

Italienischer Kaffee aus der Espressomaschine: Die Vorteile der Espressomaschine und der italienischen Rösttechnik sind vielfältig. Besonders hervorzuheben ist die Bekömmlichkeit aufgrund von wenig Gerbsäure und Bitterstoffen. Gemessen an einem Filterkaffee hat ein Espresso nur etwa 5 bis 10 Prozent Säure und nur 30 bis 50 Prozent Koffein. Qualitätsmerkmal eines guten Espresso ist die Crema, ein hellbrauner aromatischer Schaum, der von den unter Hochdruck ausgetriebenen Kaffeeölen herrührt und den Einsatz von Milch oder Sahne überflüssig macht. Im Süden Italiens wird der Espresso besonders stark geröstet, er wird dadurch etwas rauchig-bitter, bekommt aber mit der entsprechenden Menge Zucker ein karamellartiges Aroma.

Presskanne oder Melior-System: Dieses System hat viele Vorteile. Der Kaffee wird frisch gemahlen, mit heißem Wasser übergossen und nach kurzer Brühzeit umgerührt, schließlich wird der Kaffeesatz mit einem Filter zu Boden gedrückt. Für Kenner und Liebhaber von kleinen Mengen bestens geeignet.

Italienisches Mokkasystem: Dieses Original für 1 bis 16 Espressotassen, das fälschlich auch unter dem Namen Espressokanne firmiert, ist – ob aus Alu, Edelstahl oder als Designerstück – schlicht genial. Schließlich werden durch die Geschwindigkeit, mit der der Wasserdampf durchs Pulver gejagt wird, ausschließlich die Aromastoffe des Kaffees gelöst.

Mokka, das Original aus dem Orient: Man nimmt 50 bis 100 Prozent mehr Kaffeemehl als gewöhnlich, stößt es im Mörser zu Staub oder mahlt es sehr fein. Anschließend wird das Kaffeepulver in einen kleinen Kupfertopf mit Stiel gegeben, der auf jedem türkischen oder arabischen Bazar erhältlich ist. Die gewünschte Menge Wasser hinzugeben, einmal aufkochen, zwei Minuten ruhen lassen und mit einer Priese Kardamom verfeinern. Dann ein zweites Mal aufkochen, wieder ruhen lassen, Zucker (und zwar viel) hinzugeben und ein letztes Mal aufkochen. Ein Kaffeelöffel kaltes Wasser lässt die Schwebeteilchen zu Boden sinken. Noch mal zwei bis drei Minuten ziehen lassen und schließlich in kleine, dünnwandige, vorgewärmte Tässchen gießen und servieren.

Lagerung: Feiner Kaffee ist gut zubereitet ein Gedicht. Aber auch bei der Lagerung der feinen Bohne gilt es einiges zu beachten. Denn ohne die richtige Lagerung ist alles nichts. Wie schon gesagt, halte ich es für das Beste, wenn Sie die Bohnen frisch mahlen und in kleinen Mengen gut verschlossen aufbewahren. Wenn sie schon fertig gemahlenen Kaffee kaufen, füllen Sie ihn nicht in eine Dose um. Durch das

Umschütten gehen bereits viele der Aromen verloren, die den Kaffee so wertvoll machen. Lagern Sie den Kaffee lieber dicht verschlossen im Kühlschrank. Die Kälte bremst den durch Oxidation bedingten Aromawandel. Zu warm gelagerter Kaffee schwitzt die ätherischen Öle aus und kann ranzig werden.

Übrigens: Einer der berühmtesten Kaffeetrinker war Honoré de Balzac. Nicht umsonst nennt sich eine Coffeeshop-Kette nach dem überaus produktiven französischen Schriftsteller, der mit viel Kaffee und wenig Schlaf zahllose Romane verfassen musste, um seinen finanziellen Ruin abzuwehren. Auch Voltaire war der schwarzen Bohne zugetan, er soll gut 70 Tassen am Tag getrunken haben. Marcel Proust wiederum liebte frisch aufgebrühten Kaffee und ließ sich von seiner Haushälterin über den Tag hinweg ständig neuen Kaffee kochen – auch er wäre also kein Freund von Warmhalteplatten gewesen.

Trends in Küche und Lebensmittelindustrie

Molekulare Küche

Es zischt, es dampft, Nebel steigt auf. Vor einigen Sekunden hatte sich der Küchenchef vor Ihrem Tisch mit einer Silberschüssel aufgebaut, angefüllt mit allen Zutaten für eine gute Eiscreme, jetzt ist er beinahe in Nebel gehüllt und nicht mehr zu sehen. Aber kaum dass sich der Nebel lichtet, ist mit seiner Zauberhand und der Zugabe von auf minus 196 Grad geeistem Stickstoff aus einer Gasflasche eine Eiscreme besonderer Güte entstanden. Wer ein Restaurant besucht, dessen Koch sich der molekularen Küche verschrieben hat, der darf mit einigen Überraschungen rechnen. Die Kombination der Speisen, vielmehr noch ihre Präsentation: ungewohnt. Die Konsistenz, Farbe und Struktur auch alltäglicher Zutaten und Gerichte: völlig neu definiert. Die molekulare Küche spielt mit konventionellen Esserwartungen, sie sucht nach neuen Methoden, intensive Aromen herauszuarbeiten, und sie setzt – bisweilen etwas zu stark – auf eine gelungene Show und entsprechende Effekte.

Worum genau geht es? Ein Molekül ist bekanntlich die kleinste Einheit einer chemischen Verbindung. Und wenn wir in der Küche arbeiten, dann verändern wir die molekulare Struktur unserer Zutaten, es finden allerhand biochemische und physikalische Reaktionen statt. Um beim Eis zu bleiben: Wegen der tiefen Temperaturen des flüssigen Stickstoffs können die Wassermoleküle bei ihrer Schockfrostung keine Kristalle ausbilden. Das Ergebnis: Die mit Theaterzauber bereitete Eiscreme macht den Mund nicht taub, das Aroma der Zutaten kommt voll zur Geltung.

Eine andere Spezialität ist das kalt zubereitete Rührei: Eiweiß wird zunächst mit einem Schuss 95-prozentigen Alkohol und dann mit dem Eidotter und einem weiteren Schuss Alkohol vermischt, der auf die Proteine wie Wärme wirkt. Die geronnene Masse wird schließlich in ein Leinentuch gelegt, der Alkohol mit kaltem Wasser aus dem Ei gespült. Das kalt zubereitete Rührei ist von unglaublich samtener Konsistenz und eignet sich etwa dafür, Kaviar zu ummanteln.

Kochen mit der Unterstützung von Physikern, Chemikern, Ingenieuren und Verfahrenstechnikern? Allen voran Ferran Adrià, spanischer Drei-Sterne-Koch und in den letzten Jahren einer der umtriebigsten Neuerer der internationalen Gastronomie, setzt bei seinen Kreationen auch auf biochemische und physikalische Effekte – und hat in seiner (Versuchs-)Küche in Barcelona neben dem Herd auch eine Zentrifuge stehen. Dennoch haben Adrià und andere Verfechter der molekularen Küche ihre Kochmützen nicht an Naturwissenschaftler und Lebensmitteltechniker abgegeben. Die Wissenschaft unterstützt nur die Umsetzung neuer, die Kochtechnik der Gastronomie revolutionierender Verfahren. Die kulinarische Inspiration bleibt nach wie vor Sache und eigentliche Stärke der Köche. Wie in der konventionellen Küche auch hat dabei die Suche nach intensiven Aromen Priorität.

Und tatsächlich: Nach den Prinzipien der Materienphysik zubereitete Gerichte sind anders. Der vertraute Geschmack wird betont, die Speisen sind oft leichter und bekömmlicher, die Kombinationen überraschend, die Methoden verrückt.

Erste Überlegungen in Richtung einer naturwissenschaftlich sensibilisierten Küche unternahm der Franzose Hervé This-Benckhard bereits 1990. In seinem Buch *Rätsel und Geheimnisse der Kochkunst* zeigte er sich überzeugt, dass derjenige besser kocht, der um die chemischen und physikalischen Prozesse in den Töpfen weiß. Eines seiner beliebtesten Beispiele einer naturwissenschaftlich fundierten Küche ist das NT-Garen, also das Garen bei niedrigen Temperaturen. Ein Steak kann nach kurzem Anbraten in der Pfanne durchaus bei circa 65 Grad mehrere Stunden im Ofen bleiben und ist dennoch jederzeit medium zubereitet. Warum?

Bei niedriger Temperatur denaturiert das rote tierische Eiweiß nicht weiter und bleibt daher zart. Bei höheren Temperaturen hingegen würden die Proteine stärker denaturieren und das Fleisch zäh und trocken werden. Auch diese simple Beobachtung zeigt: Kochen ist eigentlich nichts anderes als angewandte Chemie und Physik

Der englische Begriff bedeutet nichts anderes als Bequemlichkeit oder Annehmlichkeit. Das besonders Bequeme an Convenience-Produkten: Sie sind weitgehend küchen- oder sogar verzehrfertig vorbereitet, die Vor- und Zubereitungszeit verringert sich entsprechend, in einigen Fällen sogar gegen null. Convenience-Produkte werden demnach in recht unterschiedlichen Bearbeitungsgraden angeboten – und sind aus unserer Ernährung gar nicht mehr wegzudenken. Oft ist sich der Verbraucher gar nicht mehr bewusst, wann er es mit Convenience-Waren im klassischen Sinne zu tun hat. So verwenden wir täglich beispielsweise Nudeln, Reis, Mehl, Fleisch und Fleischprodukte, Milchprodukte oder Müsli-Mischungen, verbinden mit dem Begriff Convenience aber eher Tiefkühl- oder Instantprodukte wie Tütensuppen und -saucen. Streng genommen ist aber selbst frische Butter ein Convenience-Produkt.

Nach einer Befragung der Fachzeitschrift *Küche* sind Convenience-Waren inzwischen eine feste Größe in unserer Gastronomie. Küchenchefs verwenden insbesondere tiefgekühlte Gemüse-, Kartoffel- und Fischprodukte und schließlich auch Tiefkühlfleisch regelmäßig. Ein aktueller Trend sind ökologisch hergestellte Convenience-Produkte ohne Konservierungs-, Aroma- und Zusatzstoffe. Diese Entwicklung mag überraschen. Der Ausbau der ökologischen Landwirtschaft und die wachsende Bedeutung einer ökologischen Ernährung haben aber dahin geführt, dass sich ökologische Produkte auch jenseits einer Vollwertküche, wie sie in den Achtzigerjahren noch üblich war, ihren Weg und vor allem neue Kundenkreise suchen.

Ihren Bearbeitungsstufen entsprechend werden Convenience-Produkte in sechs unterschiedliche Kategorien eingeteilt. Auf die Grundstufe völlig unbehandelter Waren folgen küchenfertige Lebensmittel, die vor dem Garen noch vorbereitet werden müssen. Teilstücke vom Fleisch und unvorbereitetes Gemüse gehören ebenso in diese Kategorie wie Fisch, der zwar ausgenommen wurde, aber noch gewaschen und geschuppt werden muss. Garfertige Waren hingegen können ohne weitere Bearbeitung gegart werden. Zu dieser Kategorie zählen vorportionierte Fleischteile wie Filetstücke, Teigwaren und Tiefkühlgemüse. Aus mischfertigen Produkten werden erst mit weiteren Lebensmitteln fertige Speisen, ein Salatdressinggewürz muss mit Essig und Öl angemacht werden, Kartoffelpüreepulver ist erst mit Butter, Sahne oder Milch perfekt.

Die so genannten regenerierfähigen Convenience-Produkte machen im Bereich der warmen Küche den geringsten Aufwand, sie müssen einfach nur aufgewärmt werden. Zu diesen Fertigprodukten zählen die einzelnen Komponenten eines Menüs genauso wie fertige Menüs oder die berühmte Dosensuppe. Vielleicht hören Sie die Mikrowelle in der Küche klingeln? Verzehrfertige Produkte werden einfach nur schön angerichtet, sie sind zum sofortigen Verzehr geeignet. Gebäck, Kuchen, belegte Sandwichs, Matjesröllchen oder Hacksteaks wie Frikadellen gehören in diese Gruppe. Sie sehen: Köche arbeiten auch ähnlich wie Privatpersonen mit unterschiedlich vorbereiteten Zutaten, wenngleich die Fachhandelsware natürlich in besonderer Weise auf professionelle Bedürfnisse zugeschnitten ist.

Den einen oder anderen Restaurantbesucher mag diese Tatsache ernüchtern, schließlich erwartet man in einem Restaurant auch ein gutes Stück Handwerk. Aufwärmen, mag sich der eine oder die andere denken, dass kann ich auch alleine. Aber Hand aufs Herz: Wer in einem großen Restaurantbetrieb für kleines Geld essen will, darf nicht oder zumindest nicht ausschließlich nach Frischwaren verlangen. Schon organisatorisch wäre dem Andrang der Gäste kaum ohne Fertigwaren zu begegnen.

Gerade mit Blick auf die unterschiedlichen Fertigungsstufen müssen Convenience-Produkte zudem differenziert betrachtet werden. Die Verwendung von Tiefkühlgemüse ist sicher anders zu beurteilen als der Einsatz von Instantprodukten oder Fertiggerichten. Die Entscheidung für oder gegen die Verwendung von Convenience hängt natürlich sehr von den individuellen Bedürfnissen und Wünschen der Küche ab. Oder weniger schlicht formuliert: von der Philosophie, die der Koch vertritt.

Unter Tiefkühlkost versteht man alle im Handel angebotenen industriell hergestellten und tiefgefrorenen Lebensmittel. Das Sortiment an Tiefkühlware wird immer größer und umfasst mittlerweile fast alle Lebensmittel. Neben Backwaren, Fisch, Fertigprodukten, Fleisch, Geflügel, Gemüse, Kartoffelerzeugnissen, Krusten- und Schalentieren sind auch Milchprodukte, Obst und Süßspeisen im Angebot. Der letzte verzweifelte Schrei aus den Tiefkühltruhen ist TK-Sushi, über das ich aber kein weiteres Wort mehr verlieren will, weil gefrorenes Sushi noch schlimmer ist als Spargel im Glas.

Zur Herstellung von Tiefkühlkost dürfen nur einwandfreie Ausgangs- bzw. Rohwaren verwendet werden. Zur Erhaltung der wertvollen Nährstoffe werden die Rohprodukte auf dem schnellstmöglichen Weg verarbeitet und rasch und schonend bei Temperaturen bis minus 50 Grad tiefgefroren. So werden Fische und Meeresfrüchte fangfrisch, teilweise noch auf den Schiffen auf See verarbeitet und tiefgekühlt. Erntefrisches Gemüse hingegen wird vor dem Einfrieren noch blanchiert, um es keimfrei und vor allem kompakter zu verpacken. Denken Sie nur an Grünkohl oder Spinat. Außerdem verhindert dies Vitaminverluste und Geschmacks- und Farbveränderungen des Gemüses. Um eine qualitativ hochwertige Frostware zu produzieren, muss der Bereich der maximalen Kristallbildung möglichst rasch durchlaufen werden. Am besten gelingt dies beim Schockfrosten bei mindestens minus 35 Grad. Bekommen die Lebensmittel zu wenig Kälte ab, bilden sich unregelmäßig große Eiskristalle, was beim Auftauen zu enormen Qualitätsverlusten führt.

Tiefgekühlte Lebensmittel kommen nur verpackt in den Handel. Zum einen weil die Verpackung vor schadhaften Umwelteinflüssen schützt, zum anderen weil sie den Gefrierbrand verhindert. Unter Gefrierbrand versteht man das Austrocknen tiefgekühlter Lebensmittel. Man erkennt ihn an den weißen, unnatürlichen Verfärbungen am Gefriergut. Die ausgetrocknete Schicht nimmt beim Auftauen und Zubereiten kaum Wasser auf und bleibt dadurch zäh. Gefrierbrandbefallene Lebensmittel sind im mikrobiologischen Sinn zwar nicht verdorben oder gesundheitsschädlich, doch sind die befallenen Stellen ungenießbar. Achten Sie beim Einkauf von Tiefkühlware auf unbeschädigte Verpackungen.

Wie alle Lebensmittel sind auch Tiefkühlprodukte nicht unbegrenzt haltbar. Wie lange tiefgekühlte Waren ohne Qualitätseinbußen gelagert werden können, hängt von den einzelnen Lebensmitteln, der Vorbehandlung, der Verpackung und der Lagertemperatur ab. Auf jeder Verpackung muss nicht nur das Mindesthaltbarkeitsdatum angegeben sein, sondern auch der maximale Lagerzeitraum der Ware beim Verbraucher. Und zwar mit Hinweis auf die nötige Aufbewahrungstemperatur (minus 6 Grad, minus 12 Grad oder minus 18 Grad) oder mit Kennzeichnung der zur Aufbewahrung erforderlichen Tiefkühlanlage: Ein-Stern-Fach (minus 6 Grad), Zwei-Sterne-Fach (minus 12 Grad) oder Drei-Sterne-Fach (minus 18 Grad). Die strengsten Bestimmungen gibt es beim Hackfleisch. Die Mindesthaltbarkeitszeit ist abhängig von der Zusammensetzung des Produkts, der Ausgangsqualität der Rohware sowie der Lagertemperatur. Dabei gilt: Je tiefer die Temperaturen bei der Lagerung sind, umso länger kann man Tiefkühlkost lagern. Die Produkte bleiben länger frisch und qualitativ hochwertig.

Erntefrische Produkte schmecken besser als Tiefkühlkost, das steht außer Frage. Dennoch ist das Tiefkühlen die schonendste Konservierungsmethode, was Mineralstoffe und Vitamine anbelangt. Der Vitamin-C-Gehalt von tiefgekühltem Gemüse beispielsweise ist gegenüber dem von Frischware nur wenig geringer. Deutliche Unterschiede entstehen erst während der Lagerung. Der Vitaminabbau von Frischware verläuft relativ rasch. Er kann schon nach wenigen Tagen drastisch sinken. Tiefkühlgemüse hingegen verliert erst nach viermonatiger Lagerung (bei minus 18 Grad) etwa 15 Prozent und nach zwölf Monaten 55 Prozent seines Vitamingehalts.

Wenn Sie tiefgefrorene Lebensmittel kaufen, sollten Sie sie insbesondere im Sommer in Isolier- oder Kühltaschen transportieren und zu Hause sofort in die Tiefkühltruhe legen. Aufgetaute Lebensmittel dürfen unter keinen Umständen wieder eingefroren werden! Es sein denn, Sie haben eingefrorene Produkte aufgetaut und komplett durchgegart. Nur unter dieser Bedingung ist das erneute Einfrieren erlaubt. Die Qualität tiefgefrorener Lebensmittel hängt wesentlich davon ab, wie sie aufgetaut werden. Fisch und Fleisch sollten Sie unbedingt in einem geeigneten Gefäß abgedeckt im Kühlschrank auftauen. Das Auftauen in Mikrowellen oder in warmem Wasser führt dazu, dass der Fleischsaft nicht in die Zellen zurückläuft, sondern austritt. Sich bildende Auftauflüssigkeit, besonders von Geflügel, sollte immer sofort weggeschüttet werden. Auch Küchenutensilien, die mit dem gefrorenen Geflügel in Kontakt kamen, werden am besten gleich mit heißem Wasser und Spülmittel gereinigt, um Salmonellen keine Chance zu geben.

Gemüse sollte möglichst schnell aufgetaut werden, da es sonst zu Vitaminverlust kommt, Backwaren können abgedeckt bei Zimmertemperatur aufgetaut werden. Manche Erzeugnisse brauchen vor der Zubereitung überhaupt nicht aufgetaut werden. Dies gilt zum Beispiel für Erbsen, portionierten Spinat, Pommes frites und andere Kartoffelprodukte. Bei einigen Lebensmitteln reicht es aus, wenn sie nur angetaut sind.

Auch zu Hause sollten Sie mit Tiefkühlprodukten sorgsam umgehen. Bedenken Sie: Ihre Kühltruhe ist keine Wühltruhe. Achten Sie auf Sauberkeit und konstante Temperaturen. Und auch wenn es lästig ist: Tiefkühltruhen und -fächer müssen gelegentlich abgetaut und gereinigt werden. Wenn Sie selbst Lebensmittel einfrieren wollen, so schreiben Sie auf die Pakete immer den Inhalt und das Einfrierdatum. Wenn Sie mehrere Lebensmittel auf einmal einfrieren, legen Sie sie nicht übereinander, sondern nebeneinander. Auf diese Weise kann die Kälte schneller eindringen. Zu Hause sollten Sie bei minus 18 Grad Fleisch auf keinen Fall länger als zwölf Monate lagern. Die Lagerzeit verkürzt sich noch, je fetter das Fleisch ist. Gemüse hält sich etwa 14 Monate.

Tieffrieren ist eine Form – und zwar eine extrem kalte – der physikalischen Konservierung. Bei lebensmittelgerechter Kühlung lässt sich die Haltbarkeit der Produkte verlängern. Grundsätzlich gilt, unter der Voraussetzung einer peniblen Hygiene in lebensmittelgeeigneten Behältern, dass Fleisch bei 1 bis 3 Grad, Fisch am besten auf Eis bei 0 Grad und Gemüse sowie Milchprodukte bei 3 bis 5 Grad zu lagern sind. Ab 7 Grad und natürlich höheren Temperaturen entwickeln sich schnell und leicht schädliche Mikroorganismen.

Eine weitere Methode der physikalischen Konservierung ist das Pasteurisieren. Hier werden Lebensmittel bei 60 bis 85 Grad erhitzt, was temperaturempfindliche Mikroorganismen abtötet, Vitamine, Nähr- und Geschmacksstoffe aber größtenteils erhält. Beim Sterilisieren hingegen werden alle Mikroorganismen und Sporen bei Temperaturen über 100 Grad abgetötet. Dabei werden das Eiweiß und die Kohlenhydrate in den Lebensmitteln verändert. Es kommt zu Farb- und Geschmacksveränderungen. Die Vitamine werden um bis zu 60 Prozent zerstört. Sterilisiert werden zum Beispiel H-Milch, Gemüse-, Fleisch- und Wurstkonserven.

Apropos Konserven: Konservierte Lebensmittel sind in Farbe, Konsistenz und Geschmack zum Teil sehr stark verändert. Zudem enthalten viele Konserven Zusätze wie Kochsalz oder Zucker, Lebensmittelzusatzstoffe, Farbstoffe und Geschmacksverstärker. Der größte Vorteil gegenüber frischen Lebensmitteln besteht ausschließlich in der langfristigen Vorratshaltung. Essen Sie niemals Lebensmittel aus beschädigten oder rostigen Dosen. Am übelsten sind Konserven mit aufgewölbten Deckel, die man auch als Bombagen bezeichnet. Sie zischen beim Öffnen. Die Chance, sich dabei eine ausgewachsene Lebensmittelvergiftung zu holen, ist extrem hoch.

Die wohl älteste Form der physikalischen Konservierung ist das Trocknen. Was früher unter der Sonne geschah, passiert heute industriell. Beim Trocken wird den Lebensmitteln das Wasser entzogen, was die Entwicklung von Mikroorganismen stark hemmt. Durch das Abtrocknen kommt es zu Farb- und Geschmacksveränderungen in den Lebensmitteln und zur Anreicherung von Mineralsalzen. Getrocknet werden zum Beispiel Obst, Fisch, Kräuter oder Pilze.

Um den biologischen Verfall der Lebensmittel zu stoppen, kann man auch zu chemischen Konservierungsmethoden greifen, bei denen die Produkte durch Zusatzstoffe haltbar gemacht werden. Durch die Zugabe von Salz trocknen die Lebensmittel physiologisch aus, was die Zunahme der Mikroorganismen einschränkt. Allerdings kommt es bei dieser Art der Konservierung zu starken Form- und Geschmacksveränderungen der Nahrungsmittel, was teilweise durch Wässern wieder rückgängig gemacht werden kann. Klippfisch zum Beispiel muss vor der Zubereitung für zwei Tage in Wasser eingelegt werden, wobei man dieses häufiger wechselt.

Das Konservieren durch Zuckern wirkt nur gegen Bakterien, nicht aber gegen Hefe- und Schimmelpilze. Beim Zuckern kommt es zu

Geschmacksveränderungen und zu einer Veränderung der Konsistenz. Gezuckert werden Früchte, Marmelade wird zusätzlich noch pasteurisiert. Beim Einlegen in Essig, Alkohol oder Öl kommt es zu einer mehr oder weniger starken, aber erwünschten Geschmacksveränderung. Denken Sie an Rollmops oder Essiggurken. Schinken und Fische werden geräuchert, wobei die Konservierung zusätzlich mit Salz stabilisiert wird.

Neben Salz, Zucker oder Essig gibt es chemische Konservierungsstoffe, die weniger unbedenklich sind. Deshalb müssen sie auf den Verpackungen der Lebensmittel deklariert sein. Sie kennen doch die vielen dreistelligen „E"-Nummern auf den Supermarkt-Lebensmitteln.

Bei mikrobiologischen Konservierungsverfahren werden die Lebensmittel durch eine Milchsäure-, alkoholische oder Essigsäuregärung haltbar gemacht. Bei der Milchsäuregärung werden Kohlenhydrate durch Mikroorganismen zu Säure abgebaut. Folglich sinkt der pH-Wert, und eine weitere Vermehrung von Mikroorganismen wird gehemmt. Milchsäurevergorene Milchprodukte sind neben Joghurt auch Dickmilch und Kefir. Bei der alkoholischen Gärung wird den Nahrungsmitteln Hefe zugesetzt und zu Alkohol umgewandelt. Ethanol hemmt das Wachstum von Mikroorganismen. Bei der Essigsäuregärung wird Zucker oder Ethanol infolge von Essigsäurebakterien zu Essig abgebaut.

In Deutschland bislang noch unerlaubt ist die Konservierung durch Bestrahlung, aber die Europäische Union arbeitet schon an einer Lockerung der Bestimmungen. Bei diesem Verfahren werden die Lebensmittel mit Röntgen-, Elektronen- und Gammastrahlen bestrahlt, um sie stabil zu machen. Das hat weitreichende Folgen. So kann mit dieser Prozedur sowohl die Reifedauer bei Obst und Gemüse verzögert als auch die Lagerfähigkeit von Obst, Fleisch und Trockenprodukten wie Gewürzen verlängert werden. Hinzu kommt, dass das Bestrahlen das Auskeimen von pflanzlichen Lebensmitteln verhindert und Bakterien und Schimmelpilze abtötet. Leider aber zerstört die Bestrahlung die Vitamine und die Aminosäuren empfindlich. Außerdem tötet die Bestrahlung nicht alle Keime ab. Resistente Arten wie Botulinussporen können überleben. Da durch die Strahlen Verderbnisanzeichen wie Fäulnis unterdrückt werden, erscheinen die

Nahrungsmittel noch halbwegs frisch, obwohl sie schon längst ungenießbar sind.

48 Slow Food, Eurotoques, Bioköche

In den letzten Jahren hat sich immer mehr Widerstand formiert gegen den Einheitsgeschmack fertiger Industrieprodukte, den Verlust regionaler, traditionsreicher Esskultur und das Verschwinden seltener, meist uralter Gemüse- und Obstsorten. Ebenso protestieren immer mehr Menschen gegen eine nichtartgerechte Tierhaltung und die Beschränkung auf einige wenige Tierarten, die in Massenhaltung möglichst schnell viel Fleisch liefern sollen. Inzwischen haben sich einige international ausgerichtete Interessengemeinschaften gebildet, die das Ziel verfolgen, einer über Jahrhunderte gewachsenen Ess- und Genusskultur auch heute noch den ihr gebührenden Raum zu verschaffen. Die bekanntesten sind: *Slow Food* und *Eurotoques*. Etwas weniger populär, aber nicht minder interessant ist die Vereinigung der *Bio-Spitzenköche*.

Slow Food

„Essen, was man bewahren will", mit diesem scheinbar widersprüchlichen Motto ist eine Gruppe italienischer Intellektueller Mitte der Achtzigerjahre angetreten, um die Welt nicht allein der globalisierten Fast-Food-Kultur zu überlassen. Heute hat die Bewegung Slow Food weit über 100 000 Mitglieder in 107 Ländern: Genussmenschen, die weder Aufwand noch Mühen scheuen, um unvergessliche Geschmackserlebnisse zu finden. Dabei geht es um die Qualität des täglichen Brots genauso wie um den besonderen Anlass. Slow Food bietet ein Sammelbecken nicht nur für Profis wie Köche und Produzenten, sondern gleichermaßen auch für Konsumenten und Multiplikatoren aus Wissenschaft und Bildung. Eine Vielzahl von Publikationen, Seminaren, Besuchen bei Köchen und Lebensmittelproduzenten sowie kulinarische Reisen sind in dem vielfältigen Angebot enthalten. Zur Förderung der Gastronomie hat unlängst die Arbeit an einem Genussführer für einfache Gaststätten begonnen. Denn das Gastgebersein ist ein zentrales Anliegen der Esskultur, für die Slow Food eintritt.

Weitere Informationen finden Sie auf www.slowfood.de.

Eurotoques

Eurotoques wurde 1986 als nichtkommerzielle Organisation vom belgischen Drei-Sterne-Koch Pierre Romeyer und dem damaligen EG-Kommissionspräsidenten Jacques Delors gegründet. Der Begriff Eurotoques verweist auf den regionalen Schwerpunkt (Europa) und die Kochmütze (la toque), das Standeszeichen der Köche. Neben vor allem europäischen Spitzenköchen zählen aber auch Unternehmen und Privatpersonen zu den Mitgliedern der Vereinigung. Der Sitz des internationalen Büros ist derzeit Mailand, Eurotoques ist jedoch in jedem Land der Europäischen Union vertreten, darüber hinaus auch in der Schweiz, den USA, Japan und Brasilien.

Eurotoques tritt für eine gesunde Ernährung und Pflege der europäischen Esskultur ein und sieht sich in dieser Funktion als Anwalt der Verbraucher. Dabei unterstützt Eurotoques die Bewahrung und Wiederentdeckung regionaler Traditionen, die Verwendung gesunder, unbedenklicher, frischer und unverfälschter, der Jahreszeit und der Region entsprechender Lebensmittel – wenn möglich aus ökologischem Landbau. Ganz entschieden wendet sich Eurotoques gegen die künstliche, industrielle Erzeugung von Lebensmitteln, gegen Genmanipulation, Massentierhaltung und die Verwendung von Hormonen und Antibiotika in der Tiermast.

Besonderes Augenmerk widmet Eurotoques der „Geschmacks"-Erziehung der nächsten Generation, die bereits in Kindergärten mit dem Programm „Schmecken mit allen Sinnen" beginnt und sich unter Anleitung von Spitzenköchen an einer Vielzahl von Grund-, Haupt-, Realschulen und Gymnasien fortsetzt.

Um Interesse am Kulturthema Kochen, Essen, Trinken und Genießen zu wecken und das Ernährungs- und Qualitätsbewusstsein zu schärfen, wird auch die breite Öffentlichkeit mit größeren Aktionen wie dem Europäischen Kochfestival (der Eurotoques Trophy) und der europaweiten „Woche des Geschmacks" angesprochen.

Weitere Informationen finden Sie auf www.eurotoques.de.

Bio-Spitzenköche

Unter dem Motto „Kochen. Genießen. Erleben" hat sich in Deutschland eine Vereinigung von Spitzenköchen organisiert, die für ihre Gäste die Tugenden einer biologisch-ökologischen Küche erlebbar machen möchte. Künstliche Geschmacksverstärker, Stabilisatoren oder Lebensmittel mit gentechnisch manipulierten Zutaten sind hier tabu. Die Köche stehen vielmehr für eine hochwertige Gastronomie ein, die eine gesunde Ernährung mit erstklassigem Genuss verbindet. Die Mitglieder dieser Kochvereinigung haben sich verpflichtet, in ihren Betrieben überwiegend Produkte aus ökologischer Erzeugung zu verwenden.

Weitere Informationen finden Sie unter www.bio-spitzenkoeche.de.

Zum Schluss

Das Zusammenspiel von Wein und Speisen

49

Zu jedem Essen gibt es den passenden Begleiter. Doch wer die Wahl hat, hat die Qual. Beim Wein gibt es fernab von allen gelehrten Empfehlungen eine goldene Regel: Grundsätzlich muss der Wein Ihnen schmecken und bekömmlich sein. Und nun zu den gelehrten Empfehlungen, insbesondere in Bezug auf das Zusammenspiel von feinen Speisen und Weinen.

Zumindest in der Theorie ist für jeden einleuchtend und nachvollziehbar: Wein und Speise sollten auf jeden Fall eine harmonische Verbindung eingehen. Der Wein soll den Geschmack der Speise unterstreichen und ihn höchstens leicht beeinflussen. Gleichzeitig darf aber auch die Speise den Wein nicht dominieren. Bei einem Menü geht es daher selten gut, wenn Sie einen Wein für mehrere Speisen wählen. Achten Sie vielmehr darauf, dass die von Ihnen gewählten Weine mit der Speisenfolge korrespondieren. Am besten ist es, wenn die Weinfolge einer gewissen Dramaturgie entspricht, wenn Sie also in Geschmack und Aroma sowie Gehalt und Fülle eine gewisse Steigerung erreichen.

Bieten Sie den gekühlten Weißwein vor dem temperierten Rotwein an, den milden vor dem würzigen und den leichten vor dem körperreich kräftigen Wein. Der trockene Weißwein sollte vor einem eher lieblichen Weißwein getrunken werden, die restsüßen Weine oder Dessertweine gibt es besser zum Schluss des Essens.

Noch immer gilt: Zu hellem Fleisch, Geflügel und Fisch passen eher Weißweine, dunkles Fleisch und Wild verlangt meist nach einem kräftigen Rotwein. Allerdings lohnt es je nach Gericht oder Wein durchaus, die Regeln zu durchbrechen. Zum Käse Rotwein? Probieren Sie doch zu einem besonders kräftigen Käse auch einmal einen trockenen Weißwein oder vielleicht sogar einen eher lieblichen Wein. Ein guter Rotwein und ein feiner, nuancenreich schmeckender Käse stehlen sich oft gegenseitig die Schau. Wenn Sie trotzdem ratlos sind:

Lassen Sie sich von den Gerichten und Zutaten inspirieren, von ihrem Geschmack, aber auch von ihrer Herkunft. Sie machen sicher nichts falsch, wenn Sie zu einem toskanischen Kaninchenragout auch einen Wein aus der Region wählen.

Fernab von Herkunft, Rebsorte und Alter gibt es bei der Verbindung von Wein und Speisen einige Faktoren, die weniger oder im Gegenteil besonders miteinander harmonieren. Hier einige Grundsätze: Ein mit kräftigem Essig angemachter Salat, die Säure von Zitrusfrüchten und ein Zuviel an Öl, zum Beispiel bei fetthaltigen Fischarten, geben von wenigen Ausnahmen abgesehen gerade Rotwein einen metallischen Geschmack. Weine mit hohem Alkoholgehalt schmecken in der Regel mild.

Der Alkohol im Wein wirkt als Geschmacksträger und verstärkt den Eindruck der Speisen. So schmecken süße oder kräftig gewürzte Speisen in Verbindung mit alkoholreichen Weinen noch intensiver. Gerbstoffe und Tannine unterstützen besonders die Röst- und Grillaromen. Das Salz in den Speisen wiederum verstärkt die Bitterstoffe im Wein. Fetthaltige Speisen sind bekömmlicher mit Weinen, die reich an Säure und Alkohol sind, sie können dann viel besser verdaut werden. Säurehaltiger Wein hingegen schmeckt mit säurehaltigen Speisen oft unangenehm, weil sich die Geschmacksempfindungen hier gerne addieren. Trocken ausgebaute Weine wirken in Verbindung mit der richtigen Speise mild und harmonisch, vor allem wenn Röstaromen freigesetzt wurden – so beispielsweise bei kräftig mit Pfeffer, Salz, Knoblauch oder Paprika gewürzten Fleisch- und Fischgerichten wie Poularde, Kalbsteak, Zicklein, Kaninchen oder gebratenem Fisch.

Die optimale Weinauswahl unterliegt natürlich noch weiteren wichtigen Kriterien, etwa der Tages- oder Jahreszeit. Mittags sollten Sie besser leichte Weine bevorzugen, während es abends gerne auch ein Wein mit kräftigem Geschmack sein darf. Auch sommerliche Temperaturen verlangen in der Regel nach einem leichten und gekühlten Wein. Darüber hinaus entscheidend: der Anlass. Berücksichtigen Sie Ihren Gästekreis, und beurteilen Sie, mit welchem Weinverständnis zu rechnen ist. Immerhin sollte der Wein Ihre Gäste nicht überstrapazieren. Denn um den Wert eines außergewöhnlichen Weins zu erkennen, bedarf es eines gewissen Maßes an Weinerfahrung.

Was darf so ein edler Wein überhaupt kosten? Nicht immer ist der Preis ausschlaggebend. Achten Sie beim Kauf der Weine auf seine Herkunft, die Rebsorte, sein Alter und den Alkoholgehalt. Für Einsteiger empfehle ich Weine in einem Preissegment von 5 bis 10 Euro. Wer mehr für einen guten Tropfen ausgeben will, sollte sich vom Weinfachhändler beraten lassen.

Glaswahl und Temperatur

Gleich welche Wahl Sie treffen: Auch ein guter Wein kann schlecht präsentiert werden. Denken Sie daran, den kräftigen Rotwein zeitig vor dem Essen zu entkorken, denn nur an der Luft kann er sein Bukett voll entfalten. Bei älteren Weinen ist der Korken mitunter etwas porös. Um störende Korkenpartikel im Wein zu vermeiden, benutzen Sie daher zum Öffnen insbesondere von alten Jahrgängen einen Korkenzieher mit großen Windungen oder, wie der Kenner sagt, einen Korkenzieher „mit Seele". Natürlich darf der Korkenzieher nicht durch die Korkenunterseite stoßen.

Nichts bestimmt den Erfolg oder Misserfolg eines Weins so sehr wie Glaswahl und Temperatur. Die richtige Glaswahl steigert den Genuss um das Vielfache. Sicher gibt es zu jedem Wein das passende Glas. Ob Bordeaux, Burgunder, Chardonnay, Riesling oder Dessertwein, die unterschiedlichen, mal mehr oder weniger bauchigen Formen der Gläser beeinflussen die Art und Weise, wie wir das Aroma des Weins mit Mund und Nase aufnehmen. Aus manchen Gläsern kann man nur nippen, aus anderen wiederum inhaliert man den Wein eher oder schlürft ihn mit Luft ein, mal wird er dadurch vor allem in der vorderen Zungenregion aufgenommen, mal in der hinteren.

Während ein gutes Restaurant über eine entsprechende Ausstattung an unterschiedlichen Gläsern verfügen sollte, brauchen Sie nur zwei Aspekte zu beachten. Das Glas sollte ein tulpenförmiger Kelch sein, damit sich das Aroma insbesondere von Rotweinen voll entfalten kann. Und es sollte einen Stiel haben, damit beim Halten keine Fingerabdrücke entstehen. Nur so können Sie die Farbe des Weins klar ersehen und bewusst den Duft und das Aroma des Weins einfangen. Weißwein trinkt man in der Regel aus kleineren Gläsern, der Wein erwärmt sich dann nicht so schnell.

Für eine perfekte Glaswahl sollten Sie sich von Ihrem Weinfachhändler oder auch von Ihrem Glasfachhändler beraten lassen – Sie werden sehen, es lohnt sich. Und wenn Sie sich oder Ihren Gästen schließlich Wein einschenken, ist es eleganter, das Glas nur bis zur Hälfte zu füllen. Je nach Beschaffenheit des Glases empfehle ich eine Füllmenge von nicht mehr als 0,15 Liter. Der gekühlte Weißwein kann so besser seine Temperatur halten.

Aber was ist die richtige Temperatur? Sekt und Champagner sollten möglichst kalt serviert werden. Eine optimale Trinktemperatur liegt bei 4 bis 8 Grad. Die richtige Temperatur können Sie hier auch ohne Thermometer erkennen: Das Sektglas beschlägt und wird trüb. Junge, leichte Weißweine – etwa ein Riesling – sollten relativ kühl bei 8 bis 10 Grad getrunken werden, auch ein Roséwein, ein Weißherbst beispielsweise, schmeckt bei diesen Temperaturen optimal. Servieren Sie gekühlten Weißwein am besten 2 bis 3 Grad unter der Trinktemperatur, die Weine erwärmen sich doch recht schnell. Ein reifer, kräftiger Weißwein, zum Beispiel eine Weißburgunder Spätlese, darf durchaus weniger kühl serviert werden. Sein Aroma entfaltet ein solcher Wein bei Temperaturen zwischen 11 und 13 Grad. Ein jugendlicher, leichter Rotwein, ein Portugieser oder Trollinger zum Beispiel, wird mit Temperaturen zwischen 14 und 18 Grad getrunken, während ein reifer, etwas gehaltvollerer Rotwein, zum Beispiel eine Spätburgunder Spätlese, bei 16 bis 19 Grad voll zur Geltung kommt. Ein gehaltvoller und sehr gerbstoffbetonter Rotwein und Weine aus dem Barrique (Eichenfass) brauchen mit 18 bis 20 Grad beinahe Zimmertemperatur.

Während Weißweine durchaus auch kurz vor dem Servieren geöffnet werden können, lohnt es sich bei einem guten Roten durchaus, den Wein zu dekantieren, ihn also in eine spezielle Dekantierkaraffe, klassisch in der Form einer Ente, umzufüllen. Warum wird Wein dekantiert? Nun, durch die Lagerung können sich auch bei recht jungen Weinen so genannte Depotstoffe wie Weinstein bilden, die auf diese Art entfernt werden. Wenn Sie den Wein vor einer brennenden Kerze dekantieren, erkennen Sie die Depotstoffe besser – und füllen Sie gar nicht erst mit um. Nicht weniger entscheidend: Durch das Dekantieren wird der Wein besser mit Sauerstoff angereichert.

Allerdings ist das Dekantieren kein Selbstzweck und mehr als eine schöne Geste. Immerhin verändern sich nicht alle Weine gleichermaßen positiv, wenn Sie mit viel Luft in Berührung kommen. Sicher werden viele Weine erst durch die Luft und längeres, durchaus einige Stunden währendes „Atmen" richtig voluminös. Andere Weine wiederum sollten nach dem Dekantieren auch relativ schnell getrunken werden, weil sie sonst ihr Aroma verlieren könnten. Scheint der Wein im Geschmack noch eher zurückhaltend zu sein, sollte man sich ruhig noch etwas Zeit zum Trinken lassen.

Übrigens: Wenn Sie mehr über Wein wissen möchten, empfehle ich Ihnen von Wolfgang Staudt: *50 einfache Dinge, die Sie über Wein wissen sollten*. Das Buch ist 2005 im Westend Verlag erschienen.

Der Restaurantbesuch – ein Abenteuer? 50

Ein völlig fremdes Restaurant aufzusuchen ist ein kleines Abenteuer. Sie haben bestimmte Erwartungen und Vorstellungen, Sie freuen sich auf einen gelungenen Abend. Und dennoch können Sie sich nicht wirklich sicher sein: Ist das Essen mehr als nur in Ordnung? Stehen Preis und Leistung im richtigen Verhältnis? Wie ist die Atmosphäre? Und wie der Service? Jeder echte Abenteurer weiß um die Gefahren und lernt, sie frühzeitig einzuschätzen. Auch in der Gastronomie kann man böse Überraschungen vermeiden, wenn man auf ein paar Details achtet. Und die Zeichen zu deuten weiß.

Vor dem Eingang

Wenn das Haus einen Parkplatz bereithält, lässt sein Zustand schon erste Rückschlüsse zu. Macht er einen gepflegten Eindruck, oder ist er gleichzeitig auch Lagerplatz für Leergut und Mülltonnen? Welche Autotypen stehen dort? Wie stark ist er frequentiert? Auch wenn nicht immer alles in der Macht des Restaurants liegt, trägt die Gebäudepflege zum Gesamtbild bei. Fühlen Sie sich wirklich eingeladen?

Der Aushang von Speise- und Getränkekarten im Eingangsbereich ist gesetzlich vorgeschrieben und muss Ihnen eine Übersicht über das Angebot und das Preisniveau des Betriebes geben. Ist das Ganze gut lesbar, abends ausreichend beleuchtet, so angebracht, dass man beim Lesen nicht den Eingang versperrt? Und natürlich: Was wird überhaupt angeboten? Welche Spezialitäten hat sich das Haus auf die Fahnen geschrieben? Achten Sie hier auf spezielle Saison- und Tagesangebote. Ein Datum auf der Karte zeigt Ihnen, dass hier frische Ware aus täglichem Einkauf verarbeitet wird.

Eine übertrieben poetische Sprache (ein Quartett von heimischen Fischen auf einem Soßenspiegel mit Spargelspitzen, begleitet von feinen Kartöffelchen) weist auf eine kreative Einstellung des Küchenchefs und ein hohes Preisniveau hin, lässt aber jede konkrete Aussage vermissen.

Eine vergilbte Ansichtskarte des Hauses, daneben eine Schnitzelparade aus Jäger-, Paprika-, Wiener- und Zigeunerschnitzel auf der Speisekarte, jeweils mit Pommes und gemischtem Salat angeboten, sind sicher ein ausreichender Hinweis auf das Niveau des Hauses. Und eigentlich eine ehrliche Sache. Wenn Sie ein Schnitzelfan sind, haben Sie hier vielleicht die richtige Wahl getroffen.

Der Aushang am Eingang ist nur ein „Auszug aus unserem reichhaltigen Angebot", und Sie ahnen, dass die Speisekarte so dick sein wird wie das Berliner Telefonbuch? Da ist dann wohl für jeden was dabei. Bedenken Sie aber: Die Chance ist nicht eben groß, dass die Speisen frisch zubereitet werden. Eher ist wahrscheinlich, dass viele Fertigprodukte zum Einsatz kommen.

Begrüßung

Sie betreten das Haus und stehen im Eingangsbereich. Sie orientieren sich und stellen fest, dass die Raumtemperatur angenehm und die Luft nicht mit Speisegerüchen geschwängert ist. Sie erleben das pralle gastronomische Leben: Mit Tellern und Tabletts beladenes Servicepersonal wuselt fleißig umher, alle Tische sind besetzt, niemand bemerkt sie. Aber doch, ein Kellner bittet höflich, aber bestimmt darum, den Gang frei zu machen. Was tun? Ein anderes Restaurant aufsuchen? Aber da erscheint doch eine freundliche Person, grüßt respektvoll und bietet ein Plätzchen an der Bar an, ein netter Tisch für Sie stehe in wenigen Minuten zur Verfügung. Wie schön! Denn schließlich geht es auch anders:

Sie betreten das Haus und stehen im Eingangsbereich. Sie orientieren sich und stellen fest, dass die Luft nicht mit Speisegerüchen geschwängert ist. Der Koch und der Kellner sitzen an einem Tisch und blicken von ihrer Zeitungslektüre auf – mit einem Ausdruck, der zwischen Resignation und Hoffnung schwankt. Was tun? Wenn es so aussieht, als würde im Restaurant nicht (und vielleicht sogar nie) besonders viel los sein, dann ist das für die Betreiber schlimm genug. Und lässt nicht zwangsläufig auf eine schlechte Küche schließen. Frische Ware aber wird dieses Restaurant nicht für jeden Tag bereithalten können.

Tischoptik

Sie werden zum Tisch begleitet und sehen: ein angenehmes Ensemble. Ein sauberes Tischtuch, ordentlich gelegtes Besteck, glänzende Gläser, kunstvoll gefaltete Servietten und frische Blumen lassen das Wohlgefühl steigen. Das Gegenteil sind Wickelgedecke (in Servietten eingeschlagene und auf einem Teller gestapelte Messer und Gabeln), Plastikblumen und ein Gestell mit Pfeffer, Salz, Senf, Essig, Öl und Würzsoße. Hier hat die Küche offensichtlich nur wenig Vertrauen in die eigenen Kochkünste. Und die wenig raffinierte und auf schnelle Lösungen setzende Tischdekoration lässt auf eine Küche schließen, die ebenfalls mit eher schnellen Lösungen arbeitet. Eine gute Küche hat eben auch viel mit Ästhetik zu tun – und das ist beileibe keine Geschmackssache. Ein schön angerichteter Teller gehört auf einen stilvoll hergerichteten Tisch.

Beratung

Man mag es ja bedauern, dass es die früher übliche „Damenkarte", eine Karte ohne Preise also, nicht mehr gibt. Aber die Preisauszeichnungsverordnung will, dass alle Angebote in schriftlicher Form und mit Endpreisen versehen in genügender Anzahl zur Verfügung stehen. Das darf aber nicht heißen, dass Sie auf persönliche Beratung verzichten müssen. Sie darf Ihnen aber auf keinen Fall unaufgefordert aufgedrängt werden. Eine besondere, aber nicht wirklich erbetene Empfehlung kann durchaus gut gemeint sein. Gleichzeitig gilt aber auch: Das Personal weiß, welche Gerichte sich wie von selbst verkaufen und welche Waren mit etwas mehr Nachdruck an den Gast gebracht werden müssen. Zum Beispiel, weil noch genügend Zutaten für diese Speisen im Kühlhaus lagern.

Ihre Fragen sollten konkret beantwortet werden und Ihre Sonderwünsche akzeptiert oder mit Bedauern und einer vernünftigen Erklärung – aber ohne belehrende Kommentare! – behandelt werden. Der Hinweis „Da muss ich aber erst mal fragen" suggeriert zwar guten Willen. Von Kompetenz aber zeugt er nicht.

Service

Zügig, freundlich und effizient muss der Service sein. Ohne Aufdringlichkeit genau zum richtigen Zeitpunkt zur Verfügung stehen: Wein nachgießen, Fragen beantworten, weitere Wünsche abfragen – das macht eine gute Bedienung aus.

Bald nachdem Sie Getränke und Speisen serviert bekommen haben, sollte die Nachfrage kommen, ob alles zu Ihrer Zufriedenheit ist. Jetzt lässt sich gegebenenfalls noch einiges korrigieren. Das leider immer noch gebräuchliche „Hat's geschmeckt?" kommt nicht nur entschieden zu spät. Es hört sich nach auch leerem Wortgeklingel an. Auf diese Frage habe ich einmal mit „Nein" geantwortet und bekam als Entgegnung: „Na gut."

In den etwas besseren Restaurants passiert es durchaus, dass der Küchenchef am späteren Abend persönlich die Runde macht und sich den Gästen kurz vorstellt. Viele Gäste empfinden das durchaus als angenehm. Böse Zungen erzählen allerdings auch von Köchen, die ihr Restaurant nur zu diesem Zweck betreten.

Rechnung: Sie muss maschinell erstellt sein und die Anschrift des Betriebes, das Datum, alle konsumierten Speisen und Getränke, deren Einzelpreise, die Mehrwertsteuer und den Gesamtpreis enthalten.

Manchmal wird noch die Frage gestellt: „Brauchen Sie eine Quittung?" Hier soll wohl irgendjemand übers Ohr gehauen werden.

Ein Tipp zum Trinkgeld: Servicemitarbeiter sind in Deutschland entweder am Umsatz beteiligt oder beziehen ein Festgehalt. Ein Trinkgeld zwischen 5 und 10 Prozent vom Rechnungsbetrag ist dann angebracht, wenn sie mit der Leistung der Bedienung besonders zufrieden waren.

Verabschiedung: Selbstverständlich erwarten Sie ein freundliches „Auf Wiedersehen". Der Betrieb wird Ihnen sicher in besonderer Erinnerung bleiben, wenn die Verabschiedung persönlicher ausfällt. Man überreicht Ihnen eine Visitenkarte des Hauses, macht Sie auf eine demnächst stattfindende Sonderaktion aufmerksam und wünscht Ihnen mehr, als nur bald wiederzukommen. Zum Beispiel einen weiterhin sonnigen Tag oder einen angenehmen Heimweg.

Wenn sie alle diese Punkte einmal Revue passieren lassen, werden Sie wissen, warum Sie sich beim letzten Mal in einem Restaurant nicht so recht wohl gefühlt haben – obwohl es eigentlich nichts Spektakuläres zu reklamieren gab.

Dank

Als Erstes möchte ich mich bei den Fachkollegen und Fachkolleginnen bedanken, die auf regionalen und internationalen Messen einem breiten Publikum die neuen Trends rund um Küche und Essen vorstellen. Ich danke meinem Lehrherrn, meinen Dozenten sowie der Industrie- und Handelskammer zu Köln, wo ich meine Meisterprüfung ablegte. Ebenso gilt mein Dank allen meinen Seminarteilnehmern für ihre interessanten Fragen und Anregungen.

Besonderer Dank geht an meine Familie: an meine Eltern, die es mir ermöglichten, meine kulinarischen Weltreisen zu unternehmen; an Silvia und meine fast einjährige Tochter Ella Mara, die es geduldig ertrugen, dass ich während meiner Arbeit an diesem Buch wenig Zeit für sie hatte.

Ich danke den Fachkollegen Hans Berger, Serviermeister, und Hans Hoffmann, auch Kaffeeprofessor genannt, dass sie ihre jahrelangen Erfahrungen mit mir geteilt haben, ebenso wie Rudolf Mayer, Vertriebsleiter der Firma ISI, Deutschland, der mir eine Zusammenarbeit mit Ferran Adrià ermöglichte. Claudia Bohner möchte ich dafür danken, dass sie immer dafür sorgt, dass ich mit modernster Küchentechnik ausgerüstet bin, sowie Maurits Demeyere, dass er sich um das notwendige Equipment kümmert. Weiterer Dank geht an Ralf Bos, Feinkost, Weinhandelsagentur Gunnar Fischer, an Dieter Müller, dessen Kochstil ich immer bewundert habe, sowie an Kiyoshi Hayamizu, der mich an seinem profunden Wissen über die japanische Küche teilhaben ließ.

Des Weiteren danke ich meinen Freunden Dr. Jürgen Hasbach, Dr. Peter Stolz, Kay Urban sowie Aina Keller und Sabine Romeis für ihre Unterstützung. Und last but not least geht mein Dank an Jan Schumacher und den Westend Verlag für die konstruktive und kreative Zusammenarbeit sowie an alle, die hier nicht namentlich aufgeführt werden können und die zum Entstehen dieses Buches beigetragen haben.

An dieser Stelle möchte ich auch auf den Verband der Köche Deutschlands e. V. (VKD) hinweisen, in dem ich seit meiner Ausbildung Mitglied bin. Der Verband, dessen Mitglieder die Vielfalt des Berufs Koch/Köchin spiegeln und aus allen Tätigkeitsbereichen der Branche stammen, setzt sich in einzigartiger Weise für die Interessen der Köche und die Traditionspflege dieses bedeutenden Berufsstandes ein. Der VKD fördert die Kochkunst und den beruflichen Nachwuchs, er bietet berufliche Weiterbildung an und richtet Kochmeisterschaften im In- und Ausland aus. Für weitere Informationen siehe www.vkd.com.

Darüber hinaus soll hier auch der Colonia-Kochkunstverein, die Zweigstelle des VKD in Köln, erwähnt werden, der sich besonders engagiert um die Aus- und Fortbildung junger Köche kümmert und einen Kochschüleraustausch mit der Türkei und Indien pflegt. Informationen unter www.colonia-kuchkunstverein.de.

Quellen

Culinaria-Reihe, Könemann Verlag (im Tandem-Verlag GmbH, Königswinter)

Das große Buch der Meeresfrüchte (Susi Eising, Martina Görlach, Odette Teubner), München, 2005

Das große Buch vom Fisch (Jan-Peter Westermann, Nikolai Buroh), München, 2005

Das große Buch vom Fleisch (Werner Frey, Eckart Witzigmann, Christian Teubner), München, 2004

Das große Buch vom Gemüse, München, 2002

Das große Buch vom Käse, München, 2003

Das große Buch vom Wild (Olgierd E. J. Graf Kujawski, Christian Teubner, Andreas Miessmer), München, 2005

Die große Teubner Küchenpraxis, München, 2002

Escoffier, Auguste und Walter Bickel, *Kochkunstführer,* Haan-Gruiten, 2004

Grüner, Hermann, Reinhold Metz, Karl-Heinz Schandl, *Der junge Koch. Die junge Köchin,* Haan-Gruiten, 2005

Hering, Richard und F. J. Herrmann, *Herings Lexikon der Küche,* Haan-Gruiten, 2001

Küche, Zeitschrift des Verbands der Köche Deutschlands

Pini, Udo, *Das Gourmethandbuch,* Hagen, 2002

This-Benckhard, Hervé, *Rätsel und Geheimnisse der Kochkunst,* München, 2001

www.kikkoman-europe.com

Wolfgang Staudt

50 einfache Dinge, die Sie über Wein wissen sollten

168 Seiten. Gebunden

Lieber weiß oder lieber rot? Die Frage kennt man. Aber wieso ist Weißwein eigentlich weiß und Rotwein rot? Warum schmecken manche Weine trocken und manche nicht? Banale Fragen, oder?! Wein zu trinken ist leichter, als ihn zu verstehen. Aber erst wer mehr über den edlen Rebensaft weiß, versteht ihn zu genießen. Dieses Buch vermittelt dem Leser alle wichtigen Beurteilungskriterien und versetzt ihn somit in die Lage, sich eine eigene Meinung über die sensorische Beschaffenheit von Wein zu bilden: Was unterscheidet einen nussigen von einem fruchtig-beerigen Rotwein? Wie schmecke ich Süße, Säure oder Tannine heraus? Wie erkenne ich den Reifegrad eines Weins? Aber auch andere Aspekte des Weingenusses werden thematisiert: Wie lese ich ein Flaschenetikett, welcher Wein harmoniert mit welchem Essen, zu welchem Anlass serviere ich welchen Tropfen? Egal ob Anfänger oder regelmäßiger Weintrinker – dieses Buch zeigt, dass jeder lernen kann, einen guten Wein zu erkennen und ihn richtig zu genießen.

11/1001/01/R